湛庐CHEERS

与最聪明的人共同进化

HERE COMES EVERYBODY

# 像品牌大师一样思考

[美]马蒂·诺伊迈尔 著
Marty Neumeier
徐烨华 译

Five Talents for the Robotic Age

# METASKILLS

浙江教育出版社·杭州

# 智能时代，我们如何在工作场合中取得成功

范式转变时会发生什么？我们是否会在某天醒来的时候，突然意识到过去是如此陈旧而又奇怪？是否会出现金融机构倒闭、政府倒台、产业崩溃，而文化则一分为二，呈现出一半推着我们前进，另一半却拉着我们后退的对立两面的情形？

**这本书将要讲述的是在剧变时期，个体如何才能更好地立足并获得自身发展。**为了解决日益严重的问题，虽然我们在不断强化彼此之间的合作，但已经发现单靠合作是不够的，我们仍然需要能引发变化的天才个体。

然而，我们的教育体系几乎磨灭了天才。教育体系没有教会我们如何创造，而是在教授如何复制、记忆、服从以及在测试中达标。这跟我们要求机器所能做到的事情如出一辙。所以，现如今，我们的工作大都被机器接手了。

我写这本书的目的是在无序中理出一些头绪，为各种社会问题提供一些思考的视角，并提出一整套解决这些问题的新技能。尽管我们如今面临的问题可能非

常棘手，但它们也会成为我们的动力来源。这些问题可能会导致社会陷入僵局，但也可能会带来人类历史上最伟大的创造力大爆发。

可以肯定的一点是，没有回头路可走，没有密道可退，没有让时间暂停的按钮可按，唯一的出路便是向前。我们最大的希望在于，一旦认清了我们所面临的局势，就可以携手共进、将注意力放在重塑局势上。我们既不需要自上而下的策略，也不需要国际法令来推动转型。我们需要的只是一小部分有才华、有远见的人（也许就是像你这样的人）和一些适当的工具。

**我在本书中提及了关于变革的任务，以及想要在后工业时代的工作场合中取得成功所需掌握的元技能（metaskills），即感觉（feeling）、观察（seeing）、想象（dreaming）、制造（making）和学习（learning）。**作为一名心怀希望的观察者，我在最后还提出了一系列针对教育改革的建议。

当你在阅读这本书时，请记住，不用担心，你无须将这 5 项技能全都掌握。只要熟练掌握其中一两项技能，你就是我们所需要的天才了。

# 你对未来工作场景的适应力有多强

扫码鉴别正版图书
获取您的专属福利

- 硅谷“品牌教父”马蒂·诺伊迈尔开创了现代品牌建设的基本范式，他曾为苹果、微软等多家创新型企业强化品牌和文化。这是真的吗？（ ）

  A. 是

  B. 不是

扫码获取全部测试题答案
看看你对未来工作场景的
适应力有多强

- 一个人想在职业生涯中获得专业成就和个人声望，应该看到：情商和智商一样重要。这个说法正确吗？（ ）

  A. 正确

  B. 不正确

- 发挥想象力需要花时间，但越是急于求成，越难以获得灵感。怎么做才能有效解决这一难题？（ ）

  A. 将注意力时刻放在时间期限上

  B. 将注意力时刻放在目标上

  C. 随心所欲，目标和时间期限都不管

  D. 严格把控，只做时间允许达成的目标

# 我们
# 为何创造？

何谓人类？

J

B

我们
为什么工作？

何谓罪？

谁值得
我们关注？

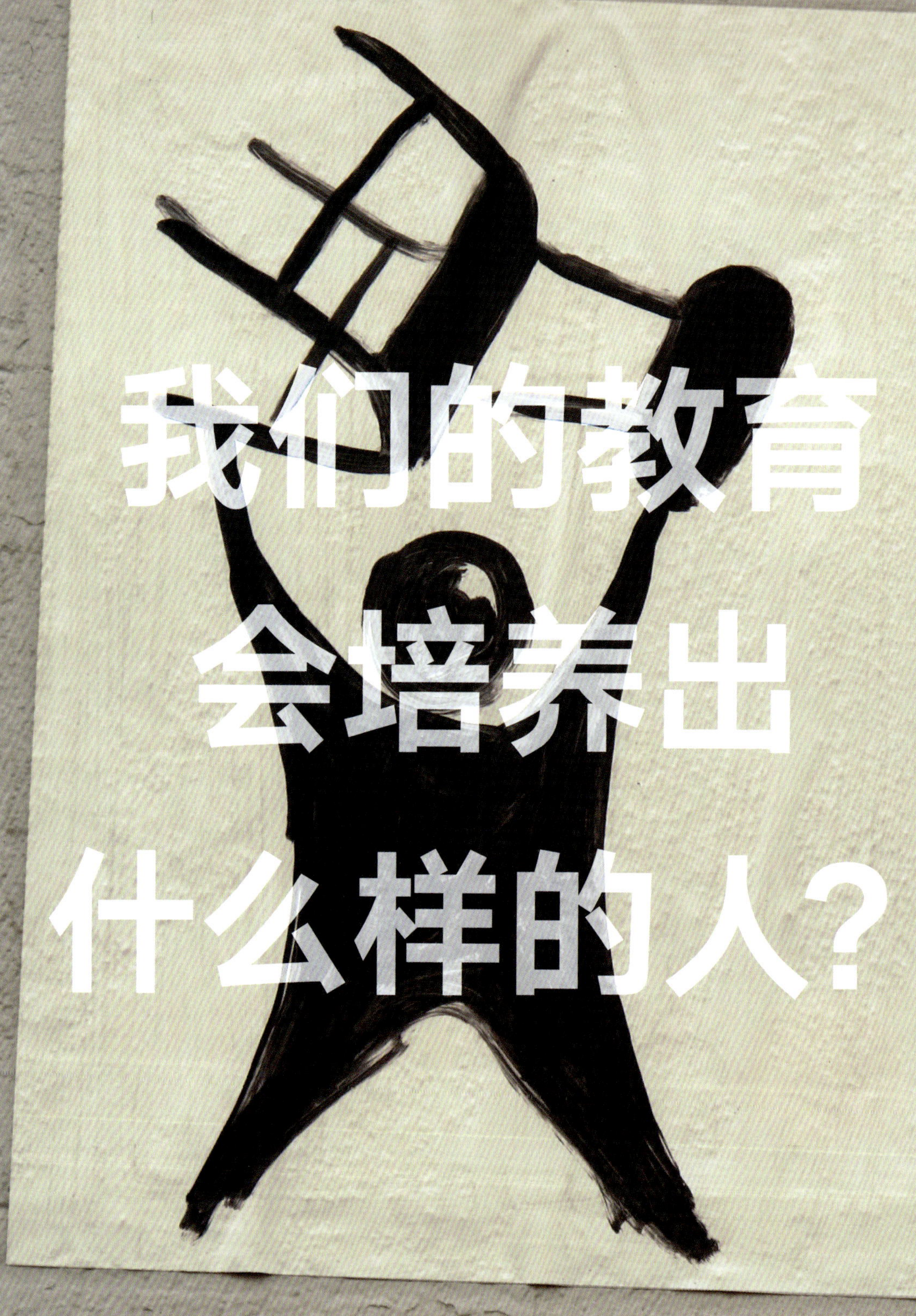
我们的教育
会培养出
什么样的人?

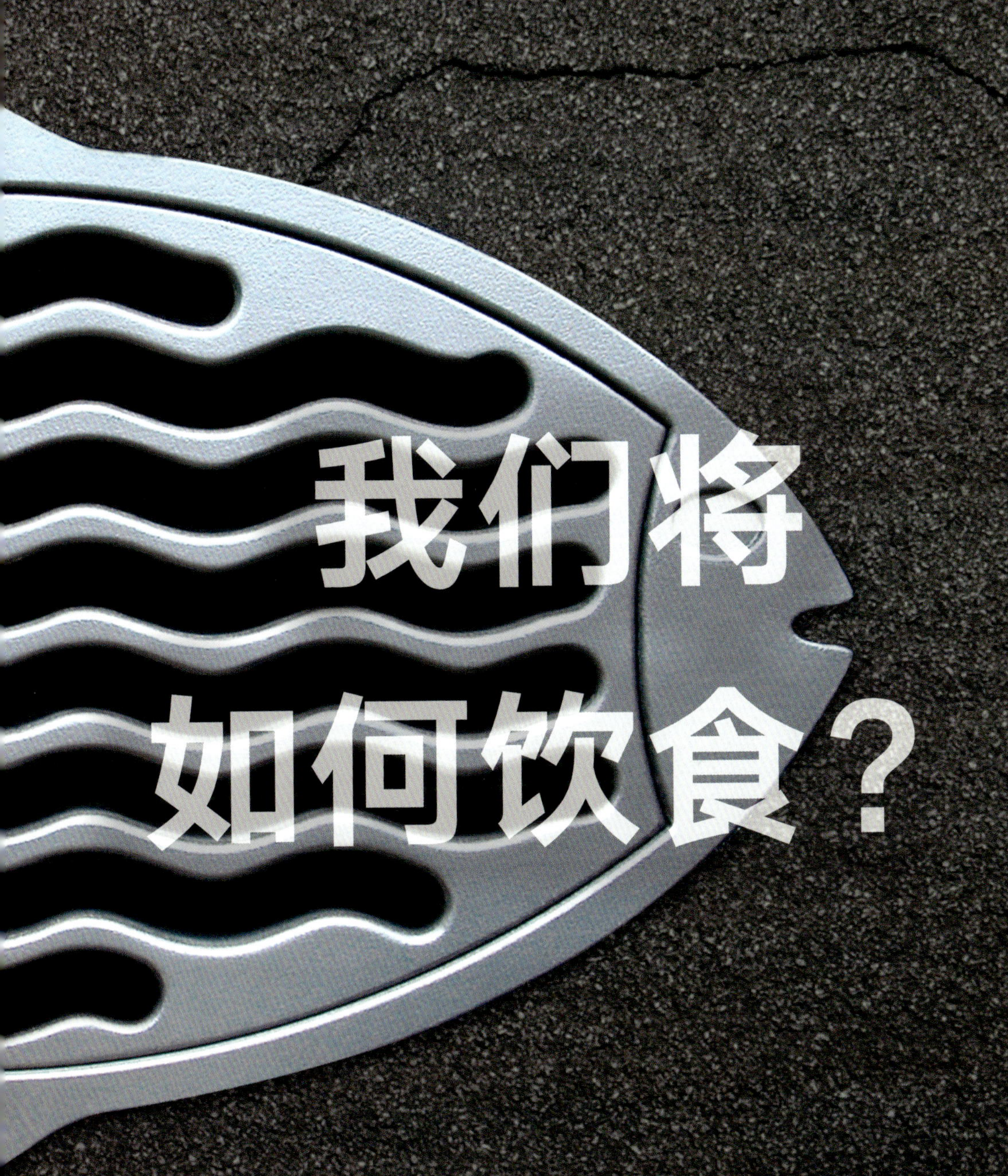
我们将
如何饮食？

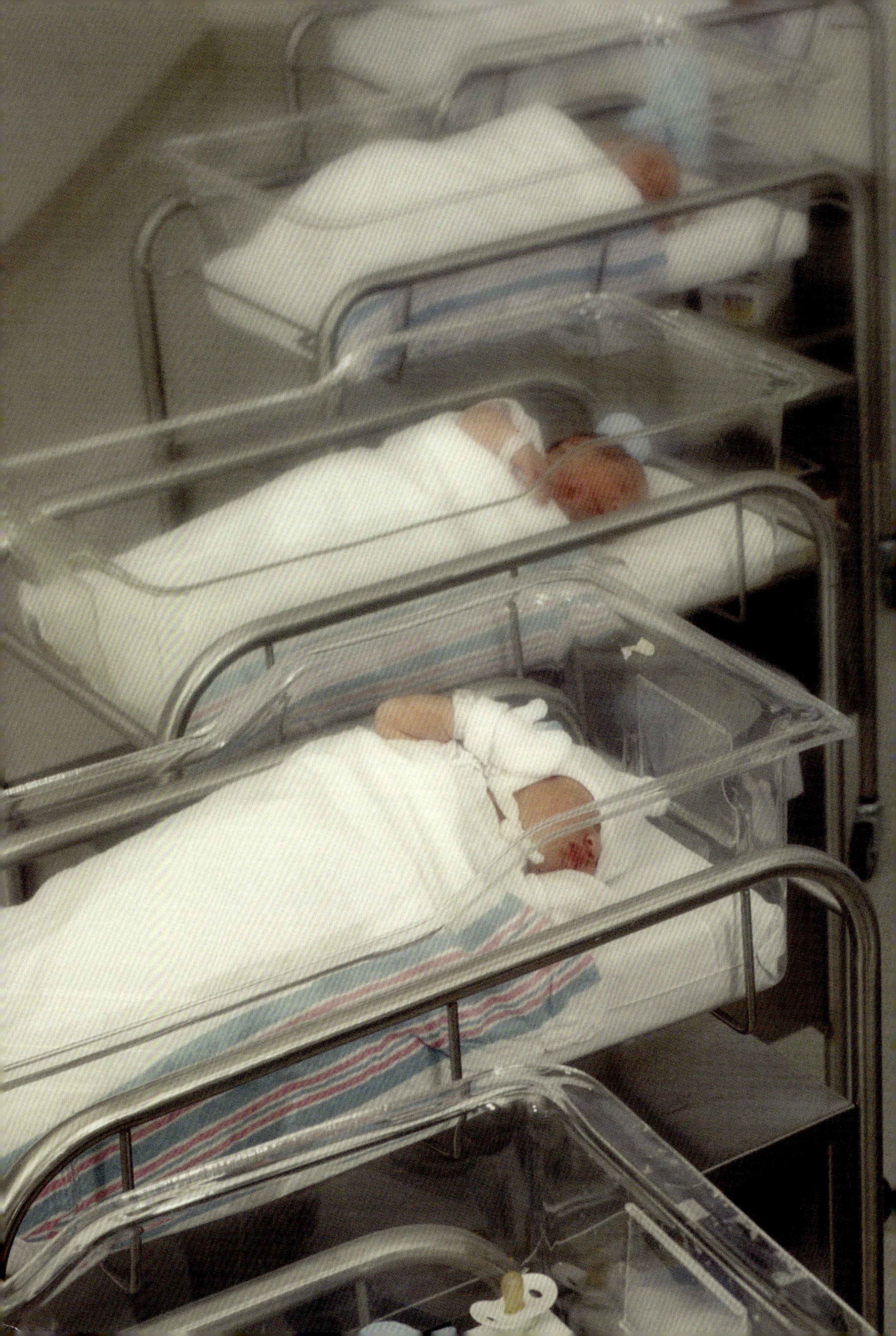

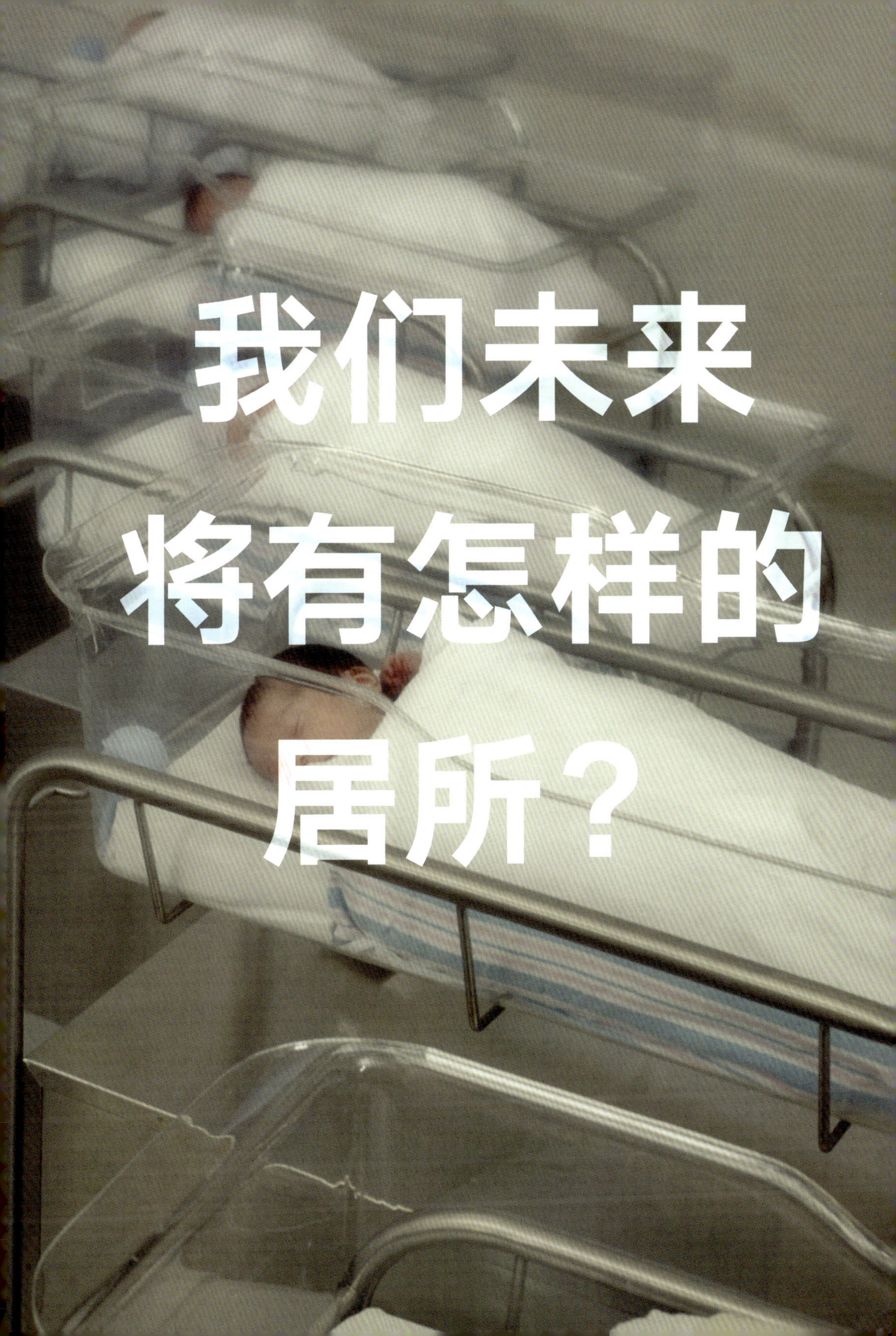
我们未来
将有怎样的
居所？

# 什么能够让我们感到快乐？

METAー
SKILLS
# 目录

## 与人类抢答，电脑与人脑的对抗

法国南部－比利牛斯大区，在佩什·梅尔（Pech Merle）岩洞[①]的墙壁上，留有远古人类用流畅的线条勾勒出的马匹、猛犸象、驯鹿以及人类猎食的其他兽群。而印在岩壁较低位置的远古人类手印轮廓，似乎与洞穴中的其他画作格格不入。实际上，这些手印是唯一涉及人类的主题，并且是唯一显示出实际尺寸的画作。虽然人类已经经历了 25 000 年的进化，但是如果你将自己的手放在这些洞穴画家的手印上，会发现和它们的大小依然吻合。

这些手印令人十分费解。这些远古艺术家既然能画出栩栩如生的动物，并且通常是在洞穴外面练习完之后才进入洞中进行创作的，那么他们为何会像幼儿园的小朋友第一次作画那样，将一个简单的手印印在墙上呢？这些手印是等同于个人签名或某种氏族符号，还是在创作壁画的“真正”艺术家离开之后，由那些非艺术家留下的远古涂鸦？为什么没有以相同风格所绘的人类图案？画这些洞穴壁

① 1922 年，几名青少年在法国南部发现了这一岩洞，其中瑰丽奇异的壁画震惊了考古界。——编者注

画到底有什么目的?

没有人知道确切答案，但有一个较符合事实的理论认为，这些画作是一种既神奇又神秘的展示，旨在激发人们狩猎时的战斗力。洞穴相当于史前的大教堂，是远古人类提升意识境界的特殊场所，猎人们可能会在此处为即将到来的狩猎活动做好准备。动物才是画作的主题，而非人类，因为彼时，动物深受猎人的崇敬。在远古世界中，人类处于食物链的低端，他们崇敬动物所拥有的巨大力量和美。

当毕加索来法国南部的洞穴参观时，他注意到一个特别细微的精妙之处。这些远古艺术家巧妙地利用了石头的自然凹凸，使他们的二维画作拥有了微妙的深度。当我们在闪烁的烛光下观看时，瞧！这些动物似乎活了过来，正在墙壁上飞奔而过。如此看来，这些洞穴不就是如今 3D 影院的远古雏形吗？在一个月色刚好的夜晚，这些洞穴的效果可能比我们的 3D 影院还要好得多。

至于手印呢，可能是人类感恩的象征，他们感恩自己能够拥有这样一份独特的礼物。因为他们所认识的其他动物都无法制造工具，无法利用武器来狩猎，也无法在洞穴墙壁上作画。只有人类的手，因其拥有灵敏的手指和对生拇指，才使这一切成为可能。因此，大约 1 万年以前，从非洲到澳大利亚的数百个洞穴中，都留下了我们祖先的感恩之念，他们以这种方式来提醒我们“我们是谁，我们从哪儿来”。他们似乎在对我们说：“此手绘此图。”

北美，870 万户家庭。主持人亚历克斯・特里贝克（Alex Trebek）从显示器上读出的答案线索是：“穷匠会归咎于此（It’s a poor workman who blames these）。”那天是 2011 年 2 月 16 日，为期 3 天的益智问答游戏节目《危险边缘》（*Jeopardy!*）进行到了最后一轮。此时参赛的 3 位选手分别是 IBM 的超级计算机沃森

（Watson）和两名人类常胜将军肯·詹宁斯（Ken Jennings）、布拉德·拉特（Brad Rutter）。詹宁斯是《危险边缘》所有参赛者中拿奖金最多的选手，而拉特则是最长连胜纪录的保持者。想要获得更高分数，参赛者必须率先按下抢答器并给出正确答案或正确问题，因为《危险边缘》是以答案形式提问、以提问形式作答的节目。

在特里贝克读完线索之前，沃森的 2 880 个处理器内核就已经开始分摊计算任务了。线索中的“匠”（workman）是“谁”或者是“什么”？在该语境中，“穷”（poor）意味着什么？这位“匠”身无分文吗？或许他失业了？同时，还有处理器在对该句子做句法分析。主语是哪个？动词是哪个？如果“匠”是一个名词，那么它指的是一个人还是一个团体？由于《危险边缘》的线索均以大写字母显示，因此沃森必须先理解清楚“匠”是专有名词还是普通名词，这无疑使任务变得更加棘手。

尽管从人类理解的层面而言，沃森几乎无法理解任何事物，但其大规模并行处理系统有着人类无法企及的优势——计算速度。沃森每秒可执行 330 亿次数学运算，这意味着它能在眨眼之间完成对 500GB 数据的搜索（相当于大约 100 万本书的信息量）。不仅如此，它还能在不到 8 毫秒的时间内触发抢答器，远比人的反应速度快得多。

但是，沃森的程序设定成了除非它对答案有至少 50% 的把握，否则不可以触发抢答器。为了达到这一水平，沃森的多个处理器会采用各种算法得出数百个可能的答案，而另一批处理器则根据计算机中所存储的数据对答案进行反复检查，并给出每个答案的正确概率。所有这些操作都在 3 秒之内完成。沃森在台上的形象是一个颜色不断变换的地球，地球表面围绕着一些不断运动的线条，给人一种它在深刻思考的独特印象。

抢答器响了。

“什么是工具？”沃森用悦耳的语音回应道。可能性最高的 3 个答案分别是“工具”（84%）、美国著名棒球运动员约吉·贝拉（Yogi Berra，10%）和“探索者”（3%）。那么答案就是“工具”。

“回答正确！恭喜你获得了 2 000 美元！”特里贝克说。

比赛结束时，詹宁斯和拉特的奖金总额分别为 19 200 美元和 21 600 美元，而沃森则以 41 413 美元的奖金总额打败了他们，成为《危险边缘》有史以来第一位非人类冠军！

詹宁斯在对《危险边缘》最后一道题所给出的书面答案下方，草草写下了一行字：“欢迎我们新的计算机霸主。”

METASKILLS

引言

# 机器人曲线，人类凭什么不会被取代

## 人类才能的轨迹

在过去大约 130 亿年中，宇宙的运转一直遵循“熵增原理”。熵是指导致系统能量随时间不断减少的力。这是一种趋势，事物逐渐变得无序，失去了其原本的意义和完整性，并最终走向死亡或者变得毫无意义。不妨想象一下衰变的轨道、垂死的恒星、腐烂的植物、生锈的铁器、森林火灾、旧报纸或极具毁灭性的战争之路。

熵的对立面是生命。生命是对抗熵的力。还记得电影《卡萨布兰卡》（*Casablanca*）中的主角之一维克托·拉斯洛（Victor Laszlo，在电影中是捷克反纳粹组织的领袖）吗？他说过：“如果我们停止呼吸，我们就会死。而如果我们停止与敌人作战，世界将亡。”我们共同的敌人是熵。我们将对抗熵的力称为负熵。

熵与负熵之间的斗争就是一场名副其实的生死较量。年复一年，无数生物都在经历出生、竭尽全力谋求生存、最终走向死亡的过程。考虑到熵拥有的巨大威力，我们可以认为战况还不算太糟糕。因为，虽然许多个体的生命结束了，但重要的经验和教训却通过基因传递下来。对于人类而言，除此之外，我们还通过各种文化的传承习得了更多的经验和教训。从远古人类开始创造出石质刀片的那一天起，人类就进化成了地球上最强大的负熵物种。

如果进化继续朝着增加秩序、复杂性和美感的方向发展，那么熵将慢慢消失于无形之中。至少理论上如此。这个理论能否成为现实，在很大程度上取决于人类在 21 世纪的行为。如今，世界人口超过 70 亿，是地球上除了老鼠以外数量最多的哺乳动物。由于老鼠不太可能成为发起变革的物种，因此一切都将取决于我们。未来的走向，将由我们人类做主。

人类进化的轨迹实际上就是人类才能的发展轨迹。为了在本书中便于讨论，我们不妨将才能定义为人类通过继承和学习来创造美好事物的能力，无论我们创造的事物是工具、物体、经验、关系、情况、解决方案还是想法。如果所造之物效果不佳，那么创造之人所展现的仅仅是一种创造力，而非才能。才能不仅意味着创造力，它还要求高水平的“制造”技能。而制造技能只能从实际制造事物中去学习。

“直立猿人”这个名字的意思是直立行走的猿人，但是直立猿人真正的进化优势并不在于行走，而在于解放双手。当我们的始祖开始下树生活之后，他们的手终于获得了解放，可以用来做其他事情。反过来，这也促进了双手形态的进化。灵巧自如的手指和对生拇指，是推动我们如今称之为“技术”发展的最根本原因。

人类悠久的历史有着重要的意义，因为它告诉了我们人类进化的目的。如果人类的进化只是为了生存和繁殖，那么我们根本不需要巨大的大脑或对生拇指。我们不需要技术或艺术，不会对社交网络或太空旅行产生任何兴趣。从生物学而言，我们自身的生物特性也不会发生如此剧烈的变化，这种变化之大，是历史上其他哺乳动物无法比拟的。因此，生而为人，我们必定有着某种目的。

这是否意味着拥有这种目的对人类而言是与生俱来的？有些人会说“是的”，但我认为不是。我认为，我们人类来到这个世界上，拥有一系列进化而来的能力，这些能力既表明了我们能够做到哪些事情，也表明了我们无法做到哪些事情。如果说，我们之中某些人确实拥有特定的目的，那也仅仅是因为这些人选择了该目的。在后文中我将对此做深入探讨，说明这种选择可能并非坏事。

如果你在寻找一种现成的目的，那么超人类主义[①]者就会为你准备一个震撼人心的目的。超人类主义者认为，人类的目的在于加速进化、超越当前的生物学限制，从而使越来越高级的智慧、越来越多的复杂性和爱能够遍布整个宇宙。他们将现代人类视为这一过程的助产士。在超人类主义者看来，人类下一步的生命形态将会是人机结合和人造生物。20 世纪著名的天才、“计算机之父”约翰·冯·诺伊曼（John von Neumann）创造出了“奇点”（singularity）一词，指代机器超越人类的确切时间点。超人类主义者预测奇点将会在 2030 — 2050 年的某个时间中出现。

为什么有人会相信这一观点？这个问题很难回答。但是，这个观点的基础是合理的，因此，无论你能够从中得出何种结论，它都值得你深思一番。

请想想看，自 1986 年以来，世界存储、交流和计算信息的能力以每年至少 23% 的速度增长。数字信息的总量现在每 5 年就增长 10 倍。2003 年，全世界总共存在 5EB（exabyte，艾字节，1EB=$2^{60}$B）的数据。而如今，全世界每 2 天就会产生等量的数据。如果我们将这些数据全都存储在只读光盘上，那么这

---

① 超人类主义（transhumanism），是一场断定可以并值得应用理性（科技）来根本改进人类自身条件，消除不利于人类生存与发展的消极问题，同时极大地增进人类智力、生理和心理能力的国际性科技文化运动。——编者注

些光盘堆积起来的高度将超过地球到月球的距离。现有的信息量大约为 1.27ZB（zettabyte，泽字节），即 1 000EB，而 1EB 的信息量相当于 40 亿本图书的内容。

在最近的两个月中，人们在某视频网站上传的视频数量，比 1948 年以来美国三大电视网在电视上播出的视频数量还要多。过去 10 年间，人们以 200 多种语言在某网络百科全书平台上编撰了超过 1 300 万个词条。当技术向所有人开放时，就会发生这种情况。

知识的民主化同样是一个盈利平台。亚马逊的目标是在 60 秒内以任何语言提供所有印刷书籍的翻译版本。谷歌的使命，则是整理世界上包括书籍在内的所有信息，并且使所有人都能够访问这些信息。

大约 10 年前，IBM 前总裁郭士纳曾指出，由于复杂性快速升级，人类处理复杂性的能力已经跟不上了。他说："因此，基础设施本身必须从头到尾重新设计，才能执行如今诸多需要人工干预的任务。在不久的将来，新型计算机能够模拟人类自主神经系统。"郭士纳将这种新型计算描述为"自我意识"，这种自我意识能够使系统击败病毒、抵御攻击并即时自我修复。如今，我们的电子网络世界是如此丰富和复杂，使得它们开始表现得类似于生物系统。

在诺伊曼生活的时代，计算是一个按步骤推进的简单事情，其中并不涉及任何似人类的能力，如模式识别、学习或者自我意识等。然而，仅在半个世纪之后，IBM 和美国政府就投入了大量的人力和财力，来研究可进行大规模并行处理的"认知计算机芯片"，这种芯片的信息处理模式类似于人脑中的信息处理模式。这种新型芯片不仅更加节能，而且与原来的芯片设计有着本质上的区别，它由 256 个数字神经元构成一个"神经突触内核"。

沃森是大规模并行计算机芯片的一个临时版本。一些批评者认为，一个房间大小的计算机根本无法成为只有 1.4 千克的人脑的替代品，因此判断 IBM 研发出的沃森毫无意义。但是请记住，如今 iPhone 所具有的信息处理能力等同于 25 年前整台克雷（Cray）超级计算机[①] 所具有的信息处理能力。再过 25 年，它的体积甚至可能会缩小至一个血细胞的大小。

日益强大的计算机功能使 4 项相互关联的技术得以不断发展，同时，这些技术的发展反过来又推动计算机实现了指数级的更新速度。这 4 项技术分别是：信息技术、纳米技术、遗传学和机器人技术。凯文·凯利（Kevin Kelly）在其出色的著作《科技想要什么》（*What Technology Wants*）中，将这个不断发展的“工具技术群落”称为“技术元素”（technium）。在谈到计算机芯片时，他说：“体积不超过一只蚂蚁的微型合成脑芯片，能够精确定位你在地球上的位置，并能通过 GPS 功能为你导航回家；它还能够记住你朋友的名字、翻译外语。而且，与数十亿个处于自然发展状态的人类大脑不同，这些合成脑芯片的最大优势在于它们每年都会变得更加聪明。”

技术元素所遵循的发展规律类似于摩尔定律。1965 年，英特尔公司创始人戈登·摩尔（Gordon Moore）所提出的预测指出，每隔 18 个月，计算机性能便会提升 1 倍，并且价格保持不变。摩尔定律一直以来都保持着令所有人都感到惊讶的准确性。如果苹果公司是在 1961 年而不是在 2001 年发明 iPod，那么每部 iPod 的成本将高达 30 亿美元，并且体积会庞大到需要一辆拖车才能运送。现在，该设备的价格仅为 50 美元，体积小到可以安在表带上。

“计算机性能一直保持翻倍更新的速度，而如今的计算能力大概已经翻倍了

① 由西摩·克雷（Seymour Cray）设计建造的世界上第一台基于晶体管的超级计算机。——编者注

28 次。"《激进的进化》(*Radical Evolution*)作者乔尔·加罗(Joel Garreau)说:"翻倍是一件了不起的事情。这意味着计算机性能的每次提升都等于之前所有性能提升程度的总和。"这相当于性能指数增长了约 1 亿倍。加罗表示:"在人类历史上,我们都从未见过这样的增长曲线。"

雷·库兹韦尔(Ray Kurzweil)① 将此现象称为"加速回报定律",他是这样解释的:由于技术革新的速度非常快,快到已经弥补了缓慢生物进化的不足,所以整体上形成了加速进化的态势。他还举了一个例子,根据摩尔定律,脑部扫描的分辨率和带宽已经翻了一番。库兹韦尔预测,几十年内,我们将能够通过逆向工程对大脑的构造进行模拟和还原,并将大脑的运作原理应用于机器,甚至可能通过机器来改变大脑。

同时,人类大脑自身也在不断进化。一些研究人类基因突变的研究人员称,如今人类的基因进化速度比农业时期前要快得多。然而,技术革新的速度是基因进化速度的 10 亿倍。

凯利将人类进化划分为 4 个阶段。第一个阶段是大约 5 万年前语言的发明,人类由此得以通过语言来不断进化,而无须完全依赖基因遗传。第二个阶段是大约 1 万年前文字的发明,人类思想的传播由此不再受到时间和地域的限制。第三个阶段是科学的发展,这其实是一次元发明(metainvention)——一种能够催生更多发明的发明。凯利表示:"如今,进化已经发展到了第四个阶段。我们正在深入了解人类自身,以调整进化的方向。我们也在试图理解并重构人类的源代

---

① 21 世纪著名未来学家与思想家,奇点大学校长,谷歌公司工程总监,被誉为"爱迪生的合法继承人",他在代表作《人工智能的未来》一书中通过对人类思维本质的全新思考,大胆预测了人工智能的未来。这本书已由湛庐策划,浙江人民出版社 2016 年出版。——编者注

相较于一个平滑的上升趋势而言，未来的增势更接近于呈直线上升趋势。

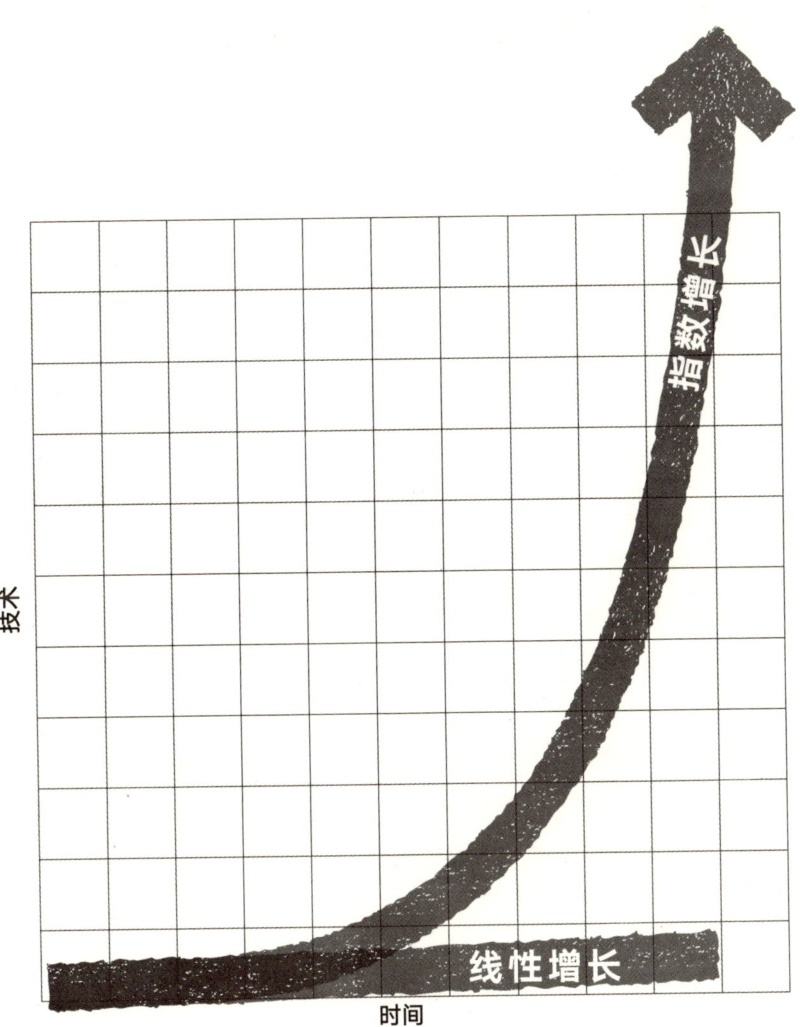

码，包括人类大脑和心智的基因源代码。物种的进化 40 亿年来一直遵循达尔文进化论，而随着基因拼接、基因工程和基因疗法的发展，如今我们正在结束这一进化模式。”

库兹韦尔认为，未来将远远超乎大多数人的预料，因为我们还没有真正理解并内化“变化速率本身也在加速”这一事实。他说：“当奇点出现之后，人类与机器之间以及物理现实与虚拟现实之间将没有区别。如果你想知道在那样的世界中人类明确的独有特质是什么，那么只有这种特质：人类是唯一一个与生俱来就在不断尝试扩展身体和心智界限的物种。”

我们的未来真将如此吗？乔尔·加罗认为，并不一定。他列出了 3 种可能的情境，每种情境都有其典型的支持者：

- **天堂情境。**在该情境中，人类和机器的不断进化和协作使我们变成了一种类似于神的存在。这种情境的典型支持者是库兹韦尔。
- **地狱情境。**在该情境下，不法分子（毫无疑问，指的是人类）可能会利用不断发展的科学技术来伤害乃至消灭地球上的生命。这种情境的典型支持者是太阳微系统公司（Sun Microsystems）联合创始人、风险投资家比尔·乔伊（Bill Joy）。
- **最为人们所普遍接受的情境。**在该情境下，人类不会完全受制于技术的增长曲线，而是将以某种方式走出困境。这种情境的典型支持者是虚拟现实之父、《你不是个玩意儿》（*You Are Not a Gadget*）的作者杰伦·拉尼尔（Jaron Lanier）。

拉尼尔对未来的看法包含了更多令人安心的人类特质。他认为，我们不应该且不太可能以不断加快的速度鲁莽地继续“行驶”；我们也不应该且不太可能边踩着刹车，边以每小时 15 公里的速度“行驶”；而且，我们不应该（虽然大概率上很有可能）只保持比限速稍快一点儿的速度，就因为瞥见路边发生了事故而紧张地抓紧方向盘。在这种情境下，技术的指数增长是有局限的，只是人类还没有发展到那个程度而已。我们只能希望，届时不会出现灾难性的后果。

同时，我们也应该为人类在进化过程中取得的成就而感到自豪。迪士尼公司前首席执行官迈克尔·艾斯纳（Michael Eisner）曾指出：“从穴居人在墙上所绘制的图案，到以数字方式将电影、电视节目、新闻、信息和音乐传播到世界千家万户，这就足以表明人类发展已经取得了巨大的飞跃。”这种能力，即熟练运用艺术和科学的能力，就是我们所谓的才能。

## 机器人时代的变革任务

经济萧条，资源不断减少，污染日益严重，学校逐渐落伍于时代，为什么我们会面对如此多庞大而又棘手的问题？这些问题是技术的指数增长必然导致的负面结果吗？随着世界变得越来越复杂，我们所面临的问题也将越来越严峻吗？也许吧，但我们不妨以另一种方式来看待它：问题看上去过于严峻，是因为我们用于解决问题的工具太钝。

我们在上一个时代所开发的工具和技能并不足以应对下一个时代的挑战。我们发现自己陷入了两种不兼容的范式之间：旧的产业平台正在逐渐走向崩溃，但是我们又无法确定如何打造出新的平台。我们不知道该何去何从。

“信息时代”作为一个描述词，其实并没有真正体现出我们的前进方向。信息爆炸的确是当今变革的主要驱动力，我们也可以说石油是工业时代的主要驱动力，但并没有就此称工业时代为石油时代。这意味着我们对机械、工厂和大批量生产的共同愿景不仅非常明显，而且极具包容性。这种共同愿景激发了我们的集体想象。

如今，大量的信息流不仅推动了庞大的知识网络体系的发展，而且使我们能够修复生命的基本组成部分，得以将前沿的机械技术应用于生物学，也将前沿的生物技术应用于机械开发之中。我们正在进入一个人机协作日益加强的时代，信息无疑推动了人类进入该时代的步伐，但信息并不足以概括这个时代。

对于我们即将进入的时代，我称之为“机器人时代”。

在未来几年内，这种从一个平台向另一个平台的巨大转变，很可能会导致大量事物过时，同时也造就大量的机遇。正如商业战略家可能会告诉你的那样，威胁是机遇的另一种形式。奄奄一息的城市核心地带能够转变为活力满满的老城区。日益上涨的石油价格无疑使人们更倾向于使用替代燃料。阿尔茨海默病患者数量的增加可以促进新药的研发，因为患者数量增多意味着药物销售的利润上涨。

同时，如果人们无法把握住机遇，那么机遇会转变成威胁。对于某家有着不同理念并且尚未在市场上站稳根基的初创公司，如果老牌公司认为它不值一提，那很可能在某天会突然发现，自己的客户都流失到了那家不起眼的初创公司。如果政府长期无视人民的意愿，久而久之就会明白“水能载舟，亦能覆舟”的道理。显然，机遇之窗如同一把双刃剑，它既可以带来清新的空气，也能够夹伤我们的手指。

创新决定了机遇对于我们而言是福还是祸。在这个瞬息万变的时代，成功属于那些富有想象力、满怀勇气并且辛苦付出的人。通过创新，个人或者机构可以绝处逢生，从奄奄一息的过去中逃离出来，安全过渡到新的世界。如果没有创新，个人或者机构可能会失去动力，放弃自己的独特性，并且安于现状、日益偏离既定的目标。创新是熵的解药：如果我们停止呼吸，我们就会死。

在机器人时代，对创新的需求只会越来越强烈。从上到下，从社会层面到公司层面再到个人层面，都会感受到创新的重要性。但是，未来将呈现出何种模样，在很大程度上取决于公司层面的运作，因为商业具有推动大规模变革的动机和手段。

每当一种范式发生变化时，就会出现 3 种人：

- 第一种是抵制变化的人。他们之所以抵制变革，是因为他们在先前的范式下已经获得了巨大的成功。
- 第二种是接受变化的人。因为他们在先前的范式下没有获得成功。
- 第三种是在先前的范式下获得了成功但仍然乐意接受变化的人。这种人是创造性破坏（creative destruction）理论的身体力行者，他们会不断创新，是企业家、反传统者。

“创造性破坏”是由“创新理论”的鼻祖、经济学家约瑟夫·熊彼特（Joseph Schumpeter）在 20 世纪 40 年代率先提出的一个经济学术语，随后为人们所广泛接受。该术语指的是一种彻底的创新过程，通过这种大规模的创新，从根本上摧毁旧的商业模式，并成功建立起新的商业模式。创造性破坏适用于产品、服务、流程和技术领域。例如，电话代替了电报，汽车代替了马车，而智能手机也逐渐代替了老式手机。在这个瞬息万变的时代，市场的变化往往比任何一家公司的发展速度都要快，因为变化本身不会给市场带来任何损失。只有擅长创造和破坏的公司，才能始终做到将市场的多变性转变成自身的优势。

彻底的创新可能会带来巨大的回报。手机制造商诺基亚曾经在35%的市场份额中赚了11亿美元，而智能手机制造商苹果公司仅在2.5%的市场份额中就足足赚了16亿美元。在史蒂夫·乔布斯的领导下，不到13年的时间，苹果公司就超过了微软公司，成为全球市值极高的科技公司。苹果公司的股东在那段时期获得了100倍的投资回报。

当人们听到“创新”一词时，通常会想到以技术为基础的产品，如iPad、丰田普锐斯、任天堂、特斯拉等。但其实这只是冰山一角。位于芝加哥的智囊机构德布林公司（Doblin Group）指出，在下列10个领域中，创新能够为公司带来优势：

- 商业模式，即企业的赚钱模式。
- 关系网，其中包括组织结构、价值链和合作伙伴关系。
- 辅助流程，即公司通过从别处购买所获得的能力。
- 核心流程，即增加价值的专有方法。
- 产品性能，包括产品的特性和功能。
- 产品系统，指支持产品的扩展系统。
- 服务，即公司对待客户的态度和方式。
- 渠道，即公司通过何种方式向客户提供产品或服务。
- 品牌推广，即公司建立品牌声誉的方式。
- 客户体验，其中包括品牌在各种接触点给客户带来的体验。

**在上述领域中，针对任何一个领域开展创新，都能够使公司一骑绝尘，让竞争对手们望尘莫及。**一些商业领袖开始认识到，有时甚至在市场变革者扬起的尘埃中，都能找到独创性的力量所带来的巨大财富和商机。英国作家鲁德亚德·吉卜林（Rudyard Kipling）早在一个世纪之前，就已经将这些商业领袖如今的所作所为阐述得十分明白了：

> 他们尽其所能地模仿我的作品，
> 但是他们却无法复制我的思想。
> 所以我任其绞尽脑汁抄袭剽窃，
> 但是他们永远也别想追赶得上。

在如今这个时代，只要有足够的时间和动力，几乎所有内容都可以“山寨”。**唯一无法“山寨”的就是独创性。**独创性，顾名思义，是独一份的创意。各行各业都有行业的领导者和追随者，而且由于现在各个行业的透明度与日俱增，社交媒体的功能也日益强大，人们更偏向于支持先来者而非后到者。如今，这个原则也适用于非营利组织、教育机构，甚至城市、国家和政府。变化无处不在。

## 工作机会在哪里

政界一直存在一个话题，即创造就业的“涓滴理论”（trickle-down theory）。涓滴理论的大致意思是：如果我们让一部分人变得足够富有，他们就会给我们工作机会；相反，如果我们不能使他们致富，那么他们就会对建立大公司失去兴趣，从而导致工作机会消失。

20 世纪 70 年代，“涓滴经济学”（trickle-down economics）是里根总统执政期间十分流行的经济政策。但是，由于这些工作机会以及其他福利只是“涓滴”给大众，很难起到鼓舞人心的作用，因此政府将这一概念换了个名称，称其为“供应学派经济学”（supply-side economics）。后来，这一理论被称为“里根经济学”（Reagonomics）而为人们所熟知，有些类似于 19 世纪 90 年代的“马与麻雀理论”（horse-and-sparrow theory）——该理论认为，如果你给一匹马喂了足够的燕麦，肯定会有一些富余的燕麦能够剩下来给路边的麻雀。

这些概念对处于食物链顶部的人而言具有相当大的吸引力。但是由于农奴制逐渐消亡，中世纪封建制度也随之瓦解，这就使得封建领主难以继续掌握权力，而且随着时间的流逝，封建制度逐渐被民主制度取代。然而，封建制度一直暗暗等待着时机，试图重新回到历史舞台上。20 世纪 70 年代末，美国政府放宽对华尔街金融巨头的监管，同时还为其提供了重大损失的保险计划，这无异于是封建制度在美国卷土重来的体现。经济学家罗伯特·赖克（Robert Reich）指出："在此之前，金融一直是为美国工业服务的，而这种方式使得金融行业摇身一变，成了美国工业的主人，这无疑是为了获得短期效益而不顾长期发展。"

到 2007 年，40% 以上的企业利润都被金融公司收入囊中，40% 以上的企业支出也流向了金融公司，而在 1947—1997 年的大繁荣时期，这一比例仅为 10%。在大繁荣时期，富人的收入在社会总收入中的占比较小，经济增长速度很快，工资中位数也随之飙升。赖克表示："我们创造了一个良性循环，使日益庞大的中产阶级有能力消费更多的商品和服务，进一步创造了更多更好的工作机会，从而刺激了需求。"

而如今，我们的境况正好相反。富人越来越富，而穷人越来越穷。更准确地说，中产阶级的成员正在被挤进穷人的行列，从而形成了越来越大的贫富差距。花旗集团将其称为"消费者沙漏效应"。它指的是：**随着贫富分化日益严重，最终将只剩下两个有价值的消费者市场，即面向富豪的奢侈品市场和面向普通大众的折扣品市场。**而面向中产阶级的市场，目前则处于停滞不前的状态。宝洁公司也注意到了这种现象，公司总裁梅拉妮·希利（Melanie Healey）指出："这种现象促使我们对公司的产品组合进行重新思考，并对如何取悦高端市场消费者和低端市场消费者做出了反思，坦白来讲，这两个市场的发展都很快。"

如今在美国，处于社会顶端 1% 的人将总收入的 25% 收入囊中。也就是说，处于顶端的这些人控制着社会总财富的 40%。同时，高管薪酬已经超出了经济衰退前的水平，并且仍在不断上涨。按涓滴理论来说，如今当然是到了福利该“涓滴”的时候了。然而，工作机会在哪里?

经济学家普遍认为，经济增长能够创造工作机会。他们说，只要努力发展经济，就能够让人人重新找到工作。然而，在过去的 20 年中，我们看到现实并非如此。发达国家的经济增长大部分来自与信息相关的产业，这些产业虽然为企业股东创造了巨大的财富，但它们能够提供的工作机会却很少。在 2011 年的年报中，软件巨头 SAP 公司总收入为 160 亿美元，但它仅有 5.3 万名员工。谷歌如今是一家市值 290 亿美元的公司，但它也仅雇用了 2.9 万名员工。Facebook 的年收入约为 40 亿美元，却仅有 2 000 名员工。

如果你观察银行、对冲基金公司以及风险投资家，看他们在哪些方面的投资最多，那你必然会发现，他们在软件公司和金融资产中投资最大，因为这些领域的回报率最高、回报周期最短。甚至制造业的公司也正在逐渐转型成信息公司，这些公司将设计和市场营销的业务留在国内，而将生产制造的业务转移到国外一些劳动力十分廉价的地方。随着制造业的工作机会不断向国外转移，中产阶级除了走下坡路之外别无选择，而“统治”阶层，也就是那些控制着商业模式、战略和政策的顶端人士，其所占的利润份额则越来越大。

然而，这种争抢份额的比赛也快结束了。剥夺中产阶级的利润份额来滋养上层阶级，对任何人来说都是有害无利的。这种模式曾导致大衰退，当时就出现了无法再利用任何金融手段从中产阶级和底层人士身上剥夺利润，来继续支持上层阶级的境况。而如今，任何一种针对上层阶级和底层人士而忽略中产阶级的营销策略，都不能称之为解决方案，而是一种绝望的做法。

权力不断集中到顶层富豪手中，使得大量中产阶级人士被挤到穷人行列。

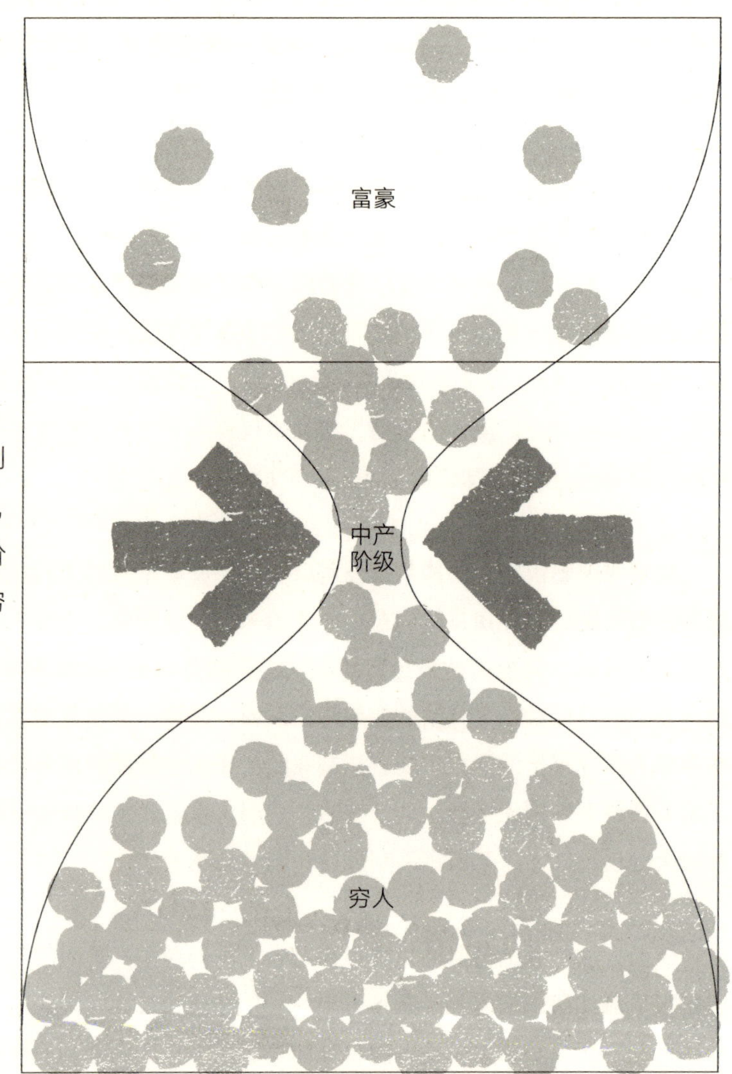

赖克的数据表明，经通胀因素调整后，美国人的平均时薪自 1985 年以来仅增长了 6%。与此形成鲜明对比的是，德国人的平均时薪增长了近 30%。在德国，社会总收入的 11% 流向了顶端 1% 的家庭；而在美国，社会总收入的 25% 都被顶端 1% 的家庭所获得。德国通过支持制造业和教育，避免了沙漏效应的出现。

但是，我们真的想要恢复过去那些糟糕的工作吗？恢复那些肮脏的工厂、日复一日地上下班打卡以及令人厌烦麻木的重复性工作？当然不是。我们想要的是一种鼓励人才成长的新型产业。**理想的工作必须能够激发我们最好的想法、尊重我们的独特技能，并且能够让我们在工作中手脑并用。**我们不能将创造性工作降级为生产性工作，而是需要将生产性工作提升到创造性工作的水平。

## 机器人曲线，充满机遇的瀑布

随着时间的流逝，工作的价值和成本都面临着持续的下行压力。对于原创构思和独特技能，就业市场当然愿意花重金去投资。但是，由于各行各业都存在竞争性，所以具有创造性的流程会逐渐趋于常规化，逐步从创造性工作降级为技能性工作，再从技能性工作降级为机械式工作，再进一步从机械式工作降级为能够由机器人自动操作来完成的工作。在此过程中的每一步，工作的价值和价格都在下降，但同时，价值会保持在高于价格的水平上。

我们不妨称之为“机器人曲线”（the Robot Curve）。

在机器人曲线的顶端，是富有创造性的工作，此类工作中所包含的例行工作较少，并且需要开展大量的试验。由于此类工作原创程度较高，甚至具有独创性，因此其成本非常高昂；但只要此类工作能够解决某种重大需求，其价值自然也非常高。创造性工作可能包括科学发现、技术突破、发掘新的商业理念、产品发明、组织领导，以及艺术和娱乐领域的各种创新风格和方式。奥普拉·温弗瑞在《奥普拉脱口秀》中拿多高的薪水？谁知道呢？但是，如果你想雇用奥普拉，那别无选择，只能乖乖付钱给她。

机器人曲线向下一步是技能性工作，此类工作包括各种专业人员的工作。创造性技术不断被技术人员和专业人员所掌握，逐渐变成了最佳解决方案。虽然在实践中依然存在一些创造性，但同一学科的专业人士会共享大部分的专业知识。对于客户和雇主而言，尽管他们所雇用的专业人士规模会有变化，但这种知识的共享能够为他们带来一定程度上的人才可互换性。比如，我可能不知道哪位心脏外科医生的水平最高，但至少可以确定为我诊治的医生接受了最起码的培训并拥有最基本的操作经验。

随着技能性工作变得更加标准化，或者通过技术对工作流程进行了改造，那么技能性工作将逐渐变成机械式工作，并可以以更低的成本外包出去。为电话接线员编写决策树（decision-tree）①代码，自然需要编程人员的创造力和经验。但这个过程同样使得接线员的工作趋向标准化，因此接线员的经验和受教育程度不需要达到原来那么高的水平。这就使得成本下降，价值保持在高于成本的水平，同时，工作量也可以进一步扩大。印度班加罗尔的外包产业就是企业将大量机械式工作外包出去的例证。

当我们能够利用机器以更低的成本并且更加稳定地完成机械式工作时，这类工作很快就会变得自动化。最终，市场上很可能出现一款带有语音模拟技术的应用程序，能够专门为电话接线员设计编写决策树。而那些曾经由人工完成的焊接

---

① 决策树算法是机器人学习中一种基本的分类与回归方法，是最经常使用的数据挖掘算法之一。——编者注

操作，现在也可以通过机械臂来完成，甚至效果更好。原本需要花费 4 000 美元并需要花 2 天时间才能拍摄出来的专业照片，如今在互联网上只需 25 美元就能立刻获得一张。尽管自动化将导致许多人失业，但它同时也为那些处于曲线顶端的原创者和专业人士创造了新的机遇，他们是此类自动化系统的创建者和管理者。

随着 21 世纪的不断推进，机器人和算法逐渐渗透到我们生活的每个领域，甚至植入我们的身体中。如今，人们对各种药物和整形外科手术的痴迷，足以表明人们愿意甚至渴望通过技术的干预来延缓衰老。但这种趋势可能会一直持续下去，其主要原因是，在机器人曲线的每一步中，新的价值都将得到释放。**事实上，你甚至可以认为，一直以来，机器人曲线是整个进化过程中人类得以不断发展的根本动力。**如今，创新的鸿沟已然出现，而那些未能跻身于曲线顶端的公司已经被远远地甩在了后面。

那么，在机器人曲线上，工作又有何体现呢？毫不意外，最优质的工作都集中在曲线的顶端。曲线顶端的工作决定了整条曲线下方的其他所有工作。你在曲线上所处的位置越低，就意味着你的自主性越低，赚到的钱也就越少，而当市场需要新的技能时，你的适应性也越差。在就业领域的行话中，低级技能意味着“僵化易碎”。

机器人曲线还表明，将工作所需要的技能水平不断往下推，就能够产生利润。每当有创造性概念变成专业性操作，专业性操作变成机械式流程，或者机械式流程变成能够由机器自动化操作时，就会有一部分人因此而获利。例如，沃森的开发使得 IBM 和美国医疗保险公司 WellPoint 达成了一项重大合作，为 WellPoint 的医生提供了一个功能强大的新工具，能够帮助他们进行症状分析并选择最佳治疗方法。当图库摄影市场开始从定制摄影市场抢走业务时，它同时也

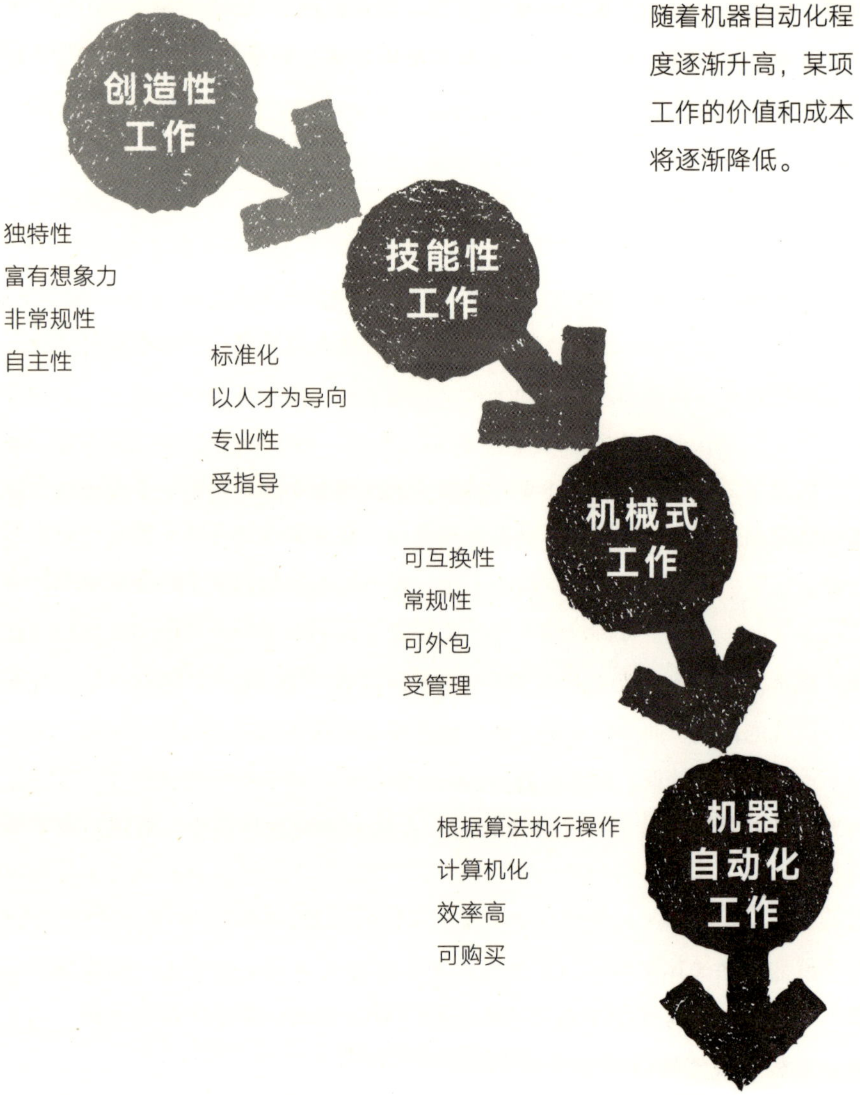

随着机器自动化程度逐渐升高，某项工作的价值和成本将逐渐降低。

创造性工作

独特性
富有想象力
非常规性
自主性

技能性工作

标准化
以人才为导向
专业性
受指导

机械式工作

可互换性
常规性
可外包
受管理

机器自动化工作

根据算法执行操作
计算机化
效率高
可购买

机器人曲线

为商业摄影师打开了广阔的互联网市场，使他们能够获知何种照片最受媒体青睐。大多数摄影师只看到了自己岌岌可危的前途，而有些人却能在危机中看到机会。

益智问答游戏节目《危险边缘》的参赛选手肯·詹宁斯曾讲述过他所担心的事情："就像20世纪制造业装配线上的机器人替代了工厂中许多工人的工作一样，布拉德和我是第一批被新一代认知计算机器所淘汰的知识产业工人。'益智问答游戏节目参赛选手'可能是沃森淘汰掉的第一份人类工作，但我敢肯定这绝不会是淘汰的最后一份。"

他说得没错。这种破坏和创造持续更迭的模式正是世界不断向前发展的方式。**机器人曲线实则是一条充满机遇的瀑布，它从创造性工作不断向自动化工作流动。**如果我们无法找到有价值的工作，那不是因为我们处于经济衰退中，而正是因为我们无法找到有价值的工作，才导致了我们处于经济衰退中。我们一直混淆了这两者的因果关系，仍在试图将工业时代的理念应用于机器人时代的现实中，于是在创造性领域和经济上都产生了巨大的旋涡。

根据美国万宝盛华集团的研究，在美国，有52%的公司表示难以招聘到合适的人才来填补公司的岗位空缺。虽然我们在担心将会有2 000万个工作岗位被机器所取代，但同时，仍然有300万个工作岗位虚位以待。万宝盛华集团还称，人才缺失的现象并不只限于美国。全球有1/3的雇主称，他们无法招聘到合适的技术人员来填补公司的岗位。然而，与此同时，失业人数创下历史新高。

在一家飞机零件制造公司任人力资源经理的凯西·史密斯（Kathy Smith）说："现存的待业人员与我们的空缺职位所需要的技术人员之间存在着巨大的差距。以前，如果你是一名钣金技术工的话，你只需要知道如何压铆。而如今，你不仅需要掌握如何压铆，还需要知道如何检查质量，了解精益原则，能够进行维修，愿意不断改进工艺流程并且持续学习新的技艺。”换句话说，工人所要做的远远不止在上班时间完成分内工作而已。

最优质的工作来源于何处？当然不会来源于富人。即便给富人再多的钱，也不会带来任何我们所需要的工作。实际上，最优质的工作来源于那些富有创造力的人，无论富有与否，他们都会优先考虑对社会的贡献，而不是考虑自己能获得多少薪水和股票期权。

机器人时代的雇主不希望员工只是简单地完成机器人就能够完成的工作，那些工作自有机器人来完成。他们想要的是能够独立思考，运用自己的想象力来解决问题，善于沟通和团队合作，并且能够适应持续变化的人。

我们总是会毫无理由地担心，机器终有一天会像人类一样思考。然而实际上，我们真正应该担心的是，人类已经开始像机器一样思考了。对于存储和检索大量数据信息、高速重复复杂操作的工作而言，机器完胜人类，而且它们工作起来不会疲倦、价格低廉、无须褒奖。如果人类试图与机器竞争同一份工作，那么就会发现自己即将像詹宁斯一样面临失业。

在《危险边缘》的最终环节，问题类别就是“进化”。而沃森这个 1.4 千克的大规模并行处理计算机将始终致力于寻找更深层次的答案。

问题：何谓人类？

## 幸福危机

大萧条时期，美国人曾将自己幸福感的缺失归咎于制造业的萧条境况。听起来是不是有点儿耳熟？当时人们认为，只要能够让工厂重新运转起来，就能够让失业的人重返岗位，人们的收入也会随之增加。如此一来，人们自然就能找回幸福感。

于是，政府召集了一个经济学家小组来制定一系列的指标，以评估人们在实现这一重要目标方面所取得的进展。最终的结果就是，他们制定了国民收入和生产账户这一框架，该框架包含一整套测量国内生产总值（GDP）的方法。GDP 指的是经济社会（一个国家或地区）在一定时期内运用生产要素所生产的全部最终产品和服务的市场价值（以美元来衡量），该指标很快就成为衡量国家“生活水平”的准绳。有了这项新的衡量标准，国家就可以将重点放在如何提高收入上面，并认为只要收入提升了，人们的幸福感就会随之而来，如同昼夜更替那般自然。

该委员会的负责人西蒙·库兹涅茨（Simon Kuznets）是一位诺贝尔奖获得者，他却不曾抱有这种幻想。他深知要想评估国家提升人们幸福感的进度，仍需要其他衡量指标。他说：“一个国家的国民幸福程度，几乎不可能根据国民收入来判断。”他的观点与美国第三任总统托马斯·杰斐逊（Thomas Jefferson）的观点如出一辙，后者在《权利法案》（*Bill of Rights*）中将“财产权”更改为“追求幸福的权利”。

但是，由于幸福感难以衡量，因此我们将 GDP 作为衡量指标。可是，国民的幸福感其实与一个国家产品和服务的总生产量之间几乎没有任何关联，甚至可能存在反比关系。通过制定对生产产品或提供服务的大型企业有利的政策，实际上加剧了沙漏效应，将国家更多的财富和权力转移到了富豪阶级，同时将中产阶级挤压到了穷人阶级。如今，我们甚至可以将 GDP 视为导致国民幸福感缺失的重要因素。

但如果我们不衡量收入，而是衡量进化的进展，情况如何呢？如果我们能够衡量公平、自由、和平与创造力的进展程度呢？相较于 GDP 而言，这些难道不是更加精确的幸福指标吗？为什么我们不可以试着直接衡量幸福本身呢？

实际上，自 1972 年以来，不丹人民一直都是以这种方式衡量国民幸福感的。不丹人民将其称为“国民幸福总值”（Gross National Happiness，GNH），来自各个国家的支持者都致力于采纳这一测量方法。法国于 2008 年成立了一个专门研究 GNH 的委员会，诺贝尔奖获得者约瑟夫·斯蒂格利茨（Joseph Stiglitz）是该委员会的负责人。联合国前秘书长安南的高级顾问杰弗里·萨克斯（Jeffrey D. Sachs）和英国前首相戴维·卡梅伦（David Cameron）也都是该衡量指标的大力支持者。来自加拿大的流行病学家迈克尔·彭诺克（Michael Pennock）曾协助不丹设计 GNH 衡量指标的原始框架，苏珊·安德鲁斯（Susan Andrews）博士也曾在巴西为支持采纳 GNH 而组织过一系列宣传活动。

在美国，由美国民调机构盖洛普与保健公司海斯威斯（Healthways）所提供的“盖洛普－海斯威斯幸福指数”受到了员工和经济学家的普遍认同。自 2008 年以来，每年盖洛普都会随机打电话给至少 1 000 名成年人，询问他们关于诸如饮食习惯、压力水平、健康记录、情绪状态和工作满意度等指标的具体情况。通过电话调查，盖洛普认为，对工作毫无热情的员工，在生产力上每年给国家造成的损失高达3 000亿美元。该民调机构还发现，美国的员工对上司越来越不满意，对他们所属的公司漠不关心，对自己的工作也毫无热情。工作满意度是工作绩效的主要指标。因此，对工作不满意的员工往往也是生产力低下的员工。

在《激发内驱力》（*The Progress Principle*）一书中，作者特雷莎·阿马比尔（Teresa Amabile）和史蒂文·克雷默（Steven Kramer）针对来自 7 家公司的 238 名专业人士进行了调研，通过查看他们在电子日记中对 6.4 万件特定工作日事项的描述，得出了令人惊讶的结论：**"到目前为止，我们发现，但凡在工作中能够让员工积极投入的事项，都具有一个非常重要的特性，也就是能让员工在有意义的工作中取得进展。"**因此，我们得知，能够使人产生幸福感的并非金钱、奖励、地位或者头衔，而仅仅是可以取得我们所期望的进展。当我们开始质疑工业时代的生产力目标时，意味着我们对物质方面的追求正在被精神方面的追求所取代。

那么，"盖洛普－海斯威斯幸福指数"是否指出，在如今的 21 世纪，我们应该在哪里才能找到幸福呢？美国加州 14 区，即人们熟知的硅谷，以盛产"工作狂"著称。在硅谷，员工每星期工作 80 个小时是很常见的事情，而且大多数员工都是自愿加班的。没有任何公司要求员工每星期工作 80 个小时，甚至规定每星期工作 50 个小时的都没有。正如阿马比尔和克雷默所说的，这里的人们自愿在工作上投入大量时间，是因为他们能够"在有意义的工作中取得进展"。

但原因还远远不止这些。硅谷充满了激情。科学历史学家詹姆斯·伯克（James Burke）曾在 BBC 系列片《文明的纽带：人类科技史话》（*Connections*）中描述到，在硅谷工作的人们认为自己是在为"历史的燃点"而努力。他们的目的就是改变世界，并以自己认为合适的方式和程度为该使命做出贡献，他们自己掌握着付出多少的自由。乔布斯曾说过："是否能够成为世界首富对我来说并不重要。晚上上床睡觉时，回顾这一天，如果能够坦然地说我们又做了一些很棒的事情，这对我来说才是最重要的。"

1943 年，心理学家亚伯拉罕·马斯洛撰写了一篇论文《人类动机论》（*A Theory of Human Motivation*）。整篇论文是基于一个"需求层次"的金字塔模型而展开的。该理论认为，人类倾向于自下而上地为金字塔各个层级的目标付出努力，从最底部的空气、食物和水等生理需求开始，逐步到金字塔顶部，顶部是包括自觉性和创造力等在内的自我实现需求。根据该理论模型，自我实现是建立在实现底部各个层级的需求之后，才能够实现的最终目标。“自我实现”（self-actualization）一词与希腊人所说的“幸福感”（eudaimonia）息息相关，意味着人能够快乐地实现自己的潜能，或者追求更高层次的目标。

当公司或社会无法给人提供幸福感时，人类的创造力水平便会大幅下降。我们在工业时代就经历了这个过程。生产流水线的固定要求，不仅生产了一批批统一的产品，也造就了一批批统一的员工。事实上，这种固化的要求意味着只能存在统一的教育、统一的社会行为、统一的宗教信仰和唯一可接受的性别取向以及同样的工作观念。那些与主流观念和行为格格不入的人，会被社会视为“残次品”而受到抛弃。在工业时代，由于长期追求生产力，工作变得索然无味了，商业变得缺乏人性了，日常生活也变得黯然失色了。然而，通过这个过程，我们建立起了金字塔底部的 4 个层级，使我们抵达了尊重需求的层级。如今，我们可以在此基础上，为实现顶部的自我实现需求而努力了。

一个新世界即将诞生。这将会是一个充满创造力、拥有更高层次目标和更高成就的世界。为了更早地进入这个新世界，我们需要一系列超越 20 世纪所需的新能力，一些我们的学校尚未优先培养的高层次技能。

**21 世纪的工作场所将是变革的关键所在。如果我们能够改变工作方式，那么就可以改变世界的运作方式。在此过程中，我们很可能会收获比金钱更具价值的东西。**

工业时代将我们带到了
自我实现需求的边缘。
机器人时代会带我们走
完接下来的路吗？

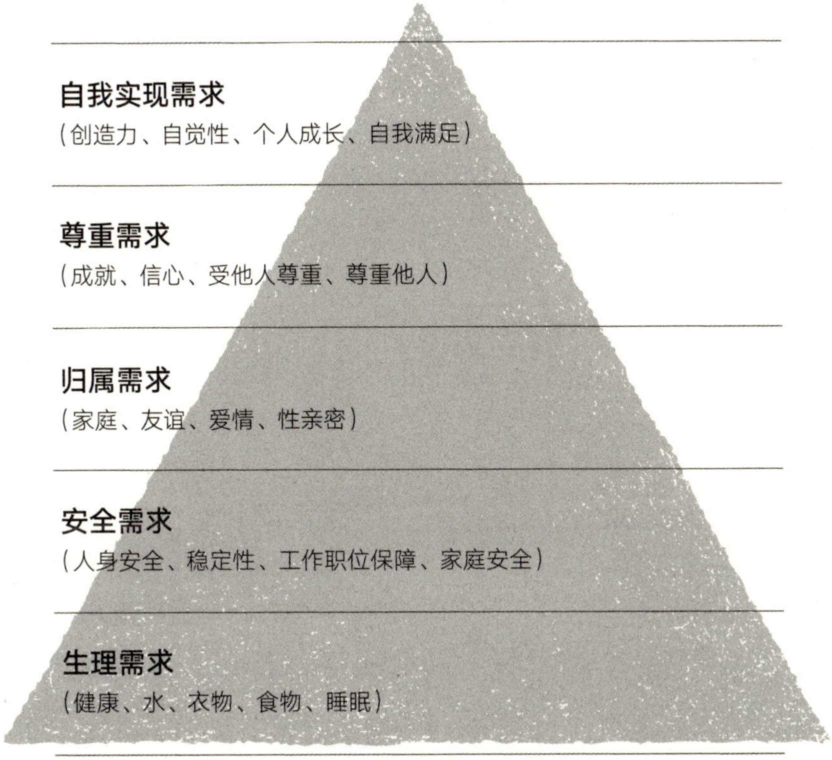

需求层次

## 过时的工业大脑

人们称 20 世纪的运作方式为工厂式运作，因此，那时的教育目标就是像福特公司制造汽车一样高效地培养出毕业生。我们在这方面取得了惊人的成功。而如今的教育是一个简化的过程，整个体系建立在最大化的产出（最多的毕业生人数）、极高的效率（最少的教师人数）和可靠的指标（易于分级的标准化考试）之上。

简化的教育产生特定类型的毕业生，他们在可测量的智能领域的表现都比较出色，如记忆、数学、逻辑和语言等。但是，这种出色表现是以牺牲对另外一些智能领域的培养为代价的，如创造力、人际交往能力、情感成熟程度和适应能力等难以测量和评估的智能领域，教育体系为了提高效率而降低了它们的优先等级。很快就有研究人员指出，正是在这些难以测量和评估的智能领域表现出色的人，才能成为伟大的领导者和成功者。因此，如果我们创造了一个毫无想象力、缺乏教养的畸形社会，不应感到惊讶，因为这是我们自己一手造成的。正如教育活动家肯·罗宾逊（Ken Robinson）[①] 所说："抱怨毕业生缺乏创造力就好比说，'我买了一辆公共汽车，但它还没出海就沉了'。"

基于事实的知识和死记硬背的机械式技能本身并没有什么错。对于获取成功而言，这些都是有用且必要的工具。但是在一个面临着翻天巨变和艰难挑战的时代，我们需要的技能远不止如此。**我们需要拥有以新的方式思考并采取行动的能力，才能确保人类长期地生存和发展。**

---

① 全球知名教育家，著名的人类潜能开发、创造力开发专家，曾入选"全球最具影响力 50 大商业思想家"。他在自己的代表作《什么是最好的教育》一书中，从了解家长的角色、理解孩子的压力、理解学校的功能等 10 个维度为家长们提供了清晰的教育思路。这本书的中文简体字版已由湛庐策划，浙江人民出版社 2020 年出版。——编者注

苏格拉底曾经讲过一个有关埃及国王阿蒙（Ammon）的故事：阿蒙曾与古埃及神特乌斯（Theuth）针对书写的发明有过一次争论，阿蒙认为通过书写来记事将会破坏社会，“如果人们学会了这项技能，就等同于在灵魂中植入了遗忘；他们将不再锻炼自己的记忆力，因为他们能够依靠书写所记下来的内容。所以，他们将不再通过在大脑里搜寻记忆的方式来回想事物，而是通过外在的书写标记帮助自己回忆”。阿蒙认为，这种方式“将会让人们认为自己似乎无所不知，而实际上，在大多数情况下人们一无所知”。

国王阿蒙所担心的事情，如今已经得到了部分证实。自苏格拉底走遍世界的两个半世纪以来，扫盲的普及显然减少了我们对自身记忆力的依赖。平心而论，这本身就是不可避免的事情。如果你的书架上有一本农用年历，那你肯定无须费心记住 6 月的降水概率。只要去到图书馆，你就可以借上一本关于伯罗奔尼撒战争的书，根本无须去找一位记住了每场战争的专家。而且现在，如果你能够访问互联网的话，不仅可以轻松查询到“伯罗奔尼撒”的英文词拼写，还可以查询到大量与之有关的信息。（你是否知道雅典在输给斯巴达之后曾被 30 个暴君统治？这个数量可不少！）

网络百科全书平台是否会在我们的灵魂中植入遗忘，还很难说。但可以肯定的是，自从发明书写以来，人类积累的知识量之庞大，我们的大脑根本无法容纳。我们需要谷歌等组织来收集、存储和组织我们的知识，不仅仅是为了让我们能够随时查询，也是为了更好地梳理出这些知识的意义。

心理学家卡尔·荣格提出了“集体无意识”（collective unconscious）的概念，以此来理解我们通过遗传所保留下来的、对人类经验的无意识记忆。而如今，互联网似乎正在创造一种“集体意识”（collective conscious），即人们共享存在于大脑之外的记忆。甚至可以说，集体意识是人们在已经拥有的三个大脑的基础上所增加的第四个大脑。

20世纪60年代初，神经科学家保罗·麦克利恩（Paul McLean）提出了“三重脑”模型（three-brain model），或称“三位一体大脑”假说（triune brain）。他认为，通过进化，我们拥有了按先后顺序出现的三个大脑。他将这三个大脑分别称为“爬行动物脑”（reptilian brain）、“边缘脑”（limbic brain）和“新皮层”（neocortex）。爬行动物脑，或称“蜥蜴脑”（lizard brain），大约5亿年前最早出现在鱼类中，其功能大约于1.5亿年前在爬行动物身上达到顶峰状态。蜥蜴脑能够很好地处理简单任务，但整体来说，蜥蜴脑的功能有些僵化和不受控制。大约在同一时期，在爬行动物脑的基础上又进化出了边缘脑，也称“犬脑”（dog brain）。边缘脑控制着我们的价值判断，主要是潜意识和情感上的判断，它在很大程度上控制着我们的行为。在边缘脑的基础上进化出的第三个大脑是新皮层，也称“人脑”（human brain）。新皮层于两三百万年前出现在灵长类动物中，正是该脑赋予了我们灵活的学习能力，使我们能够创造出复杂的技术和深厚的文化。

但我们并没有止步于此。对人类而言，进化的速度太慢了。因此，我们决定将进化掌握到人类自己的手中，为自己打造一个共享的人造大脑。我们从猿进化成人的时候，双手得以解放出来制造工具，同样地，如今我们的大脑得以从工厂的工作中解放出来，这使我们能够以更具创造力的方式去思考。

## 元技能，未来工作必备的5大技能

现在的机器人还很原始。它们虽然能够很好地完成某些重复性工作，但是由于它们不知变通，一旦常规流程出现变化，就会导致任务失败。这与人类在工业时代所掌握的技能并没有什么不同，那些技能同样只针对特定工作内容，并且很难转移到其他任务上。

我曾经在一家飞机制造厂上夜班，当时我的工作是使用大型液压机来压制零件。但是，我无法将这种技能转移到使用小型钻床上。因此，我必须像当初学习如何使用大型液压机一样，由一位资深人士向我细细展示每个操作步骤，从头开始学习如何使用小型钻床。如果我对工厂所使用的工具有基础性的了解，同时又对飞机零件的制造有一个大致的了解，那么我原本可以很快掌握这些技能，然后在此基础上创造出一些捷径或者改进，而这些优化操作还可能会成为工厂的最佳实践。

**上述这种更高层次的理解，就属于元认知技能（metacognitive skills）的领域，我们通常将其简称为元技能。此类技能更类似于指导原则，而非特定的操作步骤，因此我们可以将其应用到不同的工作场景中，而不会失去其有效性。元技能决定了如何做，而不是做什么。**它们构成了“知道如何去做”的基础，美国人称之为“专有技术”（know-how），而法国人称之为“技术诀窍”（savoir-faire）。元技能具有很强的适应性和灵活性。

与基于事实的知识不同，基于技能的知识需要靠实际操作才能习得。虽然你可以通过阅读了解有关高尔夫挥杆原理的知识，但除非你实际去练习打高尔夫球，否则你所掌握的理论知识将毫无用处。实际练习时，不仅涉及球杆在空中划出何种角度的弧线，还关乎你将球杆握在手中的感觉、身体随着挥杆而摆动的方式，以及你暗自期望球向何处飞去时的心境。你不可能通过阅读指导手册来掌握这些内容，必须亲身体验才能掌握。

元技能与此类似，但它所涉及的理解水平位于一个更高的层级。例如，如果你已经掌握了运动的元技能，那么丰富的运动经验可能会使你掌握一些模式和技巧，你大可将其运用在打高尔夫球上，如此一来，这项运动对你而言就会更容易上手。

如今我们正在数字云端创建一个共享的大脑，它能够使我们跨越“三重脑”的生物限制。

元技能能够做到的，还远不止这些。元技能有一种特殊的能力——它们具有反身性（reflexive）。反身性意味着你不仅可以将元技能应用于其他技能上，还能够将它应用于其本身，从而使效果倍增。掌握了学习的能力固然很强大，但如果掌握了“如何掌握学习能力”的能力，那将势不可当。

如今的问题在于学校根本不教授元技能。学校甚至连普通技能都不教授，因为从技能本身的性质来讲，它比学术知识更难衡量。比如，检查数学答案的正确率往往比衡量学生的数学思维能力容易得多。学校似乎认为元技能能够通过潜移默化的方式自然渗透到我们体内。持这种观点的人甚至还称：“虽然你可能永远也用不上微积分，但学习微积分的经验能够教会你如何解决逻辑问题。”如果解决问题的技能很重要，为什么不将其设为一个元科目来教授，而要通过微积分、统计学、哲学、物理学、辩论以及其他科目间接学习该技能呢？

美国的许多政策制定者认为，只要加倍提高测试标准，并加大力度提高学生在科学、技术、工程、数学等相关科目上的成绩，就能够振兴经济，并在竞争中打败那些抢走工作机会的国家。对于任何发达国家而言，这都不是一个可取的战略方向。世界不需要人类机器人，它需要的是具有非凡想象力、远见卓识，富有创造力的人，而标准化的测试根本无法帮我们培养出此类人才。

未来研究所（Institute of the Future）代表阿波罗研究院对未来的工作场所可能有哪些变化，进行了旷日持久的研究。他们发布了一份名为“未来工作技能（2020 年版）”（*Future Work Skills 2020*）的文件，其中明确指出了 6 项根本性的变化：

1. 非常长寿。医学的进步使人类的平均寿命稳步增加，这将改变人们工作和学习的性质。人们的退休年龄将普遍延后，更换工作也将变得更加频繁，这就意味着我们需要终生不断地学习、反学习和重新学习。

2. 智能机器和智能系统的兴起。自动化的普及将使机器代替人类从事机械式的重复性工作。
3. 计算机设备普及的世界。传感器和处理器的数量和种类将大量增加，这将使整个世界变成一个可编程系统。随着数据量成倍增加，许多新的工作和角色需要与计算机相关的思维技能。
4. 新媒体生态系统。新的交流工具要求我们具有更高的媒体素养，而不仅仅是写作。企业或其他组织要求知识型员工设计演示文稿、制作模型，并使用视频和互动的方式进行讲述。
5. 超结构组织。社会技术将带来生产和价值创造的新形式。超结构意味着无论规模大小，组织都能够在极端对立的情况下顺利运作。
6. 全球互联的世界。日益增强的互联性使得组织将运营核心放在组织的多样性和适应性上。能适应不同文化环境、虚拟工作场景的员工，能够为公司创造更多的价值。

这些未来的工作场景需要我们具备元技能，例如：领悟力，即能够领悟表达内容背后的深层含义；社交智能，即与他人建立联系的能力；适应性思维，即能够给出超越常规的解决方案；设计思维，即对创新理念进行原型开发并创造出成果的能力；以及认知负荷管理，即能够过滤掉不必要的信息，将工作重心放到处理目前最关键的问题上。

文艺复兴时期的佛罗伦萨，诞生了“文艺复兴人”（l’uomo universale）的原型。“文艺复兴人”指的是一个精通各种知识，并且在大多数知识领域都具备创新能力的人。16 世纪，人类的整个知识体系还非常有限，一个人凭一己之力完全掌握这些知识也不是没有可能。

然而，现在人们越发意识到，未来的巨大发展将不会取决于某个人，而需要团队的集中努力。如今的运行原则变成了“三个臭皮匠，赛过诸葛亮”，也就是说，“集体的智慧胜过个人的智慧”。但是，无论团队的形式是小组、公司、社区还是国家，想要激发团队的创造力，我们就必须贡献出自己最大的努力，需要贡献出我们所具备的技能、元技能和全部的人的属性。**在后工业时代，成功不再取决于职称或者高学历，而将取决于熟练掌控的能力。**

只要商业创新掌握在少数人手中，财富就无法得到公平的分配。元技能能够使创造力民主化，将变革的责任更加平均地分配，并使中产阶级的力量更加强大。众所周知，中产阶级才是最有力的经济增长引擎。

## 传统商业思维 VS. 设计思维

我们如今面临的问题非常严峻，必须全力以赴加以应对。单凭组织或者企业中为数不多且四处分散的专家是不行的，即便他们再有创造力，也不足以解决人类如今所面临的各种复杂问题，例如环境责任、可持续能源或者满足全球 70 多亿人口所需的粮食生产，等等。这些问题被称为“棘手问题”。棘手问题指的是持续时间长，覆盖面较广，难以应对而似乎无法解决的问题。你永远也无法真正“解决”一个棘手问题，你只能应对它。

在设计界，常常能够听到“应对问题”这个短语。因为大多数设计师都很清楚，对任何事情来说，都没有一个完整的或最终的答案。只有暂时的应对方案，而且应对方案有好坏之分。因此，面对复杂境况或者模棱两可的任务，设计师们通常会习以为常，至少不会感到不适。他们习惯于从无序中理出一些头绪。

直到 20 世纪，设计才作为一种独特的职业出现。当人们开始采用“分而治之”的生产方法时，设计就被单列出来了。分治法（divide-and-conquer）指的是将一个复杂的过程分解为多个组成部分，从而对每个部分进行研究和简化。在此之前，设计是一项整体性活动的一部分，其中包括解决问题、形塑和执行。由于设计拥有专业的组织和特殊的历史，因此当设计逐渐成为一门独立的学科时，它与工业世界也就渐行渐远了，虽然设计原本源自工业世界。

在我的上一本书《设计型企业》（*The Designful Company*）中，我阐述了组织应如何转型才能利用创新作为竞争优势。秘诀很简单：如果你想要创新，那就必须先设计。设计或者说设计思维与商业思维不同，它是构建一种持续性创新文化所必须掌握的核心过程。

传统商业思维的问题在于，它只有两个步骤——了解和执行（knowing and doing）。你从过去的经验或商业理论中获得了一定的“了解”，然后就可以开始“执行”。这意味着你是直接将知识付诸实践。但是，如果你将自己的行动限制在已经掌握的知识范围之内，那么你的行动必然不够大胆，或者模仿的痕迹较重。对于大胆的创意而言，传统商业思维无法降低其失败的风险，于是这种思维方式就会直接放弃那些创意。这不是创新，而是复制。

设计思维则弥补了这一缺陷。它在了解与执行之间加入了一个中间步骤——制造（making）。制造是通过想象对全新的解决方案进行原型开发的过程。虽然“制造”的概念很容易理解，但实际操作起来却很难。为什么？因为全新的解决方案，顾名思义，意味着既不能直接套用组织的过往经验，也无法在案例研究或者商业书籍中找到操作步骤。它们是全新的。由于真正的创新尚未成为最佳实践，因此在董事会上也可能会引起公司董事的质疑，高层管理人员可能会问：“如果这种做法尚未有人采用，那么我们为什么要率先尝试？为什么不等到别人先尝试，如果可行的话，我们再采用呢？”如果你的目标仅仅是作为追随者，那么你当然可以这么做。但是，如果你的目标是做行业的带头人，那么设计就是必不可少的一环。这就是创新之所以如此难的原因，同样也是它之所以能够赋予善于创新的企业巨大优势的原因。

设计并非设计师的专属领域。假如是这样，那么世界上的创新量将远不及如今所达到的水平。设计师指的是那些不愿意接受既定流程的人，当其他人对现状感到满意时，他们则会选择寻找更好的解决方案。

诺贝尔奖获得者、人工智能领域先驱赫伯特·西蒙（Herbert Simon）曾说："设计师就是致力于改变现状、优化解决方案的人。"根据该定义，任何人都可以成为设计师。你也不例外。虽然相较于接受过专业训练的设计师，你可能不具备他们所拥有的审美敏感性，但你遵循相同的思维过程，这种过程与汽车设计师克里斯·班戈（Chris Bangle）和国际建筑师雷姆·库哈斯（Rem Koolhaas）等设计大师的并无二致。

设计不仅限于汽车的款型或者建筑物规划。任何人造物品、过程或者经验能否取得成功，都取决于设计。在改善各种决策、公司战略或政府政策等方面，也涉及设计。设计可以小到针对本页书稿的字体，使文字传达的意义更加丰富；也可以大到能够向我们展示如何重组基因，来组建新的生命系统。

海水基金会（the Seawater Foundation）创始人卡尔·霍奇斯（Carl Hodges）博士说："设计师所处的是奇迹行业。"他从不被现状吓倒。作为一名创新科学家，他利用因全球变暖导致的海平面上升现象，将沿海沙漠变成了农业伊甸园。

对于家具制造商 Steelcase 公司的经历而言，沙漠绿化恰好是一个绝妙的隐喻。该公司前总裁詹姆斯·哈克特（James Hackett）曾说：**"商品化将价值都榨**

传统商业思维

设计思维

**干了，而设计使之重生。"**

宝洁公司的前首席执行官雷富礼（A.G. Lafley）在为其品牌组合注入新活力时，进行了大换血般的设计变革。他说："我之所以这样做，并不是因为我读了一个令人沮丧的文科专业，而是因为好的设计极其重要。"

## 未来在你手中

沃森在《危险边缘》中的表现，让我们得以目睹人类与机器之间的竞争正在日益加剧。机器人曲线的发展，将使机器不断接手人类的工作。我们需要继续寻找更高层次的领域，使我们的贡献具有独特性和价值。机器迫使我们面对人类的本质。

"智人"（Homo sapiens）在拉丁语中指的是"拥有智慧的人"。我们是由于拥有智慧才成功进化到食物链顶端的吗？如果我们所制造的机器最终比我们拥有更强大的智能，那又将如何？我们会成为"新计算机霸主"的奴隶吗？

事实上，由于我们的技术非常有意思，以至于我们常常会过于关注技术本身，而忘记赞颂技术的缔造者。人类之所以进入如今的发展阶段，不仅仅在于"了解"，同样在于"制造"。从简单的锤子和斧头开始，到矛、刷子、针、磨石和园艺工具等，我们制造和使用工具的能力，都来自我们手脑并用的结果。我们的手不仅具有强大的抓力、根根分明的手指，还拥有与其他手指相对的大拇指，这无疑为我们提供了巨大的进化优势，带来了卓越的智力。换句话说，虽然我们的大脑控制着我们的手，但我们的手同样促进了大脑的进化和发展。

大约 5 万年前，语言的发明带来了人类进化的巨大转折。语言释放了无限的创造力，其中包括新工具、音乐、艺术和神话的发明，以及大量的生存技能和导航技能，使人类得以从非洲不远万里航行到欧洲和澳大利亚。如果人类未曾发明语言，我们文化的发展进程似乎确实会受到很大限制。

当一个宝宝试图接近妈妈，并第一次开口发出类似于一个单词的声音时，我们通常将此视为儿童语言发育的证据。实际上，我们也许搞错了。宝宝可能并不知道“妈妈”是什么意思。而她真正的“第一句话”其实是她伸出的手。“妈妈”只是她用来引起大人们注意的声音，而她想传达的信息可能类似于“妈妈，来这里”“妈妈，抱我起来”或者“妈妈，把它给我”，等等。随着年龄的增长，她逐渐了解到不同的单词代表着不同的事物，同时，她的语言能力也随之飞速提升。但有一点值得我们注意，即手势的发育（张开的手臂和伸出的手指）要先于语言的发育。

所有语言都使用类似的结构元素，即使是那些在文化孤立状态下发展起来的语言也是如此。为什么会这样呢？难道语言技能来自人类的遗传，甚至出自人类的本能？并不是。人类很可能只是通过借鉴操纵实际物体的普遍经验，以仿照的形式发明了语言。换句话说，语言是源自对双手操控物体的模仿。神经学家弗兰克·威尔逊（Frank R. Wilson）曾写道：“进化使人类大脑拥有了一个非常强大的区域，该区域使我们倾向于生成一些特定的语言规则，比如将名词视为类似于石头的事物，而将动词视为类似于杠杆或者滑轮的事物。”虽然并不是所有语言都以完全相同的方式来使用名词和动词，但所有语言都有组织单词的固定规则。这就好比将单词视为建筑材料，对其进行挑选、塑形，并组成有意义的结构。

当我们谈论思考时，常常会用一些词来隐喻手。例如，“抓牢”某种思想或者“处理”某个问题，“紧握”某种信念或者企图“操控”他人，“寻找”某种表达或者“掌握”某种形势，获得“第一手”经验或者“触及”某些话题，“摸索”

着前进或者“指出”某个解决方案。我们的整个数字系统始于双手十指，而如今我们将信息“数字化”。我们用手的隐喻来进行表达是有原因的——我们用手思考。双手的进化推动了大脑的进化，而大脑的进化却推迟了双手的进化。

自柏拉图以来的两千年，尤其是在文艺复兴之后的五百年中，西方的学术教育已成功地将双手与大脑分离开来。我们认为创造事物的价值比了解事物的价值要低，因此关于创造事物的内容在课堂上的分量也随之变轻了。这种观念不仅错得离谱，而且从本质上否定了我们之所以能够成为人类的进化优势。而如今，随着信息变得越来越无处不在，我们了解事物的大脑似乎变得过于发达，而我们创造事物的双手却似乎趋于退化了。

在生物学上，这可能会被认为是一种逆转过程。威尔逊曾指出：“开发智力最有效的方法在于将大脑和身体结合起来、手脑并用，而不是将它们分离开来。”如果我们的目标是重塑世界，那么就需要培养出能够将创造力和知识合二为一的新型人才。

**我认为，以下 5 项元技能能够使我们更好地应对这个不断创新的时代：**

1. 感觉，其中包括直觉、共情和社交智慧。
2. 观察，即整合思考的能力，也称为系统思考。
3. 想象，利用想象力的能力。
4. 制造，即熟练掌握设计过程的能力，其中包括设计原型的技能。
5. 学习，即自主学习新技能的能力。学习相当于 5 项元技能中的“对生拇指”，因为它可以与其他 4 项元技能结合起来使用。

我们还需要美学来将这 5 项元技能贯穿交织在一起。美学是一系列基于感官的原理，美意味着能够给人带来新奇美好的感受。毕竟，如果我们未来生活在一个充斥着机器人的世界，拥有更长的寿命，身体中有着各种各样的植入物，并且到那时，人类已经实现了太空旅行和虚拟现实，而那样的世界却无法给我们带来任何愉悦感的话，那么我们还愿意生活于其中吗？如今时代的主要艺术形式是技术。为了保持人性，或者说变得更加人性化，我们需要让我们的发明具备美学的灵魂。这既是我们生命的源泉，也是最终的归宿。

伴随着荧荧烛火，佩什・梅尔岩洞的岩壁和洞顶上那些线条流畅、栩栩如生的马匹、猛犸象和驯鹿似乎活了过来，从我们头顶上奔腾而过，发出雷鸣般的响声。去吧，去将你的手放在那位古老洞穴画家的手印上。即使人类经过了 2.5 万年的进化，这个手印仍然与你的手吻合。

利用想象力
系统思考
设计和测试
共情和直觉
观察
想象
制造
感觉
自主学习
学习
元技能

# METASKILLS

元技能 1

## 感觉，
## 直观地了解世界和他人

## 进化中的“学者基因”

计算机的优点之一是它们永远都不会产生任何情绪，既不会受梦想或欲望所误导，也不会由于惰性使然而给出马虎敷衍的答案或简单粗糙的故事。它们既不受情绪波动的影响，也不受无关数据的干扰。简而言之，它们不会受到认知偏差的任何影响，而人类正是由于认知偏差才会变得不理性。计算机只会根据指令快速而准确地做出反应。这正是它们的魅力所在。

但似乎没有人考虑过这样一个问题：既然快速而准确的计算能力如此宝贵，那么为什么人类没能进化出像计算机那样的思考能力呢？难道是因为400万年的时间还不足以让我们的大脑拥有这样的能力，甚至连一台廉价计算器的计算能力也达不到吗？难道说，让人类像计算机一样去处理信息这件事，从生物学上来讲根本就是不可能的？

鉴于丹尼尔·塔米特（Daniel Tammet）[①] 等数学专家的惊人壮举，显然，这一点从生物学上来讲并非不可能。塔米特能够比计算机更快地求出立方根，并且

① 英国天才数学家、小说家，位于“在世的100位天才”榜单第15位。其代表作《莎士比亚的零》一书的中文简体字版已由湛庐策划，浙江教育出版社2019年出版。——编者注

可以将π背到小数点后 22 514 位。他可以快速答出两个任意数字的乘积，学习语言的轻松程度堪比其他人学习首都名称。他可以同时阅读两本书，两只眼睛各阅读一本。目前为止，他阅读过 7 600 本书，并且能够回忆起所有书中的详细信息。对于塔米特来说，他根本不需要计算。这些信息对他来说是非常直观的，就像其他人观看照片一样简单直白。比如，数字在他看起来可能就像某种形状、颜色、声音或者手势等。数字 2 是动作，数字 5 则是雷鸣声。

塔米特患有高功能自闭症，而自闭症患者中有 10% 是学者症候群患者，即天才。许多学者症候群患者在各个领域有着非凡的天赋。有些患者能够记住《格罗夫音乐辞典》（*Grove's Dictionary of Music*，共 9 卷）的每一行，有些患者无需任何仪器，就能够精确目测出较长的距离。只是从直升机上俯瞰一下，有多少人可以精确绘制出伦敦天际线的地图？如果从未上过钢琴课，又有多少人在第一次听到柴可夫斯基的《第一钢琴协奏曲》之后，能够完整地弹奏出来？我们可能会期待计算机能够实现这些惊人的壮举，但令我们震惊的是，人类同样能够做到。

来自悉尼大学才智中心（Centre for the Mind）的教授艾伦·斯奈德（Allan Snyder）认为，只要对大脑构造有更深入的了解，人类想要做到这些事情并不难。他指出："虽然学者症候群患者通常都经历了某种形式的大脑损伤，但我认为，一个完全正常的人同样有可能获得这些能力。"但是我们真的想要获得这些能力吗？如果人类的大脑完全能够达到像机器一样的计算能力，如果自然界已经源源不断地出现了拥有这种能力的天才，那么为什么自然选择还没有在普通人群中进化出"天才基因"呢？

我们必须考虑是否有这样一种可能性：类似计算机的思维方式并不是人类在地球上成功进化到食物链顶端的关键；与计算和记忆的能力相比，可能还有其他一系列能力，它们对于我们维续生存来说更为重要，而使我们真正成为人类的，不仅取决于我们的理性脑，也关乎我们的情绪脑。这个假设似乎与两千年来西方普遍接受的观念相矛盾，但是我们越是从现代神经科学的角度思考，这种解释正确的可能性就越大。笛卡儿曾写过一句闻名于世的话："我思，故我在。"然而，在大约 1 500 年前，亚里士多德似乎更进了一步，他曾写下："我感觉，故我在。"我们的情感告诉我们，我们远非机器那么简单。

在工业时代，我们的感觉遭到遏制。由于人们普遍认为情绪会干扰一个人的判断力并降低工作效率，因此在工厂里没有情绪的容身之处。即便在今天，如果你在商务沟通中带入了自己的感觉和情绪，你的信誉基本上就会在别人那里大打折扣。这太糟糕了，因为我们现在了解到，在处理复杂任务时，我们的情绪脑比理性脑要聪明得多。

直到前不久，一些人都还在将情绪视为我们原始的人类特征、一个残留的缺陷，认为我们需要用理性的思维对其加以纠正。弗洛伊德将自我和本我（即情绪脑和理性脑）比作"马"和"骑马者"，他曾说："马提供动能，而骑马者拥有特权，由他来决定目标并指挥马向哪个方向前进。"弗洛伊德经常建议他的病人们"勒马徐行，控制住自己的情绪"，而不是"信马由缰，任由自己的情绪蔓延"。

长期以来，科学家一直在思考，为什么人类大脑中被称为"眼窝前额皮质"（orbitofrontal cortex，简称 OFC）的特定区域比其他灵长类动物的大。按照弗洛伊德的观点，他可能会认为该区域存在的目的是为了帮助我们对抗自身的动物性直觉，保护我们免受情绪的影响。但是，神经科学的最新进展让我们得知，眼窝前额皮质存在的目的实际上恰恰相反，它的作用是使我们更好地与自身的情绪联系在一起。事实证明，物种的进化程度越高，所拥有的情感就越丰富。

为什么情感如此重要？因为当我们面对难以通过思考来应对的复杂境况时，

情感使我们能够通过“感觉”来应对。**情感对于我们的学习、直觉和共情而言是至关重要的。它们使我们能够理解理性脑无法理解的大量数据集。**情感不是理性的替代品，而是理性的合作伙伴。如果我们的理性脑没有情感与之为伍，那么即使是最简单的决定也将变得极为艰难。

在工业时代的工厂装配线上，情感不受人们的欢迎。但是在机器人时代的创新实验室中，情感却是必不可少的。**感觉是创新的前提，它能够促进学习、点燃直觉、增强共情，并激发创造力。**

让我们将上述能力分开阐述一下。

我将学习定义为获取新的知识、技能或者习惯的过程。在本书的后续章节中，我会提升至元技能的范畴，但在这里，按一种情绪脑的物理过程进行阐述。每当我们感到喜悦、恐惧、幸福或者悲伤时，大脑就会进行自我重塑，建立起将情感与感觉信号联系起来的神经通路。换句话说，我们正在学习如何对自己和周遭世界做出预测。

我们之所以说情感极为聪明，是因为它们通过进化，已经能够将错误转化为学习机会。错误会产生大脑容易记住的情感事件。这一点是理解创新的关键，因为创新需要针对一系列的原型或预测不断进行尝试，以找出哪些有效、哪些无效。

大脑以类似的方式来测试我们所做的预测是否符合现实，与此同时，大脑还会分泌大量多巴胺。在做出准确预测之前，我们通常会经历大量的错误经验。当错误的预测发生时，大量的多巴胺会导致我们产生强烈的情绪，使错误经验对我们能起到“警醒”的作用，从而让我们的前扣带回皮质（anterior cingulate cortex,

简称 ACC）记住刚刚所经历的事情。换言之，失败会引发一种强烈的情感，我们将其记下，使之成为一种知识。

情感学习会直接产生直觉，即“在无意识状态下思考”的能力，这种能力使我们无须使用逻辑推理就可以得出解决方案或结论。一旦你花了足够多的时间去训练多巴胺神经元，就不必经过思考之后再做决定，只需识别模式，然后采取行动即可。这意味着你的行为切换到了自动驾驶模式，也就是让你的潜意识做决定。当你面临困难的决策、复杂的信息或者需要快速采取行动的情况时，这种模式就会特别有用。有意识的大脑适合去处理简单的问题，而复杂的问题则需要情绪脑卓越的处理能力。

直觉是针对特定活动、专业或者领域积累了丰富经验的结果，并不是我们与生俱来的。我们必须经过不断训练才能拥有直觉。关于直觉，存在一个“鸡蛋相生、因果难定”的问题：我们需要花很长时间反复试验、反复犯错，才能最终相信直觉的判断；但是，如果怀疑直觉的判断，那么我们将永远无法拥有准确的直觉。在工业时代，直觉格外不受欢迎，整个社会都只褒奖恪守规矩的人，而不会褒奖那些“浪费时间”去猜测答案的人。而如今，在才能愿望清单上，直觉已经高居首位了。我们苦寻拥有精准直觉的人才，却发现犹如大海捞针一般困难。

直觉不仅适用于艺术家、科学家或者其他所谓创意领域的专业人士。任何人在面对没有足够的信息或时间进行详尽彻底的思考而又必须做出决定或者找出解决方案时，都需要用到直觉。例如，当医生在诊断患者时，虽然患者所表现出的一系列症状都比较常见，但医生仍能凭直觉“感觉”到哪里有些不对劲。再比如，浏览资产负债表的会计师在并未全神贯注的情况下，也能凭直觉发现报表的异常之处；虽然并未听到孩子的房间传来任何异响，但母亲也往往能凭直觉意识到孩子可能遇到了危险。换句话说，对于生活在现代世界中的每个人而言，都需要用到直觉。直觉是长在后脑勺上的眼睛，是无法用理性加以解释的“第六感”。

这些非逻辑过程同样能够帮助我们获取知识，不是通过推理，而是通过判断、决定或者行动。学习专家唐纳德·舍恩（Donald Schön）[①]将此过程称为“行动中的反思”，因为这种类型的知识并非来自书本，而是来自反复试验的行为本身。试想一下，画家在画布上每画出一笔，接下来的笔触都会与之产生反应，以此类推，一笔一笔交相辉映。虽然我们可能无从知晓整幅画最终会呈现什么样的结果，但可以使画作不断向理想效果靠近。

虽然在行动中学习所取得的效果最好，但我们同样能够通过观察来学习。从生物学层面而言，帮助我们实现这一目标的是大脑中的“镜像神经元”（mirror neurons），它们是大脑中与肌肉控制相关的一小部分细胞。当神经生理学家贾科莫·里佐拉蒂（Giacomo Rizzolatti）和他的团队在研究猕猴的额叶和顶叶皮层时，他们注意到，在完成一项指定的任务时，一只猴子大脑的一部分神经元会出现反应，而当它在观察另外一只猴子执行相同任务时，这部分神经元同样会出现反应。这项观察结果引发了人们对于人类可能存在“有学有样”基因的猜测。每当我们看到别人微笑时，我们的镜像神经元就会出现与我们自己在微笑时相同的反应。而每当我们看到有人在挥高尔夫球杆时，它们也会出现与我们自己在挥高尔夫球杆时相同的反应。

里佐拉蒂指出，镜像神经元“并不是通过概念性的推理，而是通过直接模拟，来使我们理解他人；这种方式是通过感觉，而不是思考”。显然，对于自闭症患者来说，该大脑区域的功能似乎受损了。自闭症患者无法拥有直觉，这使他

① 美国当代教育家、哲学家，美国“反思性教学”思想的重要倡导人。其在组织学习领域的经典合著著作《组织学习（完整纪念版）》的中文简体字版已由湛庐策划，天津科学技术出版社 2021 年出版。——编者注

们只能凭理性思考来应对所有的经历和情境。

我们之所以拥有解释他人思想和感受的能力，很可能就是缘于大脑中行为镜像的部分。我们将这种能力称为“共情”。如今我们生活在一个拥有70多亿人口的世界，共情这一品质对于人类而言，已经变得非常宝贵了。它不仅使我们能够通过共同努力，来实现我们无法单独做到的事情；它还能够帮助我们了解客户的需求和期望，来促进商业的发展；并且，它还使我们能够在相互尊重的基础上，创造一个相对和平稳定的大环境。当我们失去共情能力时，就会将“敌人”贬为低我们一等的生物，而真正的战争可能也会随之而来。

这就自然而然地将我们带到了“道德”这一话题上，道德是情绪脑所具有的另一特质。我想将“道德”和“伦理”稍作区分：“道德”是人类“善待他人”的自然本能，这在各种宗教信仰和世俗哲学中都得到了普遍的体现；但是，“伦理”则更加微妙，人类需要有意识地思考才能够掌握它。我将在本书的后续部分深入讨论该主题。

在摩西十诫被刻在石碑上之前，人类就已经习惯于遵守各种古老的道德规范。道德被写入了灵长类动物大脑的遗传密码中。全世界各种宗教所做的，不过就是将这些自然法则转化成口头语言而已。对于抢别人的晚餐是否符合道德规范，我们的祖先可能持有不同的意见；但对于是否可以把自己最好的朋友从树上推下去，他们当然会一致认为不能这么做。

科普作家乔纳·莱勒（Jonah Lehrer）[①] 指出，许多精神病患者并不是无法用

① 牛津大学罗兹学者，《连线》杂志特约编辑，《华尔街日报》专栏作家，其畅销著作《普鲁斯特是个神经学家》《想象》的中文简体字版已由湛庐策划，浙江人民出版社2014年出版。——编者注

理智来思考和行动的人，而是单凭理性思考来行事的人。也就是说，他们的情绪脑已经受损。当我们以符合道德规范的方式行事时，例如，当我们选择不诉诸暴力、公平地对待他人或者帮助有需要的陌生人时，我们所做的决定已经将他人纳入了考量。我们考虑了他人的感受，对他人的心情状态持有共情，而这恰恰是精神病患者无法做到的。

如果人类缺乏基本道德，那么总人口量永远也不可能达到70多亿。如果未来我们抛弃基本道德，那么人类能否继续作为一个物种发展下去都未可知。当我们开始创造智能生物，并以人造技术来扩展我们的自然天赋时，我们最古老的元技能——感觉，很可能是我们最重要的盟友之一。

## 当正常大脑做出错误判断时

我已经花了一些篇幅阐述感觉对于人类的益处，接下来，我也会花上差不多的篇幅，来讲述单凭感觉行事将会给人类带来何种弊端。这些弊端对你来说可能都不陌生，因为正是这些弊端导致我们在整个工业时代都尽量避免使用感觉来处理问题。

诺贝尔经济学奖获得者丹尼尔·卡尼曼[①]在其著作《思考，快与慢》中给出了以下研究问题，该问题很好地揭示了直觉的局限性。

琳达如今单身，她是一个既直率又非常聪明的人。作为一名学生，

① “行为经济学之父”丹尼尔·卡尼曼继畅销书《思考，快与慢》之后酝酿10年思考，写就了全球瞩目的里程碑式巨作《噪声》，这本书通过两个公式揭开了“判断出错”的本质，并且深入探究不同决策背后的罪魁祸首“噪声”，带你直击噪声。其中文简体字版已由湛庐策划，浙江教育出版社2021年出版。——编者注

镜像神经元允许
我们通过内部
“镜像”他人的动
作、表情和情绪
来与他人共情。

她非常关注歧视和社会正义的相关问题。下列两种表述，你认为哪种情况更有可能？琳达是一位银行出纳员；或者，琳达是一名银行出纳员，并且她在女权运动中表现活跃。

你选的是第二个选项吗？如果是这样，那么说明你的直觉很正常。但这次，直觉给出的答案却是完全错误的。由于第二个选项的描述更具局限性，因此，它的可能性不会大于第一个选项的可能性。也就是说，如果琳达的确在女权运动中表现活跃，那么她既符合选项一的描述，也符合选项二的描述。但是，如果琳达并没有经常参加女权运动，那么她就不符合选项二的描述。如果你选了错误的答案，也不要难过。即使是在斯坦福大学那些精通概率问题的商科学生中，也有85% 的学生和你选了一样的答案。

这只是诸多认知偏差中的一种，还有其他各种类型的逻辑陷阱，它们会使我们的直觉出错。其他认知偏差还包括：负面偏见（negativity bias），指与正面信息相比，人们对负面信息有更大的敏感性；知觉防御（perceptual defense），它会使我们忽视那些与满足需要无关的事物；事后聪明式偏差（hindsight bias），指在事后看待事件结果时，会觉得自己其实一直以来完全能够预料到这一结果；赌徒谬误（gambler's fallacy），即认为一系列根本无关的事件在某种程度上隐含了一定的关系；锚定效应（anchoring effect），它使我们对单个证据权衡过重；信念偏见（belief bias），指的是我们会不顾结论的实际效度，选择接受可信结论和拒绝不可信结论的倾向；可获得性启发（availability heuristic），它使我们倾向于根据记忆中与事件相关的信息——包括事件的生动程度和情感的参与程度，来判断事件发生的可能性。

上述这些例子，表明了人类总是试图使万事万物都具有意义。《视觉原理》（*Principles of Visual Perception*）的作者、人类学家卡洛林·布鲁墨曾说："我们的大脑是创造意义的机器。”为了证明这一点，她曾要求她的学生从杂志上剪下一堆卡通漫画。然后，她让学生将漫画的说明文字与图片分开，并将说明文字聚成一堆、图片另做一堆。当学生将说明文字和图片随机匹配时，他们惊讶地发现，其中至少有一半的匹配结果仍然能够组成很有趣的故事。因此，布鲁墨说：“创造意义是一个自发的过程。”

情绪脑的自发性，对我们而言既有利也有弊。一方面，我们需要依靠它来将经验转化为学习，再将学习转化为熟练掌握。通过一遍又一遍地重复某项任务，我们便可以熟练地掌握完成该任务所需的技能，此后便可以将该任务交给潜意识来处理，而我们就可以继续执行下一个任务。举一个常见的例子，当我们开车去上班时，常常会在开车的时候思考待会儿要在晨会上说些什么。而当我们抵达办公地点时，几乎就对刚刚的整个通勤过程毫无印象了。

当我们需要学习新知识时，情绪脑也会带给我们阻碍。**如果多巴胺神经元在旧的任务中接受了良好的训练，那么在处理竞争性任务时，它们可能会更容易出错。**

“斯特鲁普色词测验”（The Stroop Test）很好地说明了这一原理。如果要求你读出一系列红色、蓝色、绿色、棕色和紫色等颜色单词卡片，你非常轻松就能做到。但是，如果卡片上的单词与卡片的颜色并不匹配，而任务只要求你识别并读出颜色时，你会发现自己频频出错。这是由于我们的多巴胺神经元在以往接受了大量训练，使我们更易识别单词而非颜色，而且只有前额皮质做出非凡的努力，才能抑制住情绪脑通过训练所带来的认知惯性。

前额皮质使我们能够对情绪脑进行执行控制。就像弗洛伊德“马和骑马者”的比喻一样，前额皮质使我们能够“凌驾于”直觉，从而表现得更加理性。在某些情况下，例如，当我们尝试发挥想象力或以新方式进行思考时，前额皮质同样能够帮我们表现得更加“不理性”。执行控制赋予我们“元认知”的高级认知功能，这种能力使我们能够对自己的思维进行思考。

然而，执行控制还受到另一个偏差的影响，即我们会产生一种幻觉，认为相较于实际情况，我们其实了解得更多。通过保持好奇心、谦卑和对未知的敬畏，我们就能够更加深刻地理解人脑的运作。因为没有比我们如何理解这个世界更大的未解之谜了。

## 魔力的心智

意识、智力和心智是一些在定义上有所重叠的概念，而这些概念在许多高智商人群中引起了巨大的争议。但是，由于机器人时代要求我们对所谓的思考过程有一定程度的理解，因此，我想向各位读者介绍三位能够较好地阐明该主题的人。

第一位是心理学教授米哈里·希斯赞特米哈伊（Mihaly Csikszentmihalyi）①，他的匈牙利名字发音十分有趣（用英语音译很像 ME-high CHEEK-send-me-HIGH-ee）。他是积极心理学的创始人，撰写了一系列关于“心流”概念的书籍。“心流”是一种完全投入于正在进行的创造性活动之中的精神状态。

第二位是丹麦著名的科普作家托尔·诺瑞钱德（Tor Nørretranders），他在著作《使用者的幻觉》（*The User Illusion*）中从信息论的角度非常详尽地解释了意识。

① “心流”理论提出者，被评为“世界上最伟大的积极心理学研究者”，其畅销著作《创造力》一书中提出了许多心流与创新心理学方面的知识。这本书的中文简体字版已由湛庐策划，浙江人民出版社 2015 年出版。——编者注

当卡片的颜色与卡片上的单词不匹配时，人们常常会将卡片的颜色读错。

斯特鲁普色词测验

第三位是英国心理学家尼古拉斯·汉弗莱（Nicholas Humphrey），他撰写了许多关于人类心智进化的书籍。他的最新著作《灵魂之尘》（*Soul Dust*）中讲述了一个关于意识进化优势的有趣理论。

让我们从上述概念的基本定义开始讲述，以便达成一些共识。当你进行思考或认知时，意味着你在利用你的心智从混乱中梳理出秩序。你的心智并不单指大脑或者其他身体部位，而是指大脑和身体与周遭环境之间相互作用而自然产生的事物。你会通过情绪、感知、想象、记忆和认知的结合，来体验你的有意识心智。

你的心智是智力的一部分。智力是一种有意识的能力，我们通过智力来理解事物，或者得出关于世间万事万物是真还是假、是虚还是实的结论。西方哲学倾向于将智力与行为分开，就好像你的心智和身体是两个完全不相干的独立实体。然而实际上，你的智力是心智、身体和环境三者完美结合的产物。心理学家霍华德·加德纳（Howard Gardner）[①] 将智力定义为“处理信息的生物心理潜能”，一种在文化环境中解决问题或创造产品的能力。创造力不仅是本书探讨的主题之一，同样是智力的一种特质。

然而，真正难以理解的概念在于意识。通常来讲，我们认为意识是在清醒和察觉状态下的主观体验。但是，希斯赞特米哈伊却认为，意识的功能在于用一种特殊的方式呈现信息，并且是与我们身体内部和外部正在发生的事情相关的信息，这样我们便可以对这些信息做出评估并采取行动。如果意识没能做到这一点，那么这种智力的信息处理能力也就毫无用处了。因此，意识对于我们来说就

---

① 多元智能理论之父，哈佛大学教育研究生院教授，世界著名发展心理学家，其著作《智能的结构》《多元智能新视野》的中文简体字版已由湛庐策划，分别由浙江人民出版社 2013 年、中国人民大学出版社 2012 年出版。——编者注

像一个信息交换所，由它统一处理我们的感受、知觉、情感和想法，并确定这些输入信息的优先等级。

如果没有意识，我们仍然能够“知道”什么事情正在发生，但是只能够以反射性的、出于本能的方式对事件或情境做出反应。意识使我们能够判断出我们正在感知什么，从而做出相应的反应。我们还可以创造出之前不曾存在的信息。希斯赞特米哈伊曾说：“正因为我们有意识，所以才能够做白日梦、撒谎、撰写美丽诗篇、总结科学理论。”尽管自动情绪能够处理当前的各种变量，但有意识的心智可以做到的事情更多：它可以扩大可能性的范围。

尽管意识的作用如此惊人，但它的能力远远没有我们想象中那么大。我们常常误认为理性思考是我们最强大的认知方式。理性脑经常表现得像个恶霸，毫无缘由地贬低情绪脑和自主神经系统的价值。事实上，大脑大部分所处理的都是不起眼却至关重要的工作，如身体的新陈代谢、腺体功能、肌肉控制以及我们从触觉、味觉、嗅觉、视觉、听觉和运动中获得的感知。有意识的思维只占大脑全部工作的很小一部分。

诺瑞钱德则是从信息的角度来探讨意识。他借鉴了来自海德堡大学的曼弗雷德·齐默尔曼（Manfred Zimmermann）的研究成果，着重强调了一个值得注意的事实，虽然距离最早发现这个事实已经长达半个世纪了，但知道的人仍然相对较少。这个事实就是，尽管我们的各种感官每秒接收 1 100 万比特的信息，但我们的头脑意识通常每秒只能处理 16 比特的信息。眼睛每秒向大脑发送至少 1 000 万比特的信息，耳朵和鼻子大约发送 10 万比特，味蕾大约发送 1 000 比特。

你能想象尝试在一台每次只能显示几个像素的计算机屏幕上读取信息吗？唯一可行的方法，就是将已经显示出来的信息逐个像素地移动到一起，挨个读取碎片化的信息，然后将它们组合成一个整体。这就是意识的困境。

因此，如果汽车驾驶员在开车的时候发短信，事故发生率就会急剧上升的现象也就不足为奇了。即使是赛车手，也会因受数字信息系统的干扰而烦恼不已。赛车现在拥有多达 26 个数字按键，导致他们有时不得不将视线从道路上移开。赛车手维塔利·彼得罗夫（Vitaly Petrov）说：“以每小时 300 千米的速度疾驰在路上，同时操纵方向盘上的多功能按键，这就相当于在用 3 个手机回复别人消息的同时，还要煎蛋、系鞋带一样。不用想，我们也知道下场会如何。”美国空军的试飞员对此也发出过警告：“起落架升起，智商就降低。”

根据心理学家的说法，在我们的意识中，最多只能同时容纳 4 项来自思维或感觉的“内容”。如果你跟我一样，经常受到妻子的抱怨，说你从来没有仔细倾听她所说的话，那么你现在有一个很好的借口，可以对她说：“要完全理解他人的话语，一个人必须每秒处理 40 比特的信息，然而自然只给予了我们每秒处理 16 比特信息的速度。”

幸运的是，我们拥有强大的机制来将这种严重受限的带宽转化成优势。这种机制就是“注意力”。通过屏蔽掉我们所收到的大多数信息，我们就可以将注意力集中到眼前至关重要的内容上。对于任何学习或者练习某项技能的人来说，这一点尤为重要。希斯赞特米哈伊对此做了举例说明。譬如，一个音乐家能够将注意力集中到声音上，发现其他人无法察觉出的细微差别；一个股票市场投机者，能够准确察觉出市场微小的变化；一位优秀的临床诊断医生，对症状所体现出的病情有着不可思议的精准把握，这是因为他经受了长期的训练，已经掌握了如何将注意力集中在其他人可能会错过的信息上。

希斯赞特米哈伊表示，相较于处理信息的基础水平，集中注意力意味着我们需要付出额外的努力，但是对于那些掌握了如何控制意识的人来说，集中注意力相对而言更加容易。他们只需简单地屏蔽掉不相关的心理过程。他还说：“注意力塑造自我，反过来，自我也塑造注意力。”正是由于意识具有局限性，我们的自我才得以与我们所关注的事物息息相关。

但是，意识究竟是什么？虽然我们能够理解意识的功能特征，包括前文所述的感知、信息处理、注意力等，但想要理解其质性特征（或称“可感受的特质”，qualia）则会很困难。质性特征指的是类似于红色或者疼痛等带给人的可感受特性。该问题被称为“意识的难题”，由澳大利亚哲学家戴维·查默斯（David Chalmers）率先提出。单凭身体（即人类头骨中约 1.4 千克的大脑）是如何造就某种具有非物理性特征的事物的呢？单从意识本身的角度出发，我们真的能够理解意识吗？这是否就如同站在两面镜子之间，虽然镜子能够反射出无限个“我”，却没有给出任何新的信息一样？即便我们能够理解意识，那么人类进化出意识的目的又是什么？

对于这些问题，汉弗莱在他的《灵魂之尘》一书中都做了非常深入的探讨。他的观点与诺瑞钱德、希斯赞特米哈伊不谋而合。如果他们三位的观点是正确的，那就意味着创造力至关重要。

汉弗莱坚信，意识体验只存在于我们的思维之中，除此之外别无他物。换言之，我们对现实产生的心理表征就是我们的意识，而意识也仅仅是一种心理表征而已。虽然我们对“外界”对象的感知是基于真实事物，但对它们的体验却是我们在大脑中创造的幻觉，我们正是通过这种幻觉来理解事物的。这种观点与柏拉图的“洞穴之喻”没有什么不同。“洞穴之喻”是一个寓言，讲述的是一群背向光源的囚犯，由于被捆绑着，无法转过身去看阴影的来源，因此他们只能将墙上的影子视为这个世界上唯一真实的事物。

几个世纪之后，笛卡儿提出了一个类似于柏拉图“洞穴之喻”的意识模型，即“笛卡儿剧场”(Cartesian Theatre)。他认为，大脑将外部世界复制为一种图片，然后向心灵展示出来，使其受到启发。

汉弗莱则认为笛卡儿的观点不够准确。他认为，脑中剧场的目的并不是复制，而是对外界所发生的事情进行解释、做出评论。它们的存在是为了教育、说服和娱乐。因此，我们的意识是我们自己为心灵创造的一种表演，是一种能够深刻影响我们人生观的魔法表演。

汉弗莱还指出，这种能力赋予了人类进化优势。它表明了真正想要生活下去与仅仅具有某种生存本能之间的区别。他说：“当你产生欲望时，你更倾向于采取理性的行动，通过一些灵活聪明的行为去实现目标。”我们的祖先可能并未从他们所采取的行动中收获回报，但他们意在实现这一目标。从自然选择的角度来讲，额外的生活乐趣、生存魅力，能够对他们起到额外的激励作用。生活乐趣会使他们愿意为了生存下去而做出更多的努力。

这种能力能够追溯到多久之前呢？汉弗莱猜想，这种增强的意识是在旧石器时代晚期革命期间进化出来的，那正是人类开始在洞穴中绘画的时期。尽管人类学家认为早期人类的绘画、雕刻、工具和武器等主要是以功能性为诉求，但现在看来很明显，这些事物的部分功能也在于给感官带来愉悦。

自此以后，人类就一直渴望与同类分享自己的意识体验，分享个人版本的魔法表演。然而，意识体验的本质决定了其私人性。没有任何一个人能够对另一个人的所见所闻达到真正感同身受的地步。我们无法通过简单地坦陈自己的经历，来让别人对这些经历感同身受。

我们所能做的，是掌握与我们经历相似的各种艺术表达形式，或者将他人置于相似的境地，例如，细嗅同一朵玫瑰或者仰望同一片夜空，并希望他人能够通过此类方式来获得与我们相似的体验。

汉弗莱说："人类如同汪洋上的孤岛。每座岛屿都有自己的内部世界，对何谓共同理念、梦想和欲望都有着自己的理解，彼此之间只能通过一些词不达意的表达来进行交流。"这是人类的困境，也是为什么我们不仅渴望成为科学家，同样也渴望成为艺术家的原因。

## 达·芬奇的助手，让科学与艺术重新结合

"一只蝴蝶在巴西振动翅膀，就会在美国得克萨斯州引发一场龙卷风吗？"1972 年，爱德华·洛伦茨（Edward Lorenz）以此为题，发表了一篇有关可预测性的论文。从那时起，"蝴蝶效应"就成为科学界经久不衰的话题。蝴蝶振翅象征着一个系统中，初始条件下的微小变化能够引发整个系统巨大的连锁反应。如果那只在巴西的蝴蝶没有拍打翅膀，那么结局可能会大不相同。

我们如今面临的蝴蝶效应，正是艺术与科学的分歧。在文艺复兴之前，艺术和科学一直都紧密联系在一起，如同一枚硬币的正反两面。科学的严谨和理性使艺术更具韧性，而艺术的直觉和想象力也使科学更富创造力、更加自由。但如今，艺术与科学被分置两处，并且由于这种分离状态，导致两者都没有得到很好的发展。

造成如今这种局面的"蝴蝶振翅"现象，很可能是因为 16 世纪所发生的一系列不幸事件。艺术和科学的跨界天才达·芬奇是文艺复兴时期创造力的化身。不仅如此，他还是一位素食主义者和反教权主义者——当时欧洲各地遍布着天主

教的爪牙，他们疯狂镇压一切反教会、反封建的异端人士。

因此，达·芬奇保守了不少秘密也并不奇怪。他将自己的想法都隐藏在一系列笔记本中，最终，总计有 10 万张图稿和 1.3 万页以镜像字书写的文稿（镜像文字让那些四处打探的教会爪牙们没那么容易抓到把柄）。他从未将这些图稿和文稿与同时代的人分享，他担心这些将会使他失去生计来源，甚至还要遭受其他迫害。他本计划将笔记本按主题和章节进行分类，并托人在他去世后出版。不幸的是，当他于 1519 年去世时，并未来得及完成这项任务。

达·芬奇先前有一位助手名叫弗朗西斯科·梅尔齐（Francesco Melzi），最终他继承了达·芬奇的大部分财产，其中包括全套笔记本。然而，当时年仅 27 岁的梅尔齐只是将这些笔记本妥善存放在了他的工作室里，并未做进一步处理，而且也只是偶尔将这些图纸作为他 12 年学徒生涯的纪念品予以展示。

梅尔齐于 1570 年去世之后，他的儿子奥拉齐奥·梅尔齐（Orazio Melzi）当时已经对达·芬奇的鼎鼎大名感到厌烦不已，于是他在继承了这些笔记本之后，毫不客气地将其束之高阁。每当有慕名前来的拜访者，奥拉齐奥便让他们随心所欲地拿走达·芬奇的手稿。于是，达·芬奇遗留于世的手稿都散落在了欧洲各地，人们不仅低估了这些手稿的重要性，也逐渐淡忘了达·芬奇。达·芬奇的笔记是科学和艺术结合的完美典范，但 200 多年以来，人类无缘得见这一典范，而科学界和艺术界也彼此渐行渐远。最终，幸存下来的手稿（仅占全部手稿的一半左右）开始重见天日，学者们才得以通过博物馆、图书馆和私人藏馆等对这些手稿进行研究。

在达·芬奇的诸多笔记本中，以《莱斯特手稿》（*Codex Leicester*）最为著名。其中包含天文学、地质学和水力学的内容，既有理论，也有观察。达·芬奇指出，新月的阴影部分之所以能够发出微弱的亮光，是被地球反射的太阳光照亮的。这一解释比开普勒早了100年。他阐述了为什么在高山上能够发现海床的化石，比后来逐渐被世人所接受的板块构造学说整整早了几个世纪。他深入探讨了水力学相关的问题，用详细的图稿揭示了河水如何流过礁石和其他障碍物，并给出了有关如何建造桥梁和应对河流侵蚀的建议。

倘若梅尔齐完成了达·芬奇的遗愿，出版这些笔记本，并向新生的科学探索领域揭示达·芬奇的秘密，那么今天的世界可能会更好。然而，他并没有这样做，这一举动无异于意大利伦巴第大区的一次“蝴蝶振翅”，最终导致了整个西方艺术与科学之间的断裂，使得科学沿着伽利略、牛顿和爱因斯坦所指明的方向发展，而艺术则沿着米开朗琪罗、伦勃朗和毕加索所带领的道路前进。在彼得·沃森（Peter Watson）长达822页的百科全书式恢宏巨著《思想史：从火到弗洛伊德》（*Ideas: A History of Thought and Invention, from Fire to Freud*）一书中，甚至都没有出现达·芬奇的名字。

于是，如今我们将科学和艺术分为不同的类别。我们希望以科学来解释事物的真相，而以艺术来表达对事物的体验。换言之，我们在科学领域排除了感觉，而艺术则主要由感觉来滋养。在科学与艺术漫长而痛苦的分离中，人类将科学的重要性推向了首位。在权力的殿堂里，艺术以及人类借由艺术传达出来的感觉，一直都是不受欢迎的。肯·罗宾逊指出，即便在日常交流中，也会经常遇到要求我们尽量做到不带情绪的情况：“如果仅仅是‘价值判断’或者‘主观意见’，那么论点会很容易因此遭到驳斥。几乎不会有人在辩论时以对方的论据是‘客观事实’作为理由来进行驳斥。”

我们似乎已经忘记了真理其实只是一种建构，一种临时的现实模型，我们借此模型来构建世界。所谓的真理，其实根本不是客观的，而是一种主观的衡量标准，我们以此来衡量在给定时间段内给定信息的有用程度。

事实知识实际上产生于 16 世纪欧洲的法律体系，该体系允许律师使用事实（即共同观察到的现象）作为确凿的证据。随后，科学便从该体系中诞生了。学者开始在不同的事实之间建立联系，创建一个知识网络。如此一来，学者不仅能够达成共识，还能够继续拓宽、加深知识体系。然而，在文艺复兴之后，以牛顿学说为主导的科学不断崛起，在此期间还发生了许多其他事情，最终导致受过教育的人们开始相信，科学是真理的唯一来源。

虽然达·芬奇坚信科学需要证据，但他从未将艺术排除在科学之外。相反，他对自然和美的深刻理解，为他打开了科学世界的大门。体验（sperienza）是达·芬奇获取知识的起点。在绘制自然界物体和各种运动的图纸时，他能够将它们当作一种增强的现实来体验，而这仅通过观察是办不到的。

如果你曾经上过绘画课，那么你肯定体验过一种对某样事物拥有“深刻了解”的感觉，这样你才能在画纸上将其描绘下来。在绘画过程中，手脑并用以及大脑、身体在空间中移动，特殊的事情发生了，画作产生了意义。

身为神经学家和作家的奥利弗·萨克斯（Oliver Sacks）同样认为，我们正遭受科学与生活之间的分裂，科学理念的表达方式是如此贫乏，但生活中人们对科学现象的体验又是如此丰富。萨克斯说：“婴儿从呱呱坠地开始，就通过观看、感受、触摸、嗅闻来探索世界。单凭感觉是不够的，还必须与运动、情感、行动结合起来。运动和感觉结合在一起，共同为人们构建起早期的认知。”

达·芬奇真正感兴趣的是自然的动力，如水的漩涡、风的传播、声音在空气中的传播方式、有机形态伸展和生长的方式。在他所有发明的背后，都蕴藏着一个完整的、重视生态的人生观，而直到如今我们才开始认识到这一点。牛顿方程和欧几里得几何都不足以覆盖达·芬奇曾经探索过的事物和运动。为此，我们需要一种能够超越定量答案的新型定性数学。弗里乔夫·卡普拉（Fritjof Capra）在《科学奇才达·芬奇》（*The Science of Leonardo*）一书中曾指出，非线性动力学数学，也称“复杂理论研究”（complexity theory），它可能就是我们所需的新工具。

同时，我们还可以通过对学科进行重新设计，使科学与艺术重新结合到一起。现代科学已经在合成生物学、纳米技术和人工智能方面取得了很大的进步。设计和设计思维能够给此类技术增加人性化的维度，否则这些技术无非只是改进了生产制造方式而已。通过设计和设计思维，我们可以重现500年以来人类缺失的美感，让子孙后代有更多感恩的理由。

达·芬奇的最后一本笔记本《莱斯特手稿》现在属于比尔·盖茨的私人藏品，他从实业家阿曼德·哈默（Armand Hammer）的艺术品收藏中购得这份手稿。1717年，莱斯特伯爵在购得该手稿之后，以自己的名字将其命名为“莱斯特手稿”，然后到1980年，该手稿被哈默购得后，又易名为“哈默手稿”（*Codex Hammer*），而盖茨在1994年拍卖会上拍得此手稿之后，将其改回了原来的名字。与之前几位收藏家的做法一致，他再度将手稿拆分开来。

## 美的3大特质：惊讶感、正确性和优雅

通常来说，富裕的艺术品收藏家其实是一群非常悲哀的人。他们如此渴望拥有那些美，最终却只能以非常糟糕的方式去拥有。他们倾向于关注艺术品的各种次要因素，如投资潜力、艺术家的知名度、风格的受欢迎程度以及价格趋势等，而偏偏没有去关注艺术品本身。他们就像一些教会成员一样，通过大笔捐款的方

式，试图离神更近一点。如果你仔细去听艺术品收藏家和艺术品经销商之间的交流，大概率不会听到他们讨论艺术品的工艺、意义或者艺术家的创作目的。相反，你会听到他们无休止地讨论谁知道谁、谁买下了什么或者谁在哪里展出什么等八卦消息。

那么，我们如何才能更好地拥有美？像达·芬奇一样，你可以通过付出努力来拥有美：打开自己的感官，全身心浸润到感官的体验中，去追寻创造者在创作时走过的路径；如果做到这点比较难的话，不妨通过你对作品的理解去体验它。例如，当一位体育迷在观看运动节目时，如果节目上是他会的项目，那么他就能获得更多乐趣；而当一位艺术品鉴赏者在鉴赏一件艺术品时，如果他曾花时间创作过类似形式的艺术品，那么他也将收获更多乐趣。同理，音乐对于音乐家而言更美，数学对于数学家而言更美，自然对于科学家而言更美。

美当然不是工业时代的标志。如今，但凡我们提到美，主要都是在讨论与化妆品、时尚或女性外貌等相关的话题。而关于算法的美感、建筑空间给人带来的震撼或者一句优美动人的诗句，则鲜少有人讨论。

美国哲学家威廉·詹姆斯（William James）曾经提出过一个思想实验："如果可能的话，请想象一下，在你的世界中给你带来启发的所有情感突然全部离你而去，并且试图想象这一状态的存在纯粹在于其本身，不掺杂你任何赞同或否定、期冀或忧虑的态度。结果就是，你几乎无法意识到这种消沉和死寂的状态。"然而，在詹姆斯所处的时代，美国工业界正忙于为工厂的工人创造这种世界。对于工厂而言，理想的员工是没有情绪反应的员工，是不动脑筋机械行事的人，是满足于榨干灵魂进行重复性劳作的人，是对控制指挥型商业结构毫无异议的人。虽然最能够使人精神麻木的流水线生产模式已经逐渐被人们所淡忘——至少在发达国家是这样，但我们没有完全消除其带来的影响。广告牌、交通拥堵、工业化农场、垃圾填埋场和住房项目等，无一不是大规模生产思维方式给我们带来的影响或后果。

如果此为丑，那么何谓美呢？我们可以给美下定义吗？我们是否无法对美进行分析，就像不能将一只小猫咪切开，然后看看它为何如此可爱？就个人而言，我认为我们可以在不伤害任何动物的情况下，对美进行定义。不妨这样理解：美指的是能够带来愉悦感、意义或满足感的整体性或和谐性。根据这个定义，交通堵塞不符合美的条件，垃圾填埋场也不属于美的范畴。垃圾填埋场或许具有一定的存在意义，但对大部分人而言，它不会产生任何整体性或和谐性。而此类事物的对立面，例如电影《卡萨布兰卡》，它既体现了整体性与和谐性，又为广大观众带来了愉悦感、意义和满足感。

虽然我们可以定义美，但由于美的一个要素是“给人带来惊讶感”，因此，我们也不能将其简化为一个固定的公式。在所有与美有关的经历中，当我们第一次遇见美时，内心总会升腾出一种惊讶之感。如果事物不能带来惊讶感，那就意味着没有新意。如果没有新意，那就不会引发我们的兴趣。如果无法使我们产生兴趣，也就没有美感可言了。

当然，在我们遇见某件事物或者拥有某个体验时，可能会产生一种并不强烈的满足感，例如，看见一个优美的花瓶或者听见一段动听的旋律，但这些都不足以成为真正的美，真正的美还包含另一种特质：难忘性。难忘性通常产生于强烈的情绪，产生于现实情况超出预期时所带来的突然的冲击。伴随这种冲击而来的愉悦感、意义或满足感，能够让我们体会到一股涌遍全身的暖流，让人嘴角抑制不住地上扬，甚至会让我们的手臂上出现鸡皮疙瘩。从生理上讲，这源于血清素对中枢神经系统的冲击。

除了具有令人惊讶的情感冲击之外，美还有另外两个组成部分：正确性与优雅。

正确性意味着“适合工作”，意味着事物具有一种特定的结构，这种结构能够与其存在的目的保持一致。比如，如果喇叭口玻璃瓶的目的是将液体干净地倒入玻璃杯中，则“正确性”可能意味着这个玻璃瓶需要合适形状的瓶嘴、合适类型和位置的杯柄，以及适合装一定液体的容量空间。20 世纪中叶的创新家具设计师查尔斯·埃姆斯（Charles Eames）将这种品质称为“物尽其责”。你可能会认为，人类在生产制造玻璃瓶方面已经有几千年的经验，如今的制瓶技艺肯定早已炉火纯青了，然而事实并非如此。市面上许多玻璃瓶、陶罐和量杯的工艺仍然很差劲，在倾倒液体的时候常常会洒得到处都是。

组织也可能会因缺乏正确性而出现运营状况不佳的情况。它们可能会存在目标不够明确具体的问题，或者组织的运作与它们所设定的目标无法保持一致，因此会在运营中缺乏重点。这样的组织就像设计欠佳的器皿一样，会导致一定程度的效率低下和资源浪费。因此，美的概念既可以针对人、事、物或者体验，也可以针对企业而言。

虽然如今在时尚界，优雅已经成了“奢侈”和“过度装饰”的代名词，但它仍是美的第三个组成部分。实际上，优雅之于美的含义与时尚界的正相反，它意味着通过拒绝多余的元素，来达到简单和高效的目的；它意味着使用最少量的必要元素，使整体实现其既定的目的。根据这个定义，一件高雅的礼服往往是一件款式简单大方的礼服，它能够衬托穿衣者的身体形态，或者能够彰显个性，抑或在社交环境中凸显地位特征等。任何多余的元素或者不需要的装饰都是优雅的反面示例。

如果既缺乏优雅，又没有正确性，其极端表现形式便是“媚俗”。媚俗能带来一定程度的愉悦感，因为其中通常包含着惊讶感。当我们看到一盏鬣蜥造型的台灯，或者一台以米开朗琪罗的著名雕塑《圣殇》为造型设计的闹钟时，可能会觉得还挺有意思。但这些都不能称之为美。这也是为什么许多媚俗事物的最终下场，都是被人们束之高阁或者直接扔进了垃圾堆。相较而言，正确性与优雅需要人们更加用心才能体会。而且，此类事物更加能经受得住时光的考验，也更能够保存其原有的价值。原始的雕塑作品《圣殇》远比其复制品更能经受住时间的洗涤。

人类学家卡洛琳·布鲁墨用“最佳收尾”（optimal closure）来定义美。她指出，一些事物或者体验本身已经达到了完美的境地，本就不存在任何提升空间。她说：“如果我们将人的思想视为一种制定模式、寻找模式的系统，那么最佳收尾就意味着要满足这一目的。在人类生活的方方面面，我们都能够体会到美的存在——一颗完美钉入木头的钉子、炒至完美的洋葱、与音乐完美同步的舞步。最佳收尾意味着事物或体验本身就已经蕴含了最巨大的能量，因为它不存在任何提升空间了。”

美的 3 大特质——惊讶感、正确性和优雅，它们之间并不是分散的，而是重叠的、彼此相互依存的。虽然我们无法就此给美制定一个公式，但可以从这三个特质来衡量某件事物是否能够称之为美。如果三项条件都不符合，那很可能就与美无缘了。

流行字体 Lucida Calligraphy 凭借其独特的装饰性风格而给人带来惊讶感。而且，由于它能够给文本带来庄重高贵的效果，因此也具有一定的正确性。但是，这种字体并不是很优雅，因为它的装饰性过于突出，从而分散了人们对文本本身的注意力。如果我将本书的字体全部换成该字体，那么当你读到最后一页

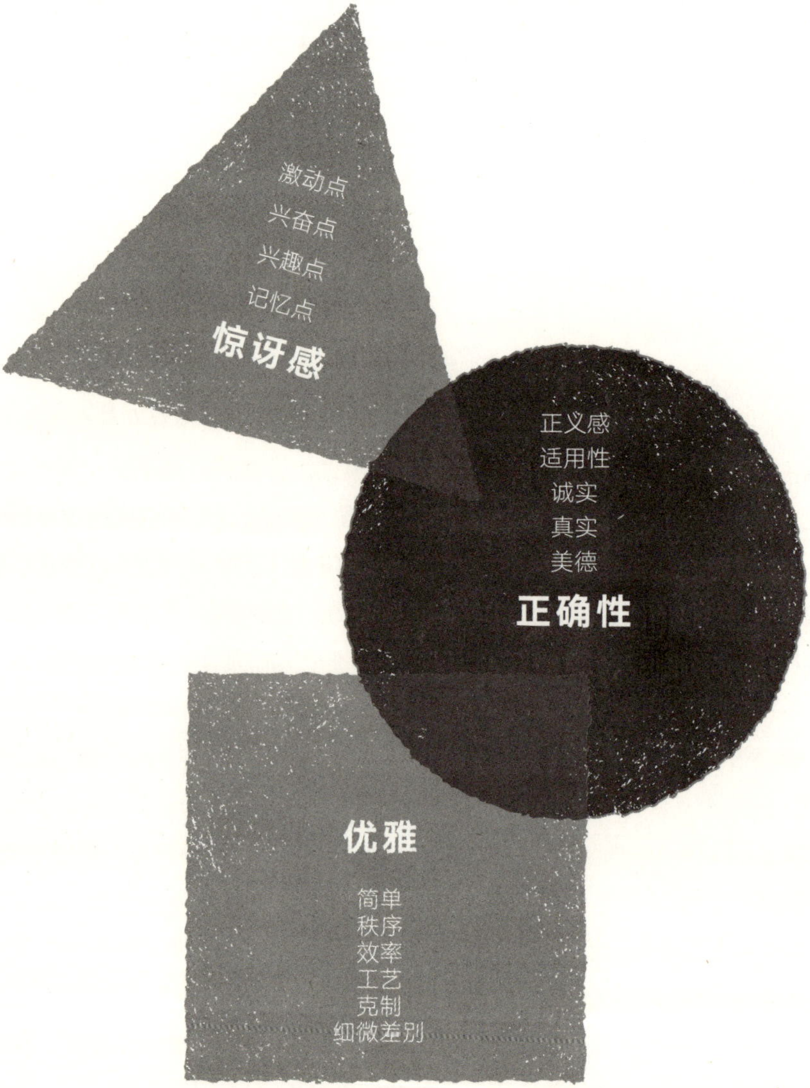

激动点
兴奋点
兴趣点
记忆点
**惊讶感**

正义感
适用性
诚实
真实
美德
**正确性**

**优雅**

简单
秩序
效率
工艺
克制
细微差别

时，可能会觉得自己好像吃了太多甜点一样，有些腻了。Lucida Calligraphy 字体看似具有美感，实际却只能称得上具有一定的感性色彩。

我再举一个例子，是关于我用来编写本书的软件的。Microsoft Word 是人们编辑文本时最常用的软件，但该软件无法满足美的三个标准。第一，它没有在任何方面给人带来惊讶感。第二，它还缺乏正确性，因为该软件的基本目的应该是将思维更好地转换成文字，但它的功能并没有与这一目的保持一致。第三，它也不够优雅，因为它所包含的各种功能远远超过了我的需要，其中甚至还包括“拼写检查”之类的多余功能，这就要求我在撰写文字的过程中进行更正。

与此形成对比的是我用于撰写本书的笔记本电脑——苹果公司的 MacBook Air。虽然它可能并不适合所有人，但却是一款美的佳例。MacBook Air 做到了给人带来惊讶感，因为除了其他一些特点之外，最重要的是，它比之前类似的产品更轻、更薄。其次，它也表现出了正确性，因为这款产品的主要目的在于便携性，而它显然做到了——我可以轻松地放在包里，随时随地都可以开始工作。另外，它也十分优雅，因为它不仅将附加功能降至最少，还将效率提至最高。这款产品拥有优雅的外形、简单但精妙的物理设计，让人使用起来感到赏心悦目、顺滑流畅。

在工业时代，单单是能够以负担得起的价格购买到基本商品，人们就已经很满足了，所以那时美的重要性可能不如现在。然而，如今人们拥有了更多的选择，因此在很多类别的商品中，是否具有美感已经成为人们做出选择的决定性因素。从传统的角度来看，宝马公司的 Mini Cooper 可能不算美，因为它不够时尚豪华；但从“惊讶感、正确性、优雅”的角度来看，它是美的。首先，在以体积庞大的运动型多用途汽车为主的市场中，Mini Cooper 的体积非常小，足以令人惊讶。其次，它将其主要功能和特点放在了为客户提供极速、有趣的体验上，因此它同样具有正确性。最后，它还具有优雅、低成本的设计优点。虽然 Mini Cooper 在制造成本方面的设计支出仅占约 1%，但根据客户调研结果显示，设计占了客户购买决策因素的 80%。

凯文·凯利认为，产品设计和其他事物的美并不是一时的风尚，而是一种深深扎根于物种进化的长期趋势。他说："大多数进化的事物都是具有美感的，最具美感的事物往往是高度进化的。一把剪刀完成了高度进化，而另一把却没有完成高度进化，这种情况并不罕见。但是，在完成了高度进化的剪刀中，两片对立的刀刃和刀身承载了数千年的切割技术所积累下来的知识，形成了其独特的锻造形状和抛光工艺。正是剪刀上微小的扭曲，保留了这一知识。由于我们是外行，无法解释清楚其中缘由，只好将这门古老的学问诠释为美。"

越来越多的研究表明，设计是创新产品和公司获得成功的主要因素。凯利的观点可能是对的，进化将会推动我们进一步朝着美的方向发展。**因此，我们可以猜测，具有美感的设计将会形成一个不断成长的行业，对于任何能够超越进化平均水平的公司或个人，它都将为其带来竞争优势。**话虽如此，但要做到这一点，我们需要掌握学校尚未教授的内容：对美的实际领悟。

## 美学的 3 个层次：内容、形式和联想

人们使用美学一词涵盖了相当广泛的概念，其中许多概念既肤浅又无用，甚至是错误的。莱纳德·科伦（Leonard Koren）撰写了一本小书《你说的"美学"所指何意》（*Which "Aesthetics" Do You Mean?*），他在书中列出了关于"美"的 10 个不同定义。在"查理根本不在乎什么美学——他只想要一辆能开的汽车"一例中，"美"意味着"事物表面的外观"；在"从曼哈顿下水道清理出来的物体，用来给鲍勃市中心商业复式楼打造一种前卫的美感"一例中，"美"指的是"事

物所具有的风格或者感性色彩”；在“洛兰在今晚的甜点中发挥了她的美学想象力——薰衣草味格拉帕海绵蛋糕配香煎鳄梨酱糖霜”一例中，“美”成了“艺术气质”的代名词。

许多有创造力的人会很快将整个概念抛诸脑后。他们会告诉你，创造美的事物没有通用的规则，而且，任何持相反意见的人都不可能是真正的艺术家。这种观点有一定的道理，因为发明创造意味着制定新规则，而不是遵循旧规则。这也许就是画家巴尼特·纽曼（Barnett Newman）之所以认为“美学之于艺术家，就好比鸟类学之于鸟”的原因。

美学并不是指一套规章或法则。它包含一系列的原理，是一系列感知性的工具，每个艺术家和发明家都会有意识或无意识地使用它。**通过对两种方式的尝试，我个人认为，刻意使用美学工具，比仅依靠“天赋灵感”更加有效。一旦了解了基本原理，你就可以使用它们来摆脱限制、解决新问题或将其运用于其他学科。**通过练习，它们将成为你潜意识的一部分，这样你就会拥有对美的直觉。

我对美学的定义是，美学是以欣赏和创造美为目的，研究感官和情感价值的学科。审美原则（也称为形式特质）是我们用来为设计对象赋予形式的工具，其中包括形状、线条、规律、对比度、纹理等概念，这些概念可以随意搭配、组合使用。使用美学工具没有硬性规定，只要能够使对象“变得更接近它想要成为的事物”就可以，而不是仅仅为了美而美。仅仅为了美而使用美学工具是毫无意义的，这就好比你使用厨房用具仅仅是因为在抽屉里看到了它们。

一些哲学家认为，事物仅仅通过形式特质就能体现出美学价值。另一些人则不同意这个观点，他们认为事物需要借助其他事物才能体现美学价值。这种意见的分歧导致了一个假两难推理（false dichotomy）[①]。美是永恒的还是短暂的？是普遍的还是个人的？是浮于表面还是深入本质？这些问题之所以让我们感到如此困扰，是因为美可以具有上述任何一种或者多种特征，这取决于事物本身（人、地方、经历、处境）、事物的具体体现（事物本身的形式特质）以及"观察者的眼睛"（观察者对美的判断与其个人经历和文化背景息息相关）。形式特质和象征特质不一定是相反的，它们可以共存于不同的层面上。

你可以试着将"美"想象成一个漂亮的生日蛋糕。当然，你也可以想象成自行车、宴会厅或者巴拉莱卡琴，但不妨让我们选择蛋糕这种简单的事物来展开想象。蛋糕本身就是内容，或者说，是我们体验的基本内容。单就内容本身而言，它具有信息价值或功能价值（食用价值），但如果它不能提供其他两个层面的体验，就无法拥有真正的美感。内容提供了事物的"本质"或"实质"，但其本身是相当中性的，不包含任何情感。

当然，如果没有具体的形式或一系列的形式特质来体现蛋糕的内容，那么蛋糕也就不可能存在。本例中的形式特质包括圆柱形状的六层酸奶油巧克力蛋糕、蛋糕的半糖黑巧克力馅料、侧面滴落着朗姆酒味的奶油干酪糖霜、蛋糕顶部写着青柠色的字、周围非常均匀地分布着 30 根粉色的蜡烛。

事物所属的类型决定其形式特质，包括形状、声音、颜色、样式、平衡性、顺序、操作方式以及其他种种，它们都取决于事物所属的类别。如音乐的形式特质包括旋律、和声和节奏，而绘画的形式特质包括线条、图案、颜色和比例，商业模式的形式特质则包括产品、定价、销售和分销。当然，这些是构成事物具体

① 一种逻辑谬误，也被称为虚假两难。它对讨论的问题提出看似是所有可能的选择或观点（一般是两个），但实际上这些选择并不全面，也并不是所有的可能。——编者注

形式所需要的一些要素。

形式特质本身是相当抽象的。但是，当它们与内容融为一体时，就能使事物变得更加生动，从而唤醒人们强烈的感觉。当内容和形式匹配得非常完美时，这种组合就显得具有标志性，像是天作之合。再比如现代音乐或抽象表现主义等艺术创作中，形式就与内容非常接近。在上面巧克力蛋糕的例子中，我们单凭其内容和形式就能够获得对“美”的良好体验。但是，美还有第三个层面，即个人联想层面。

“联想”包括事物给我们带来的回忆、理解、文化规范、部落忠诚以及个人抱负。当我们通过联想，对事物的内容和形式进行体验时，我们就创造了意义。实际上，对于大多数人而言，联想是他们判断事物是否具有美感的最大的决定性因素。

除了巧克力和朗姆酒味奶油干酪给人带来的绝佳美味之外，这个蛋糕还可能会使你想起儿时过生日的快乐时光，一股爱的暖流会洋溢在你的心田。又或者，它可能会给你带来一丝伤感，因为今天恰好是你的生日，而你想起自己已经经历了 30 年的奋斗，却依然成绩平平，你希望自己能够获得比当下更多的成就。

这些都是蛋糕触发的联想，此类联想将会影响它们对你产生的特殊含义。对于大多数人来说，他们最易获得这层体验，而这层体验也最容易触动他们的情绪。

那么，这是否意味着我们可以除去形式上的美感，只创造能够使人们在意义上产生联系的事物？当然可以，而且这种事物已经屡见不鲜了。我们制造了大量媚俗、时尚、具有群体标识的产品，带有标志的商品、满满当当的“豪华”房人们通过三个层面来体验事物和经历，这也是为什么人们对品味的判断不一的原因。

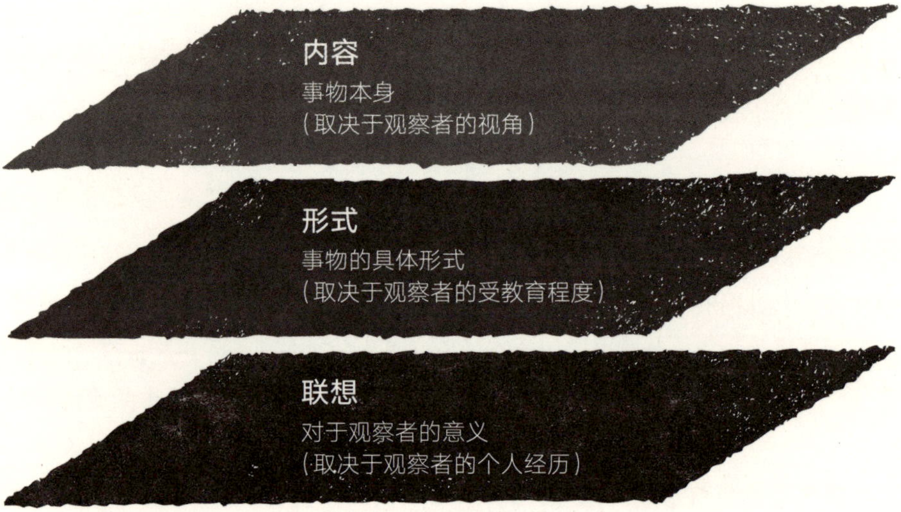

**内容**
事物本身
（取决于观察者的视角）

**形式**
事物的具体形式
（取决于观察者的受教育程度）

**联想**
对于观察者的意义
（取决于观察者的个人经历）

屋、效仿跟风的文身、缺乏独创性的音乐流派以及风靡一时的个人电子产品。这些事物能够帮助我们融入自己所选择的社交圈，但是我们从中获得的满足感通常是肤浅而短暂的，最终我们会想知道，是否有其他事物能够带给我们更深层次的满足感。

只需稍微深入思考一下，我们就能够在事物的具体内容及其引发的个人联想之外，去发现并欣赏美的形式特质。这样一来，我们便能够体会到寻常事物的美，如不对称安置的上层窗户、儿童玩具上油漆剥落的斑驳痕迹，或者低沉的贝斯音色上飘浮着悠扬的铙钹音。我们可以从特定短语的表达形式中、从苦甜参半的对比中、从小写字母 a 中间的留白中，体会到令人愉悦的美感。我们也可以在方程式的对称性、关于战斗的诗篇以及语法学校操场上传来的喧嚣声中发现令人着迷的美感。

此时，美学领域就向我们敞开了大门。我们得以从个人意义的狭隘限制中逃脱出来，拥抱无处不在的美。我们走出了房子，走进了世界，开始对自己所购买的商品、打交道的人以及我们自身的经历有更多的要求。通过审美的眼光，我们开始学会将真实与假冒、纯净与污染、勇敢与胆怯区分开来。简言之，我们拥有了良好的品味。

**良好的品味是美学带给我们的承诺与回报。**就像美本身一样，良好的品味也是无法购买的，既没有一个指导手册让你可以记下来，它也不是你可以采取的某种态度。它不是势利的代名词，因为势利本身就意味着糟糕的品味。一直以来，人们认为良好的品味取决于观察者的眼光。罗马人对此有一句谚语，“De gustibus non est disputandum”，意思是品味之争毫无意义。但我认为这并不完全正确。虽然良好的品味可以囊括诸多事物，但也并非毫无限制。糟糕的品味同样是存在的，而且我们往往一眼就能看出来。

美学的“生日蛋糕”模型，让个人联想（观察者的眼光）与形式特质（受过教育的观察者的眼光）得以并存。以是否接受过良好的教育、是否获得了好眼光和其他感官的判断力为标准，能够将拥有良好品味的人、品味一般的人以及品味糟糕的人区分开来。这并不是势利，而是指出了良好的品味是需要付出努力才能培养出来的品质，并且主要是指对形式原理的理解。

心理学家霍华德·加德纳在《重塑真善美》[①]一书中写道：“所有年轻人都会获得并表现出审美偏好。但是，只有接触过各种艺术品，观察这些艺术品是如何产生的，对这些作品背后的艺术家有所了解，以及经历过对艺术品技艺和品味问题的深入讨论，才有可能发展出审美意识。这种审美意识使人能够识别粗制滥造的作品，不再跟风于当下在同龄人中风靡一时的事物。”换言之，良好的品味需要通过有意识的培养才能获得。

如果我们将审美学习视为一个连续的整体，那么就可以将天平的左侧标记为“毫无意义的混乱”，用以表示没有任何形式秩序、无法引起任何个人联想的丑陋事物；同时，可以将天平的右侧标记为“高级美学”，用以表示美好事物，这些事物既能够展现出完美秩序，又能够触发真正有意义的个人联想。

如果没有通过接受良好的教育来获得审美意识，那么你对美的欣赏可能就会落在天平的左侧，这就意味着你更倾向于欣赏那些联想意义高但形式上缺乏卓越性的事物。这同样能够解释“群体美学”，即人们会欣赏一些特定群体的标志符号。例如，哈雷戴维森（Harley-Davidson）的商标并不包含真正美的形

① 在这本书中，加德纳提出了自己定义的当代“真、善、美”的新概念，以及解决目前存在有关困惑和问题的教育方法。其中文简体字版已由湛庐策划，中国人民大学出版社 2012 年出版。——编者注

式特质，但对于哈雷机车车友而言，该商标对他们产生的个人联想足以使他们认为其具有美感。实际上，不少车友觉得哈雷商标非常美，甚至想把它文到自己身上。

通过接受教育而获得较高审美水平的人，能够更轻松地将事物的形式元素与产生的个人联想区分开来，从而在某种程度上去欣赏事物的形式元素本身。有一个比较极端的例子，一些平面设计师认为纳粹标志在形式特质上是具有美感的，该标志包含了大胆的形状以及强烈的色彩，但其引发的联想确实令人不寒而栗。某些具有审美美感的人可能既喜欢马又喜欢高科技特效片，但依然会认为电影《战马》（*War Horse*）中对人物角色的塑造力度不够。这些人具备在实践中将技巧与魔法区分开来的能力。

通常来说，技巧取决于事物所涉及的魔法性质。哲学家苏珊·兰格（Susanne K. Langer）观察到一种有趣的现象，每种艺术形式都有“原始幻觉”。例如，绘画的原始幻觉是“空间”，包括绘画作品看起来是平面的还是立体的、是自然的还是抽象的，等等；音乐的原始幻觉是“时间”，以节奏顺序将音符、旋律和乐章不断铺展开来；舞蹈的原始幻觉是“身体力量”，也就是舞者表现出的比他们自身更轻盈或更强壮的能力；讲故事的原始幻觉是“记忆”，即讲故事本身就已经隐含了“过去能够在现在完美再现”这一先决条件。

无论是上面提到的艺术形式，还是许多其他不太明显的艺术形式，都是通过巧妙地使用形式元素来实现其原始幻觉的。形式元素是艺术家使用的概念工具，大多数可用于多种艺术形式和目的。我在后面的美学工具箱中列举了一些常见的概念工具。

如果你觉得这些工具过于抽象，那可能是因为你还没有感受过它们的分量，也未曾有意识地将它们应用于实际任务之中。经过足够的练习，此类工具将变得有意义，并使你的创造力如虎添翼。重要的是要记住：对于任何艺术追求而言，无论是绘画、演奏、编程、创业还是构建科学理论，美感永远没有对错之分，只有好坏之分。在审美问题上追求正确答案，是没有任何意义的。

在《风格的要素》(*The Elements of Style*) 一书中，E. B. 怀特讨论了获得美感的困难所在："谁能信心满满地说清是什么使得特定的文字组合拥有了魔力，能够点燃人们的思绪？谁又能道明为什么特定的音符排列能够深深地触动听众，而只需将这些音符的排列方式稍加改变，就会使听众无动于衷？我们对于风格还无法给出令人满意的解释。在写作之路上，也没有一成不变的规则能够指引年轻的写作者前进。事实上，写作者通常会发现，指引他们前进的是一些捉摸不定、不断跳动着的星光。"

然而，虽然美学具有不确定性，但这并不意味着艺术知识不如科学知识重要。人们通过艺术所获得的见解和思想，与通过科学所获得的一样深远。正如肯·罗宾逊所说："认为艺术判断只是主观的个人观点，就和认为所有的科学观点都是无可争辩的客观事实一样，都是错误的。对于所有的创造性过程而言，意义和诠释都是核心。"

当普通人做出基于美学的判断时，往往会止步于"满足感"，他们会选择一个不错的答案，而非最佳答案。但是，如果将所有选项都放在他们面前的话，他们就会选择最具美感的那一项。这样的选择方式与设计师、艺术家、科学家和评论家的方式并无二致，同样是通过比较来做决定。人们把通过比较来了解事物的能力称为类比智能。而普通人与专业人士的区别在于，由于专业人士积累了大量的经验，因此他们的直觉已经有了比较的基础，不需要面对多个选择就能识别出质量的优劣。

最近兴起的一种观点认为，人对于美的判断是与生俱来的，是神经系统通过遗传直接获得的能力。实验表明，新生婴儿似乎更喜欢复杂的图案而不是简单图案，更喜欢立体的球形而不是平面圆形。而几个月大的婴儿，对看起来像脸部的图案会有更多反应。慢慢成人之后，相较于不对称或者不常见的面孔，人们似乎更喜欢较为大众化的面孔。并且，相较于抽象艺术，人们也似乎更喜欢自然风光。

但这可能是科学发现尚未证实的一个例子，在这个例子中，人们对复杂的现象进行简化，以便于理解和衡量。然而，科学真正应该讨论的问题是为什么如此多的成年人既看不到审美差异，也没有足够的框架基础来对美做深入探讨。

我和妻子迷上了一部名为“国际房屋猎人”（*House Hunters International*）的真人秀节目，或许你也看过。在每集大概半小时的节目中，购房的侨民会在 3 处房产中进行选择（通常会高出他们的预算），而这 3 处房产是中介根据购房者的愿望清单所提供的合适选项。购房者在给出愿望清单时，总是重点考虑房屋的功能性，如卧室的数量、是否靠近海滩、是否靠近城镇中心以及其他具体条件。没有人会考虑采光、建筑材料的可靠性或者房屋与周围环境之间的关系。通常在房屋中介带看房子的过程中，购房者给出的最高赞誉就是:“这间房子大小很合适。”每期节目中，这句话都重复了十几遍。不瞒你说，我家现在总拿这句话开玩笑。

但是节目到最后就很明显，购房者所做的决定主要取决于他们的感受。如果只考虑房间的大小，那带个卷尺就够了。除了需要考虑价格等基本因素以外，他们真正关心的是赋予生活以意义的美感，只是他们无法用语言表达出来而已。

**问：**如果普通人对美或者决定美的特质一无所知，那么设计师以及其他专业人士为什么要费尽力气去研究美学呢?

| | | |
|---|---|---|
| **模棱两可**<br>将不匹配的意义或者体验结合起来，来引发新的意义或者体验 | **平衡**<br>将元素排列成一个令人愉悦的整体，来使人获得满足感、提高效率或者公平性 | **色彩**<br>利用色彩来唤醒情绪、强调区别，或者表现本质 |
| **冲突**<br>利用不协调、不和谐、反常等给人们带来情绪上的紧张感或引发他们的兴趣 | **对比**<br>强调形式元素之间的区别，来达到戏剧性的效果，或者用于澄清观点、展现比例、显示层次等级 | **深度**<br>利用视觉空间来使人获得对维度、复杂性以及层次等抽象含义的体验 |
| **焦点**<br>将焦点置于单个元素上，以此来表达重点，使目标更加明确，或者将该元素从背景中突显出来 | **姿态**<br>利用自然的动作带来运动感，或者描述一种身体活动 | **群组**<br>将元素组合到一起，或者将其排列成特定模式，来显示元素之间的关系 |
| **和谐**<br>将元素组合成一个整体，使元素之间彼此互补，而非相互冲突 | **并置**<br>将两种元素并列放置，来显示两者之间的差异性、相似性或者其他关系 | **界线**<br>设置边界来表明方向、构建模式，或者展示随着时间的推移而发生的变化 |

| 模式 | 视角 | 比例 |
| --- | --- | --- |
| 将一系列的元素排列成一个有趣或者令人愉悦的组合，来传达信息或者使人获得感官上的刺激 | 创造物理空间上的错觉，或者在元素之间制造紧密感或距离感 | 在组合之中，通过比例来显示元素的相对大小或者重要程度 |
| **节奏** | **尺寸** | **秩序** |
| 以一定的节奏将元素按顺序进行排列，给人们带来紧张感、速度感，或者平静、奇怪的体验 | 决定单个或者一组元素的尺寸，来更好地达成目标 | 将元素按时间先后顺序进行排列来铺陈信息 |
| **形状** | **对称** | **切分** |
| 通过设置边界来赋予事物形状或延伸感 | 在创造事物或者组合时，利用镜像平衡来获得一种稳定、平静或者庄重的感觉 | 利用不规则或难以预料的韵律，来维持人们的兴趣，或者使人们获得感官上的刺激 |
| **张力** | **质地** | **变化** |
| 通过在两种或两种以上元素之间制造张力，来使人们在情感上产生兴趣 | 通过制造带有粗糙、平滑、凹凸不平、黏性或固定排列等触觉特质的事物，来激发人们的情感或兴趣 | 通过囊括不同元素来填充一个系列、提供不同选项或者使人们产生兴趣 |

**答：**因为普通人同样深受美的影响，无论他们是否意识到这一点。通常来说，太阳马戏团（Cirque du Soleil）和瓦尔加斯马戏团（Circus Vargas）、谷歌和莱科斯（Lycos）、iPhone 手机和黑莓手机，普通人都会选择前者。在力所能及的范围内，普通人都会想要并且愿意支付给最具美感的事物，他们也值得拥有这份美。

## 在商言人，技术的初衷应该是共情

在电影《电子情书》（*You've Got Mail*）中，书店老板凯瑟琳·凯莉（Kathleen Kelly）抱怨说，那些大企业竞争对手的商业操作毫无人情味，还总信奉"教父"式的准则，认为他们不是针对谁，只是在商言商而已。"那是什么意思？"她说，"这话我都听厌了。无论什么事，都应该从照顾人们的个人感受出发。"而在电影的最后，拐角处的小书店被连锁书店取代了。

需要真人接触的业务已经逐渐成为过去式，被机器所取代，如自助在线商店、实体商店中的自助结账以及呼叫中心令人厌烦的自动语音应答等。技术公司对客户关系管理（CRM）软件的开发简直到了疯狂的程度，它们开发了无数种类似形式的软件，如供应商关系管理系统（VRM）、合作伙伴关系管理系统（PRM）、嵌入式事件管理器（EEM）和销售能力自动化系统（SFA）。虽然企业将技术的重点放在了客户身上，但市场调研得出了很不理想的结果，即"80/80规则"：80% 的经济由服务业组成，而 80% 的客户认为自己接受的服务质量很差。似乎许多企业都在想尽一切办法，避免直接与客户接触。

服务问题实际上存在于一个更大的问题之中，即品牌塑造的问题。随着面对客户的竞争加剧，公司不断为客户提供更多的选择。面对各种各样的选择，客户便开始更多地根据情感利益做出购买决定，如是否能够获得愉悦感、信任感或者群体身份（即“如果我购买该产品，将使我获得何种身份”）。品牌，本质上就是客户对产品或公司的“感受”，类似于商业声誉。**虽然品牌是由公司塑造的，但它实际上取决于客户对公司的感受。**

权力从公司向客户的转移，对标普 500 指数的 500 家上市公司和其他公司的价值结构产生了巨大的影响。在过去的 30 年中，品牌价值已从市值的 5% 飙升至 30% 以上。这意味着如今一家公司价值的 1/3 以上都来自无形资产。其中一些公司的品牌价值占市值的 2/3 甚至更多，如可口可乐和苹果公司等。

这样的情况，似乎就会在品牌塑造和技术发展之间引起冲突。因为，一方面公司需要向客户提供热情的服务来换取他们的忠诚度，而另一方面，公司又需要通过冷冰冰的技术来提高竞争力。那该如何解决这个问题呢？是减少技术含量，还是放弃品牌份额？都不是。最合适的方式是在设计技术、流程和互动等环节时利用共情——一种识别他人感受的能力，来增加客户的愉悦感、增强其信任感并巩固其群体身份。也就是说，要将品牌放在第一位，收益放在第二位。品牌发展潜力是公司持续盈利的主要指标。

以 Zappos 为例。这家在线鞋类零售商成功地将技术与人性相结合，建立了全球最大的在线卖鞋网站。你可能会认为，如果由公司承担运费，为顾客免费退换他们不合适或者不满意的鞋子，那么公司将很难盈利。但是 Zappos 却在保证免费退换的前提下，成功解决了成本问题。它将善待客户和员工视为公司的立足之本，在此基础上构建商业运作模式。这家公司以客户的情感为第一要务，创建了一个蓬勃发展的优质品牌。

星巴克以售卖昂贵的咖啡饮品为主营业务，构建起一个庞大的商业帝国而为世界所瞩目。但是，星巴克真正出售的并非咖啡饮品，它真正在卖的是一种审美体验，结合了惊讶感（关于咖啡概念的全新定义）、来自社群的温情（与朋友小聚闲聊的“第三空间”）、群体身份（对欧式文化的归属感）和公司诚意（公司对使命所展现的坚定信念）。但是，随着星巴克的不断发展，公司扩张这件事本身似乎已经成为其存在的理由，客户也开始怀疑起它的诚意。创始人霍华德·舒尔茨（Howard Schultz）一直担心公司会失去原有的“灵魂”。唯一的解决办法是公司要长期将共情置于其他行动之前。星巴克将何去何从，让我们拭目以待。

在两家廉价航空公司西南航空和瑞安航空（Ryanair）的故事中，我们就能发现关于处理共情的鲜明对比。两家航空公司都采取了“点对点直飞”策略，即出售单程票而不是往返票，且通常飞机规划的路线都需要经停在备用机场。两家航空公司的目标都是将价格尽可能降至最低，使飞机票价低于开车的花费。但是这两家公司在如何实现这一目标以及如何对待客户体验方面，却有着惊人的差异。

总部位于欧洲的瑞安航空公司，以低价作为唯一竞争优势。该公司做出的每个决定都旨在降低成本，同时尽可能保证更高的利润。它提供的机票价格低廉，有时甚至低至一张回程机票只需一分钱，但其中存在隐性成本，甚至包括相当高昂的情绪成本。

该公司的机票价格不包含税费、手续费以及行李费。任何超过健身运动包尺寸的行李都必须托运，费用最高可能高达150欧元。第一个托运行李的限重为20千克，第二个行李的限重为15千克。如果超出限重，旅客仍然可以办理行李托运，但每千克需要支付20欧元的超重费用。很难有人能够做到不超出限重。而且，当你的行李在机场接受称重，并且他们发现你的行李超重之后，你将不得不离开现在所在的队伍，重新在另一条支付罚款的队伍后面去排队。而当你支付完罚款，试图重归原来队伍的位置时，将会遭受其他乘客的愤怒谴责，甚至会有瑞安航空公司的值机人员将你请出队伍。

另外，可能还有其他需要支付的额外费用。举例来说，假设你匆忙赶到机场，却忘了打印登机牌，从而使瑞安航空公司损失了几分钱的利润，那很有可能会发生以下情况：你会被要求支付 40 欧元。“40 欧元，真的吗？”瑞安航空公司的一位商务代表曾被反问这个罚款是不是有些过分了。他回答说：“这样才能帮人们长点记性。”当你将这些额外费用全部加起来时可能会发现，虽然机票只需 1 分钱，但你现在至少已经花费了 100 欧元，也就是说实际支出已经增加了 1 万倍。你对瑞安航空可能一下子就丧失了好感，而你的糟心之旅才刚刚开始。

在飞机上坐下以后，你可能会感到局促。这家航空公司的飞机座位间距比其他航空公司的要窄，并且座位不能调至后仰状态，因此你的膝盖只能紧贴着前方座位的硬质塑料后背。因为座椅靠背的顶部全都是亮黄色塑料，从而在视觉上产生了短缩感，仿佛座椅靠背是一副濒临倒塌的花哨纸牌，所以会给人心理上造成更加强烈的局促感。你可能会担心，如果发生紧急情况，你能到达逃生出口的机会很小。不管怎样，塑料的安全须知卡就在你面前，并且就粘贴在前方座椅的背面——航空公司这样做是为了节省清洁和更换成本。

在机场遭受了一番磨难之后，毫无疑问，在飞机起飞之后，你肯定希望闭上眼睛享受片刻安宁。但我想说，你的愿望恐怕又要落空了。在瑞安航空的眼中，如今的你已经是“瓮中之鳖”，工作人员将会极力向你推销菜单上的高价食品、饮料以及一些免税的小装饰品。同时，播音员会在旅客广播系统中不断播报广告，还会特别强调你能够通过购买抽奖券来赢取瑞安航空的更多机票！在排满蓝黄相间的塑料座位的机舱中，刺耳的广播不断播报着特价商品信息，这种做法无疑是对公司网站内容的完美补充。该公司的官方网站采用了同样艳俗的颜色搭配、刺眼闪烁的欧元符号以及穿着比基尼的代言人。

然而，瑞安航空并没有止步于此，它仍在寻找降低成本、提高利润率的新方法。公司总裁迈克尔·奥利里（Michael O’Leary）建议取消飞机上的 2 个厕所，以腾出空间来增设 6 个座位，或者重新设计飞机，使乘客能够在飞机航行时全程站着，还可以对超重乘客收取额外费用，要求乘客自己将托运行李搬到飞机上。“只是开玩笑而已。”奥利里说，但是他还是认为可以对使用厕所的乘客收费。这些都是瑞安航空低价承诺的一部分。

在大西洋的另一边，西南航空公司同样承诺价格低廉。在该航空公司刚刚开始运营时，旅客都觉得非常惊讶，因为他们发现自己无须按照机票对号入座，而是像被赶牛一样蜂拥着登机。当人们在登机通道上挤作一团时，你甚至能听到有人故意发出牛叫一般的嘲讽声。然而，该公司的员工，尤其是空姐们，却以非常幽默的方式将这一窘境化解掉了。事实上，西南航空公司飞机上的广播极为有趣，使得旅客都纷纷录制下来，想要播放给朋友听。最终，该公司通过在登机口设计“先到先享”的服务模式，解决了旅客登机毫无秩序的问题。

2008 年，随着运营成本不断上升，美国和其他各国的航空公司都开始感到经济困难，于是大多数航空公司开始效仿瑞安航空，纷纷对行李收取额外费用。西南航空公司的首席执行官加里·凯利（Gary Kelly）却没有采取这种做法。他借此机会突出了西南航空公司与其他航空公司之间的区别，有力地将其他航空公司统统归为同一类别——“扒手”，而将自己公司誉为“好心人”一类的公司。这一宣传活动非常聪明，而且该公司通过“免费托运”的广告来强调这一举措。

为什么同样以低价机票为卖点的两家公司，一家能够对旅客充满爱心，而另一家却只能遭到旅客的反感呢？没错，区别就在于共情。**如果对客户毫无共情，那么你很可能会误判当前的市场情绪，容易将金钱误认为是人们唯一看重的价值，并将人们对低价的选择误认为是对公司的忠诚。**尽管瑞安航空对旅客毫无共情的事实在短期内不会给公司造成大的影响，但由此形成的品牌形象不会为公司盈利做出任何贡献，而且几乎可以肯定的是，当真正的竞争对手出现时，瑞安航空的客户会毫不犹豫地选择其竞争对手。

在欧洲，有一个咖啡品牌使顾客在家就能做出咖啡师水平的咖啡，较星巴克而言，它可谓棋高一着。这个品牌就是瑞士食品巨头雀巢公司旗下的一个高端子品牌 Nespresso。该品牌的咖啡机及相关产品给顾客带来一种完全不同的情感体验。这种咖啡机的概念很简单：它是一款家用咖啡机，能够通过装有研磨咖啡粉的一次性咖啡胶囊快速制成一杯意式浓缩咖啡。雀巢公司采取了“剃刀模式”的定价策略，大部分利润来自客户持续购买咖啡胶囊，而不是咖啡机本身。它只在官网和 200 家精品店出售咖啡胶囊，且只对 Nespresso 俱乐部成员出售。

几年前，我和妻子在法国购置了一套房产，厨房中就有一台 Nespresso 咖啡机。刚开始，它闲置了几个月。当我们终于拿出来用的时候，发现咖啡味道确实不赖，于是我们很快就把家里剩下的咖啡胶囊都喝完了。

几星期后，当我们沿着波尔多（Bordeaux）的一条街道漫步时，看到一家十分热闹的商店。商店的招牌上写着“Nespresso”。商店门外站着一群等候进店的顾客，另有一批顾客则纷纷提着咖啡袋子满载而归。比起星巴克，Nespresso 商店中“陈列室”的建筑设计、表面材料、照明效果、产品展示和包装设计等，似乎与蒂芙尼的共同点要更多一些。各种颜色的咖啡胶囊在深色木制镶板上像珠宝一样熠熠生辉。柔和的灯光下，陈列着与大开本精装画册相媲美的商品目录。毋庸置疑，这是一家对品牌发展有着长远计划的公司。

即便如此，可是为什么人们会付给雀巢正常价格 3 倍的钱在家做咖啡呢？他们为什么不直接在莎莉集团（Sara Lee）、卡夫食品有限公司（Kraft）或玛氏公司（Mars）等品牌中选一款类似的产品呢？答案依然是共情。Nespresso 的设计师能够体会到人们加入 Nespresso 高级会员的“感觉”。因此，他们没有把成本控制放在首位，而是把提升顾客的满意度放在首位，然后据此来设计定价模式，以满足顾客的期望。Nespresso 的整个商业模式，都旨在使顾客拥有被爱、被关怀以及独一无二的感受。没错，咖啡胶囊的价格的确昂贵。但是，顾客购买的不仅仅是咖啡而已。他们的情感收获是无法衡量计算甚至难以描述的。

凭借丰富独特的经验和大量的专利，Nespresso 得以甩开竞争对手，10 年里的年销售增长率达到了 30%。但是这些专利即将到期，这就意味着顾客能够从其他许多地方购买低价的咖啡胶囊。那么，会有顾客这么做吗？当然有，因为价格本身就是购买决策中的重要考量因素。但是，Nespresso 最有价值的客户群，即该品牌的忠实拥护者，将会继续支持下去，因为原始会员身份给他们带来了很多情感上的价值。而该品牌的效仿者，却只能获得一些毫无品牌忠诚度的客户。

在《创新的神话》（*The Myths of Innovation*）一书中，作者斯科特·伯尔昆（Scott Berkun）指出，创新的理念很少会因为技术规格而遭到人们的拒绝，它们往往都是因为遭受人们的反感而被拒绝的。伯尔昆说：“如果你在提出某项创新理念时，忘记将人们所关心的事情和感觉纳入考虑，或者你的设计缺乏试图去理解人们的视角，那么你将注定失败。”这一原则不仅适用于咖啡品牌、航空公司和在线鞋店，同样适用于住宅建筑等。

20 世纪知名建筑师勒·柯布西耶（Le Corbusier）在开始尝试设计一种新型的公共住房时，做出了一个非常严重的错误判断。他没有用情绪脑去重点思考居民的感受，而是用理性脑只专注于思考建筑物本身的可能性。他将居民视为一个系统中不断交替流动的部分，看作是“居住机器”的一种“输入”。由于受现代主义意识形态影响，他的理论都很新颖，但由此产生的结果令人震惊：一栋栋由相同小房间堆积起来的长方体大楼，在情感上毫无价值可言，既没有个性，与历史、自然也完全没有产生任何联系。最终，大多数项目中的居民楼都成了“风吹日晒的脏塔楼”。正如批评家汤姆·拉卡约（Tom Lacayo）所说：“近年来我们一直极力批判的就是这种建筑。”

与此形成鲜明对比的，是由玛丽安娜·库萨托（Marianne Cusato）设计的卡特里娜飓风小屋。为了应对卡特里娜飓风受害者的紧急居所需求，她设计了传统风格的小型房屋。这些小屋不仅可以迅速建成，造价也十分低廉，与拖车式活动房屋的造价持平。虽然小屋的内部面积不到 30 平方米，但看起来非常宽敞，这要归功于大约 2.7 米的住宅高度和十分周到的室内规划设计。小屋的前廊设计使居住者拥有更好的邻里互动体验，而当受害者们收到保险公司支付的理赔金之后，他们就可以选择在原始小屋的结构基础上直接扩建。他们没有任何情感上的牺牲，因为小屋使他们与家庭、社区和传统都建立起了深厚的联系。从严格的专业角度来讲，小屋的比例非常合理且令人满意。最后，一些有能力另置房产的人，都纷纷将卡特里娜飓风小屋作为他们的度假小屋或者小型家庭旅馆。

由于卡特里娜飓风小屋广受好评，库萨托又接下了“新型经济适用房”的项目，该项目的房屋建筑面积大约 158 平方米，整体上沿袭了卡特里娜飓风小屋的风格。20 世纪 90 年代，功能多样但华而不实的“巨无霸豪宅”（McMansion）曾受到人们的追捧，但它需要满足各种各样的条件，而库萨托将新型经济适用房视为解决人们这类追求的绝妙方法。“让我们来看一下。超高门廊，有了。多层屋顶线，有了。圆形窗户，有了。大理石门厅，有了。设备全部连接到位的媒体室，有了。超大健身房，有了。带超大浴室的宽敞主卧，有了。带花岗岩台面、步入式储藏室、专业级家用电器的法式乡村厨房，有了，有了，都有了。”

但是，房子在满足了上述所有条件之后，还缺了一项功能：帮助人们获得对社区的归属感。库萨托希望通过推广另外一种生活方式来改变这种情况——让人们走出家门、拥抱社区。如果距离你家步行范围之内，有剧院、健身房、餐厅和公园，那么你真的需要在自己家里建私人影院、健身房、豪华厨房和大院子吗？如果你的房子既拥有建筑上的完整性，又能够很好地融入社区，那么你是否真的需要你的房子“看起来富丽堂皇”？建筑师库萨托说：“设计不够，条件来凑。”

当然，总会有购房者以房子面积多少来衡量设计品味，而且开发商和建筑师也愿意满足他们的需求。知道买家想要什么，确实需要一定程度的共情，但这只不过是共情的一种狭义解释。购房者想要的房屋，可能与社区想要的房屋不一致，甚至与购房者自己的真实需求都不一致。

共情和道德、责任感类似，是随着不断发展而向外螺旋式延伸的。从照顾自己开始，不断扩展到关心家人、朋友、社区、地区、国家、世界以及整个大自然。最高级别的共情，能够将所有这些层次都考虑在内。**感觉的元技能，就是利用人类的情感来获得直觉、审美和共情的能力，而随着我们进入机器人时代，这种能力变得越来越重要。它使我们能够通过设身处地的想象，或者换位思考，来与他人建立起深层的联系。**

《情商》的作者丹尼尔·戈尔曼（Daniel Goleman）指出，技术性技能只是大多数工作的入门级要求，而在工作中使人不断晋升的关键，在于社交能力。加州大学伯克利分校针对一组科学和技术领域的博士生，开展了长达 40 年的追踪研究。研究证明，“决定一个人在职业生涯中获得专业上的成就和个人声望的关键因素方面，情商的重要性是智商重要性的 4 倍”。情商高的人经常表现出高水平的人际交往能力，如团队建设、领导才能、解决冲突、销售、沟通和谈判，等等。无论你智商有多高，如果无法与他人建立起良好的联系，那么你就很难成为中坚力量。

随着我们在情感上不断发展和成熟，共情也会以自我为中心向外进行螺旋式延伸。

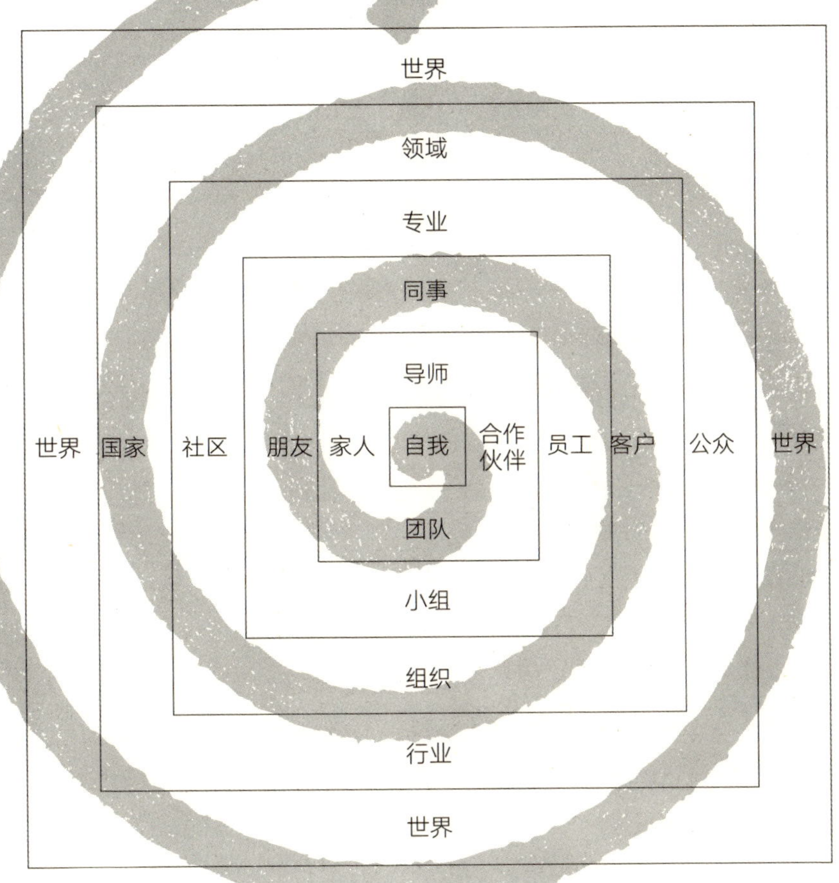

我们常会觉得技术进步日新月异，它们既复杂又新颖。然而，人类最深切的渴望其实并没有改变。我们仍然渴望欢笑，渴望感受快乐，渴望爱与被爱，也希望表达我们的思想、分享我们的情感，渴望去看以及被看到，最后，我们还渴望能够在历史的轨迹中留下一点自己的贡献。在商，仍需言人。我们希望将权力交付于那些理解这个道理的人，希望他们能够成为我们的领导者。

**我的意思不是说在个人交往互动领域中，技术没有任何存在价值，而是说技术的初衷应该是共情，而不是源于恐惧、贪婪或者懒惰等情绪。**技术必须使人际交往更加个性化，而不是尽可能地减少互动。CRM、VRM 和 PRM 等都是企业组织商务关系的早期尝试，有朝一日或将发展为有价值的工具，能够使客户和公司的联系更加紧密。

如今，大型连锁书店要么濒临破产，要么已经倒闭。然而，许多小型书店却没有被打倒，它们通过周到的选品和牢固的客户关系来维持营业状态。客户确实希望获得温暖热情的服务，并愿意支持提供此类服务的企业。他们同样愿意为亚马逊和 Zappos 这类企业提供支持，因为这些企业虽然是通过技术来实现在线交易的，却能够做到个性化并富有共情。

## 小心训练你的情绪脑

我在上文中用大量篇幅阐述了为什么情绪脑是我们在机器人时代获取成功的关键。现在，我要告诉你情绪脑有哪些弊端。你的情绪可能会使你陷入困境、蒙蔽你，或让你执迷不悟。我们常会听到“眼见为实”这一说法，这表明我们更愿意相信证据，而不是去相信传闻或直觉。但在大多数情况下，这是一厢情愿的想法。鉴于情绪脑的运作方式，我们实际上更可能会选择性地看见自己相信的事物，而不是去相信自己所看见的。心理学家称这种现象为确认偏见（confirmation bias）。

确认偏见是指人们倾向于去选择自己相信的事物所拥有的证据，并通过知觉防御机制来过滤掉任何“不符合个人认知的事实”。因此，我们对现实的看法，与其说是我们“能够”感知的结果，不如说是“已经”感知的结果。我们对世界形成的思维模式，在经受一系列信念、规范、价值和故事的洗涤和过滤之后，就形成了我们的认知。最近，一项针对 8 000 名受访者的研究发现，人们更有可能去寻找信息以证实自己的信念，而不是去考虑与自己信念相矛盾的证据是否可信。换言之，我们似乎宁肯自欺欺人，也不愿意改变信念。

有一次，我要前往佛罗里达参加会议。在去目的地的途中，我决定在出租车司机身上测试这个假说。“今天真热，”我说，“你认为这是全球变暖导致的吗？”

“我不相信全球变暖。”司机说。

“你不相信全球变暖吗？”我又问。

“没错，”他说，“这只是一群科学家为了获得研究经费而编造出来的。”

我告诉他：“有文章说 90% 的科学家都相信全球变暖。你认为一共有多少科学家？”

“不知道，大概 100 万吧。”司机回答。

“所以你认为将近 100 万名科学家都在拿研究全球变暖的经费吗？”我继续提问。

“没错。”他答道。

毫无疑问，这名司机所相信的，与一些广播和有线电视中的访谈节目不无关系。但我们不妨细想一下，如果出租车司机的观点是对的，那么需要拥有哪些证据？第一，世界上大多数顶级科学家的发现都不如他的个人直觉准确。第二，仅全球变暖一个项目，全球政府和基金会就需要拨出 50 万美元的研究经费。第三，获得研究经费的科学家全都是腐败分子或者极易受人摆布。第四，主流媒体不得不大规模地掩盖这类科学界丑闻。也许其中一两个假设是真的，但如果四个假设都是真的，那简直堪称奇迹了。

然而，确认偏见并不仅限于出租车司机和阴谋理论家之中。不妨来看一下Research in Motion（RIM）的案例，RIM是一家成功推出黑莓智能手机的公司。黑莓当初之所以风行，是因为它使企业高管和经理之间的交流变得更加简单便捷。黑莓手机在市场上获得广泛认可之后，RIM公司便埋头苦干，不停生产黑莓手机。

而当苹果公司推出iPhone时，RIM却对它带来的真正威胁视而不见。RIM坚持认为黑莓是一款严肃的、适用于企业商务人士的手机，而iPhone只是一款流行的、适合普通消费者的设备。RIM并没有看到，如果iPhone能够利用设计、营销方式和网络开发等手段来吸引消费者，那么它同样可能会吸引商务人士。而当RIM明白这一点时，为时已晚，苹果公司早已在光天化日之下抢夺了原属于RIM的市场。RIM公司的两位首席执行官从诺基亚挖来了首席营销官基思·帕尔迪（Keith Pardy），试图在他的带领下扭转乾坤。然而，RIM却无法接受帕尔迪对局势的评估，每当帕尔迪制定任何营销策略时，RIM都予以否决。最终，帕尔迪和另外两名营销高管都十分沮丧地辞职了。

在罗马鲜花广场中央，矗立着哲学家乔尔丹诺·布鲁诺（Giordano Bruno）的雕像，1600年，他被活活烧死在广场中央。他犯下的罪行是什么呢？是因为他坚持“日心说”，即地球是围着太阳转动的，而非太阳围着地球转动。罗马天主教会认为这种说法是异端邪说，当他们发现布鲁诺坚持不肯改口时，便将他烧死了。

伽利略同样认为太阳不是围绕地球转动的，但他并未坚持这种说法，而是设法逃避了被迫害的命运。梵蒂冈花了400年的时间，才承认教廷在天文学上犯下的错误。每年，意大利自由思想协会都会邀请罗马市长在雕像前说几句话来纪念布鲁诺。如果你在场听到那种用词谨慎的演讲，可能会以为布鲁诺是死于车祸，而不是受教廷的迫害而死。而梵蒂冈就在鲜花广场的对面，仅一条河之隔。

当我们对某种事物——事业、行动方针甚至品牌怀有“宗教式信仰”时，决策过程就变得容易得多。我们的情绪脑对这种状况感到满意，因为它更喜欢做出“感觉正确”的决定。之所以感觉正确，是因为我们对大脑进行了重复的训练，就好比训练一只狗学会坐下、走过来或者跟在我们后面。当遇到需要我们使用还没有掌握的技巧时，困难就出现了。例如，如果我们只知道如何设计普通的手机，那么当我们需要设计具有美感的手机时，就会遇到困难。关于情绪脑，需要注意的事情非常明显：小心训练你的情绪脑。

确认偏见并不总是源于我们自身，它同样根植于文化之中。人类学家卡罗琳·布鲁墨将文化描述为一张密不透风的信仰之网。各种信仰之间相互协作，因此它们整体上看起来自然、普遍，甚至无可置疑。她指出：“对于人类的认知而言，文化是最有力的非遗传影响因素。”文化使我们以可接受的方式为经验赋予意义。

文化中流传的故事将人们凝聚在一起，使人们能够更好地组建团队、家庭、团体、公司、社区或者国家。如果这些故事能使我们生活得更加轻松，那自然是有益的；但如果故事使我们远离真相，那它们则是有害的。大约一个世纪前，“现代传播学之父”沃尔特·李普曼（Walter Lippman）率先提出“刻板印象”一词，用于描述媒体使用易于理解的叙述来解释事件。他说：“多数情况下，我们并不是先理解后定义，而是先定义后理解。”如今，对于那些“听起来具有真实性”的原声摘要或者肤浅新闻，我们同样应该保持怀疑的心态。用喜剧演员斯蒂芬·科尔伯特（Stephen Colbert）的话来说，这些新闻只是“貌似真实”而已，实则根本经不起深究。

全球知名网络法律专家，同时也是《思想的未来》(*The Future of Ideas*) 一书的作者——劳伦斯·莱斯格（Lawrence Lessig）指出，一种特定的文化并不是由人们有所争论的思想来定义的，而是由人们认为理所当然的思想所定义的。他说："人们视为无须争辩的事物，决定了一个时代的特征。那些人们认为只有疯子才会去怀疑的思想中，往往蕴藏着巨大的力量。"我们以"是否认为某种理念理所当然"来判断他人是否神志正常，并且以"是否跟所有人一样都这么认为"来区分己方和他方。而一旦我们认同某种文化或者意识形态，我们的理性就很容易转变成一种责任，使我们几乎会为任何信仰进行辩护。当我们为自己所坚信的信仰进行辩护时，往往会重情感、轻理智，不断收集证据，试图辩倒对方。

艺术家弗朗西斯科·戈雅（Francisco Goya）担心"理性沉睡，心魔生焉"，意思是如果情绪没有受到理性的约束，就会导致极为恶劣的行为。然而，情绪沉睡，心魔亦生焉。缺乏情绪，我们将无法唤醒大脑中与"金规则"(the Golden Rule)[①] 相关的部分，也就是能够让我们快速做出困难决定的部分。我们以为反社会者是无法控制自身情绪的人，但事实恰恰相反。反社会者是一群情绪脑受损的人。他们做出的每一个决定都是冷漠而理性的，每个决定都旨在为自己服务，完全不考虑到其他人。显然，我们在世界中生存，既需要理性，也需要情感。理性与情感就像钳子不可分割的两半，使我们能够理解思想、创造知识。

经济学教授史蒂夫·兰兹伯格（Steven Landsburg）在他的《反常识经济学 3》(*The Big Questions*) 一书中，谈到了他在罗切斯特大学经济系的餐厅开展的一次即兴调查。他请 6 位博士分别解释热水器中的水是如何流到淋浴间的。这 6 位博

① 人们通常把"绝对无疑的"道德黄金规律称为金规则，又叫金律。——编者注

士生都认为是通过水泵的作用。“没有任何一位管道工人会有这样的误解。”兰兹伯格说，“但是，世界上同样有着许多认为贸易保护主义会使国家更加繁荣的管道工人。只有当做出正确选择至关重要时，我们才会尝试用知识来取代信念。”

用知识来取代信念并非易事。你无法单凭情绪做到这一点，也无法仅凭理性做到。获得渊博知识的唯一途径，是熟练掌握系统思维能力，只有这样，你才能够在机器人时代有所作为。系统思维能力以及与之相关且技术性含量更高的控制论（cybernetics），都尚未被大多数人所理解，但其原理就存在于西方文化语言中，并且也很早在东方哲学文化中出现了。从最简单的意义上来讲，系统思维能力是思考整体的能力，而不是针对各个部分进行思考。这同样是一种元技能，我称之为观察（seeing）。**观察能让你客观对待你的信念，使你能够不断追寻关于世界及其运作方式的深层真相。**

写给 6 位博士：热水器使水一直处于温热状态，而且热水器和管道中的水也一直处于恒定压力之下。旋转水龙头释放压力，热水就从花洒中流出来了。

**METASKILLS**
**行动清单**

1. 元技能 1：感觉，即利用人类的情感来获得直觉、审美和共情的能力。感觉是创新的前提。

2. 情感对于学习、直觉和共情而言至关重要。情感不是理性的替代品，而是理性的合作伙伴。
3. 小心训练你的情绪脑。处理复杂任务时，情绪脑比理性脑要聪明得多。但情绪可能会使你陷入困境、蒙蔽你，或者让你执迷不悟。设计是创新产品和公司获得成功的主要因素。刻意使用美学工具，比仅依靠“天赋灵感”更加有效。
4. 解决品牌塑造和技术发展之间的冲突问题，最合适的方式是在设计技术、流程和互动等环节时利用共情。
5. 品牌发展潜力是公司持续盈利的主要指标。要将品牌放在第一位，收益放在第二位。

METASKILLS

元技能 2

# 观察，
# 用系统思维统领全局

## 无处不在的“非此即彼”

大多数人无法将自己所看到的事物画下来。当他们试图用铅笔将物体或场景画到一张纸上时，画的内容往往并不是他们所看到的，而是他们所知道的。或者，至少是他们自认为所知道的。于是，一张脸部素描最终看起来像是立体主义雕塑，而对街景的描绘，则看起来像原始的民间艺术。

对光影或者自然主义视角的把握，并非人类与生俱来的技能。它有一定的技巧性，需要你动脑思考来推翻信念。你不能将描绘的对象视为三维空间里的人、场景或者事物，而是需要在脑海中将它们铺展成二维空间中的对象，将关注重点放在线、边、角度和形状之间的相对距离和关系上。

“哦，我明白了，”你的眼睛告诉你，“在平面上，那个拐角和那条线之间的距离，大约是那个边缘和那个点之间距离的一半。”即便你知道在三维空间中，这样的比例完全不正确。在绘画中，通过不断目测描绘对象在二维空间中各点之间的相对距离，就能使所绘之物在视觉上具有某种逼真的效果。诀窍在于通过严格、理性的训练，来暂时凌驾于你的信念、偏见和心理模型。

但是，人类的大脑并不喜欢训练。训练是一件艰苦的事情，在学习过程中，我们不仅需要花费时间和精力，还需要承认自己的不足。以随大流的方式快速制定决策，却可以免去让自己陷入失败的风险。尤其是在西方国家，人们更喜欢面对的是有选项的问题，而不是开放式或者模棱两可的问题。当人们面对开放式或者模棱两可的问题时，往往会试图将其规模缩小到便于处理的范围之内。大脑喜欢做简单的选择，喜欢在对立的选项中做选择。“非此即彼”的命题如此普遍，却几乎很少有人质疑。但是，我们应该质疑。

我们偏爱简单的“非此即彼”命题——非好即坏、非对即错、非保守即自由、非友即敌、非己方即他方等，它们都蒙蔽了我们的双眼，使我们无法解决更深层次的问题。然而，如果我们想要在 21 世纪之后更好地生存下去，就必须解决许多深层问题。在包括美国在内的许多发达国家中，“非此即彼”已然被纳入了政治投票系统，选民们只需在两个对立的政党之间做出选择。这是直接照搬体育运动的比赛模式，即两方对手一较高下，而支持者们则根据自己的信念、情感和拥护立场来选择阵营。在两党制中，取胜已然成为进步的代名词。

社会生物学家丽贝卡·科斯塔（Rebecca Costa）观察到，从历史角度来看，如果文明是建立在两方对立的阵营上，那么它终将陷入僵局，直至崩溃。她在著作《守夜人的钟声：我们时代的危机和出路》（*The Watchman's Rattle: Thinking Our Way Out of Extinction*）中，以罗马、玛雅和高棉帝国作为例子，向我们生动地阐明了人类具有偏爱简单解决方案的生物性倾向。科斯塔解释说：“当我们只面对两个选项时，通常会选择不那么令人反感的选项，而最终它也会成为默认选项。”当我们面对高度复杂的问题时，如全球经济衰退、贫困、战争、教育制度失败或者自然资源枯竭等，在两种极端对立的选项之间进行选择根本无法解决问题。因为“非此即彼”的命题只是迫使大脑进行“二选一”，而不是去思考解决方案。

对于复杂的问题，“非此即彼”的命题往往是假两难推理，也称伪二分法。

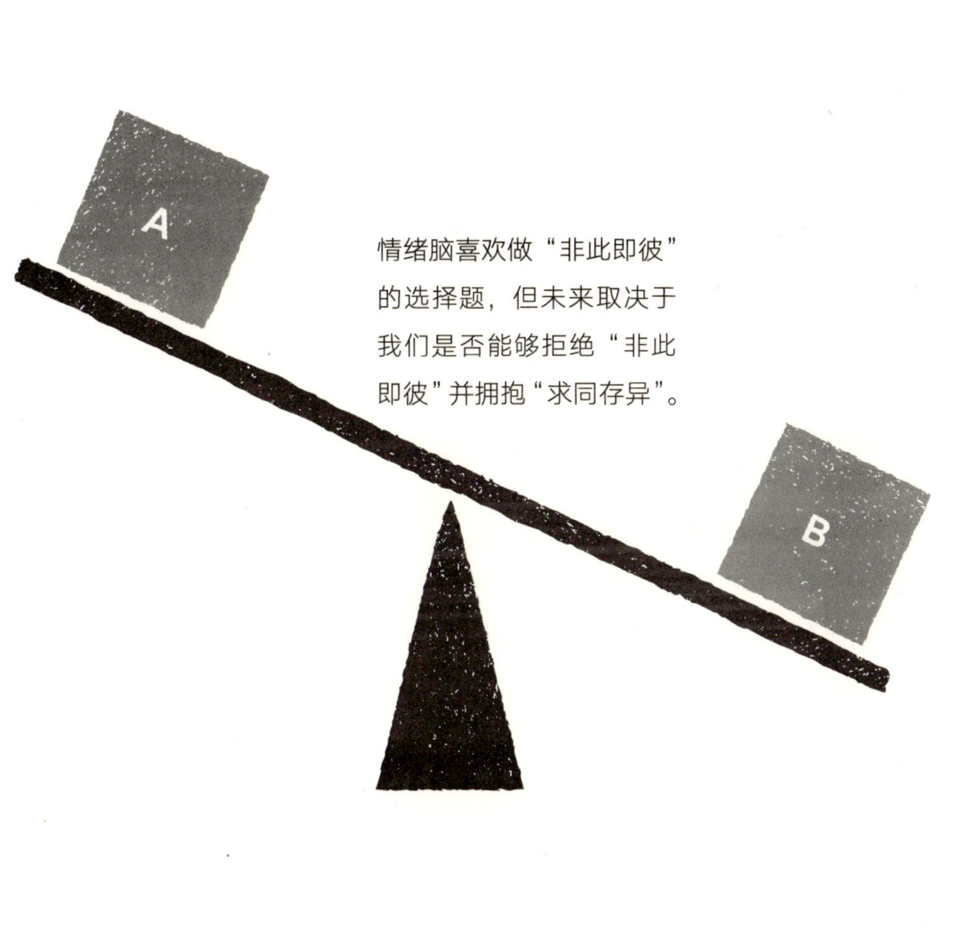


情绪脑喜欢做“非此即彼”的选择题，但未来取决于我们是否能够拒绝“非此即彼”并拥抱“求同存异”。

假两难推理是一种逻辑谬误，它对讨论的问题提出看似仅有的两个选项，而实际上还有其他可能的选项。下面是一些常见示例：

- 如果你不支持我们，那你就是反对我们。
- 如果你支持特许学校，那你就是反对公立学校。
- 如果你支持禁枪，那你就是反对个人自由。
- 如果你是一名资本家，那你就不会关心环境。
- 如果你支持堕胎权，那你肯定是反生命的。
- 如果你想要全民健康，那你就是想要实现社会主义。
- 如果是新主意，那么一定存在风险。

那些接受假两难推理的人很容易受到政府、企业、宗教团体和其他机构中无良领导者的操纵，当面对此类境况时，他们只需要在两个区别非常明显的选项中进行选择，并且这两个选项优劣分明、高下立判，所以他们一下子就能做出决定。既然此时他们的信念已经得以证实，那就不需要做进一步的思考了。然而，当对立双方都拒绝让步时，社会将会陷入僵局。

当问题面对两种解决方案时，问题就不再聚焦于解决方案本身，而是关注于对立的两方。只要出现了对立的两方，就没有进步的可能，只有妥协。人们普遍将政治视为“妥协的艺术”。这是事实。面对二分式决策，只有三种可能出现的结果：此赢彼输、此输彼赢、双方妥协。这些都不是最佳结果，并且它们都有可能导致僵局。

那么，应该如何解决问题呢？**拒绝“非此即彼”，拥抱“求同存异”。不考虑对立两方的矛盾之处，而是去寻找一个以共同点而非妥协为基础的第三种解决方案。**

罗杰·马丁（Roger Martin）[①]将该过程称为整合思维。具有整合思维的人，不会先将问题分解为多个部分，然后再去各个击破。他们往往能够观察到问题的整个体系结构，即各个部分是如何整合在一起、如何牵一发而动全身的。在解决了最初引发问题的紧张局势或者对立局面之后，便可以制订出整体性的解决方案。通常，这意味着拒绝对确定性的渴望，接受矛盾性所带来的混乱。

“电子可以在一个地方突然消失，随后在另一个地方出现，而且中间没有明显的运动轨迹”，这一发现令物理学家尼尔斯·玻尔（Niels Bohr）着迷不已。他觉得这真是太棒了，科学家遇到了一个矛盾的现象，只有这样，他们才能真正取得进步。矛盾、模棱两可和冲突能够成为创新和发现的触发因素，前提是我们既不接受早早妥协，也不为坚守信念而故步自封。

科斯塔说：“信仰并非后天养成，而是与生俱来。”信仰是人类的基本需求。然而，我们需要意识到，在整个历史进程中，每当遇到难以掌握的知识，或者面对我们的生物本能难以应对的模糊境地时，我们就会退回自己的舒适区。我们会默认选择由信仰带来的情感安慰，而不是选择使用理性脑来看待极具复杂性的问题。如果我们希望不再重蹈罗马、玛雅和高棉等先前文明的覆辙，就必须寻找更广阔的答案。

## 世界并不是线性的

画出一张在视觉上有逼真效果的画作与描绘问题当然不是一回事。除非我们

① 杰出的管理思想家、战略咨询顾问，其代表作《整合思维》一书提出了整合思维的四阶段模型，帮助人们提升解决问题的能力。这本书的中文简体字版已由湛庐策划，浙江人民出版社 2019 年出版。——编者注

能够清楚地看到眼前的事物，既不受错误信念的误导，也不因知识不全而产生偏见，否则我们所描绘的事物必定会失真或者片面。画家罗伯特·欧文（Robert Irwin）曾说："观察，即忘却所见之物的名字。"一旦我们给予事物一个标签，往往就会将其置于脑后，而不再观察它的真实面貌。

观察和思考是一对关联概念。我们常会说，"看看"他人的意思，"寻找"答案，"设想"某种解决方案，遵循"某条"思路，"得出"结论。如果运气好的话，就能"连点成线、融会贯通"。试图建立关联，意味着我们在寻找一些模式，这些模式能够向我们展示事物与事件之间有何种关联，或者需要建立何种关联才能获得意义。换言之，我们是在拼凑出完整的画面。

达·芬奇可谓是"观察和思考"两者关系的集大成者，他的笔记本充分说明了这一点。达·芬奇在科学领域的深刻见解，正是源于他对绘画的热情，他是通过绘画来理解事物的。他不仅对自然界不断重复的模式着迷，对自然界中人类的普遍经历也深感好奇。他绘制了数百幅图，其中包括人的眼睛、溪流旋涡、空气中声音的传播以及人类与动植物之间的异同等。他试图通过观察来了解事物之间的联系以及自然界不断变化的方式。他在寻找一种对世界的统一看法。

我们不妨称达·芬奇为整体发明之父。他在艺术和科学领域、在感觉和思考之间所使用的种种方法，通常都是双管齐下、无缝衔接。理想的"文艺复兴人"并不意味着需要掌握万事万物。我们要将世界视为由许多相互联系的小系统所构成的大系统，而不是毫无联系的分散部分。

在理想的情况下，这正是设计师所做的事。他们先对某种情况，如产品、服务、体验、过程、沟通模式、业务模式等进行观察，然后设计出新的组件、新的关系、新的交互方式，从而将原来的情况重塑至更好的状态。设计师可视化的元技能，即观察如何观察的技能，使得这种转变成为可能。

由于意识的视野有限，因此大多数人往往会觉得，将注意力集中在“独木”上，要比放眼于整个森林容易得多。但如果我们的目标是针对某种情况进行重塑，那么不仅既要观察树木，还要观察森林，同时更要观察它们之间的关系。一直以来，我们都是将三维象棋当作跳棋来下的。而如今，正如设计思想家约翰·萨卡拉（John Thackara）所说，我们需要同时使用宏观镜和显微镜。如果想要改善更大层面上的情况，就必须了解各个部分之间的关联性。整体并非各个组成部分的总和，仅仅改进单个组成部分，可能还会引起负面效果。

作为一名年轻的设计师，我过去常常困扰于一个常见的说法：“我可不是艺术家，我连一条直线都画不好。”在我看来，直线往往意味着毫无创造力，是单纯逻辑、平淡无奇、毫无艺术感的象征。为什么会有人认为能够画好直线是一项重要技能呢？我们大可用 T 形尺来画直线！最后，终于有人把我拉到一边，告诉我：“这只是打个比方而已。”哦，原来如此。

然而，直线思维已经汇入了西方人的思维，导致如今很多西方人难以理解事物之间的因果关系。他们忘记了世界并不是线性的，而是充满着弧状、环状和螺旋状的联系。世界的运作方式似乎更类似于鲁布·戈德堡（Rube Goldberg）[①] 机械装置，而不像牛顿运动定律那般直接明了。我们在某处拉动拉杆，却在另一处出现了意想不到的结果。

① 美国著名漫画家、雕刻家，全美漫画家协会的创立者。鲁布·戈德堡机械是其在作品中创作的一种被设计得过度复杂的机械，后引义为“以极为繁复而迂回的方法去完成实际上容易做到的事”。——编者注

比如，当今发达国家正在与经济衰退做斗争。我们是应该通过大规模的紧缩计划来平衡账目，还是应该用一系列的刺激措施来发展经济？这两种“解决方案”似乎都合乎逻辑，但任何一种方案都可能使我们陷入经济全面崩溃的境地。复杂的问题存在于复杂的系统之中，因此我们无法使用线性思维来解决。我们曾向其他一些国家提供援助，以抗击贫困，却发现这样做助长了某些国家贪污腐败的风气。我们曾为抗击病毒研制出新药，结果却发现这些病毒突变成了更强的病毒。我们开发了无污染的核能，最终却导致可能会困扰我们上万年的核废料问题。

面对复杂的问题，事情并不总是如表象所展现的那样。只是为了寻求情绪上的舒适感，就试图将非线性世界刻意假想成线性世界，这样的主意很糟糕，因为：**线性思维方案只能解决那些对于我们的方案毫无招架之力的问题。**然而，人类、病毒和原子粒子的世界不是线性的，这些世界完全有能力应对线性思维，或许它们还会嘲笑我们试图对其进行分析的天真之举。正如科幻小说家波尔·安德森（Poul Anderson）所说：“我所见过的任何问题，无论复杂与否，即便我们能够以正确的方式去看待，它也不会变得更加复杂。”

还原论思维让我们成功完成了工业革命。通过关注局部问题，我们掌握了如何远距离运输重物、如何增加粮食产量、如何治疗大量的疾病、如何载人飞行、如何在全世界范围内进行即时交流以及其他堪称奇迹的种种壮举。然而，从某种程度来说，我们一直在以零散而非整体的方式来思考问题，这导致我们的解决方案带来了更大的问题，而这些问题现已超出了我们的理解范畴。如今，我们不得不应对环境污染、肥胖、人口过剩、恐怖主义、气候变化和经济衰退等诸多问题。

对于此类问题，我们很难找到一个合适的落脚点和突破口。解决它们的唯一方法，就是采纳哲学家路德维希·维特根斯坦（Ludwig Wittgenstein）的建议。

他指出：“不要局限于局部问题，而要站在一个更高的层面上，从整体上自由地思考问题，即便我们有可能无法得出一个清晰的观点。”换言之，我们要全面而非零散地思考问题。不妨从绘图板前往后退一步，去把握线条、边缘、角度和形状之间的关系。逐一检查它们与现实的关系，然后再加以整体考虑。

系统思考、适应性思考、控制论或者整体思考等，都是指这种观察方式。棘手的难题很难通过硬性分析、线性逻辑或者命题知识来解决。只有通过观察、直觉和想象力，才更有可能找到解决方案。就像艺术家在画布上作画时会眯起眼睛观察画作的整体效果一样，系统思想家也同样会以这种方式看待问题的全局，而非局部细节。

## 全局视角，长期主义

系统是指为实现某个目的而组织起来的一系列相互关联的元素。例如，房屋中的所有管道就属于一个系统，它是为了提供干净的水并排放废水。企业也是一种系统，它是为了将物力和人力转化成能够获利的产品和服务。政府是为了保护和提升公民的福利而组织的系统。如果你深入思考一下就会发现，即便是电影这类产品也同样是一个系统，旨在为观众创造戏剧体验。

一个系统可能包含许多子系统，其本身也可能是更大系统中的一部分。如何定义系统取决于你如何看待系统的边界。而如何看待边界又取决于你想要了解或者掌控的范围。例如，如果你是一名电影导演，就需要将整个电影项目囊括到你所划定的边界之中，如此一来，你才能管理和把控故事元素、地点、场景、表演、技术制作、进度、成本等之间的关系。你可能还会划分出一些子系统，如单个场景、特技和摄像机移动方式等，以便能够更好地把控每个子系统中的各种关系以及它们与整体之间的关系。

系统的结构由三大部分组成：元素、相互联系和目的。它还包括一系列独特的规则，即系统内部的运作逻辑，以使系统实现其目的。系统本身及其规则，决定了系统的运作状态。这就是为什么即使组织成员有所变化，组织本身也不会随之变化的原因。系统本身在很大程度上决定了系统内部成员的行为方式。将银行业的崩溃归咎于一些高管或者某些特定事件是毫无意义的。问题出在银行系统的结构上，是这种结构易于滋生腐败现象和自私行为。因此，我们可能需要考虑重新设计该系统，使腐败行为难以实施或者获利不高。我们也可以将落脚点放到它所属的更大系统上，即通过改善资本主义制度本身来解决银行腐败问题。我们甚至可以去思考，是何种文化规范和信仰导致了资本主义在 20 世纪发生的兴衰。

想要改善一个复杂的系统，首先必须彻底理解该系统——至少要对其有所了解。之所以说“有所了解”，是因为通常复杂的系统不仅包含运作方式的部分，还包含一些难以摸清的部分。以一家企业为例。与所有系统一样，企业也存在流入和流出以及用于监管企业运作的反馈系统。企业的首席执行官可能需要对系统元素（分部、产品线、部门、能力、关键人员）、相互联系（沟通、分销渠道、伙伴关系、客户关系）及其目的（任务、愿景、目标）都有深入的理解，也可能还需要了解系统的操作规则（流程、方法、文化规范）。但是，对于任何人来说，单凭这些信息来实时掌握企业的实际运作情况，都是极为困难的。因此还需要使用到系统的反馈机制（总收入、利润、客户研究）。

但有一点需要注意。大多数系统中的反馈机制都受限于所谓的“延迟”，即起因与效果之间、起因与反馈之间的延迟，会导致由于获知关键信息太晚而无法采取有效行动。尽管从传统意义上而言，收入报告体现的是最新信息，但它也只是体现出上一季度的成绩，或去年制定的策略所带来的效果。对于企业的实际进度而言，它是滞后的指标，而非指导性的指标。当企业的首席执行官获得此类信息时，信息所显示的公司运作情况已成事实。基于此类最新信息来制订响应计

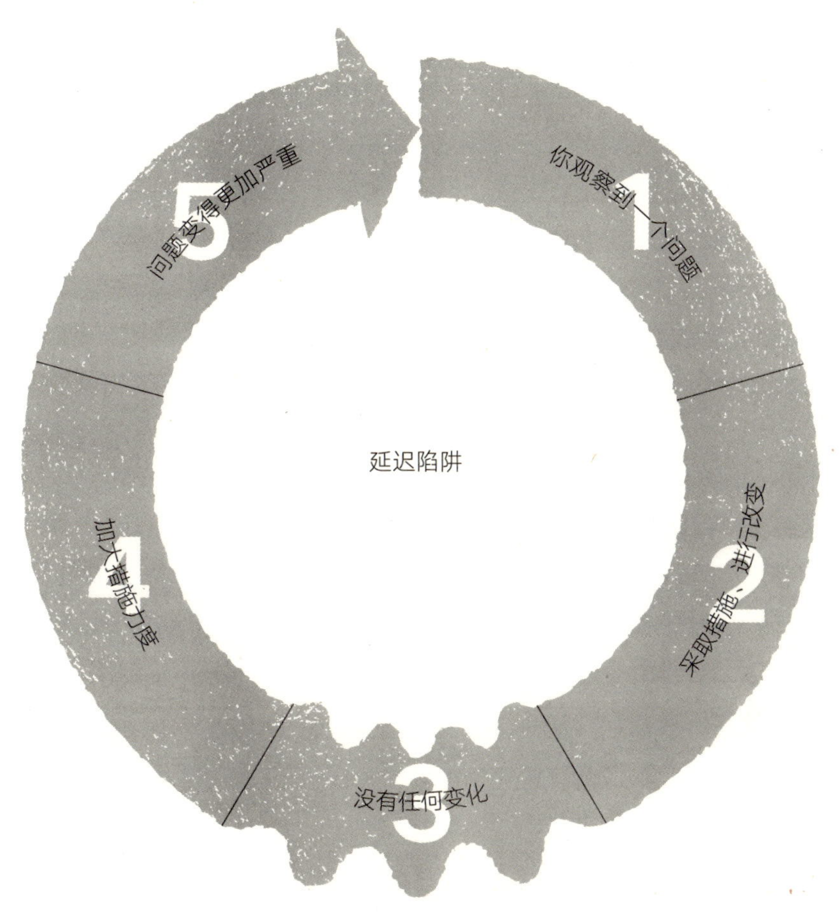


当你接触到一个新的系统时，往往会发现该系统存在反馈延迟。

划，可能是不足的、无效的，甚至是错误的。

那么，首席执行官应如何解决这个问题呢？首席执行官应将公司视为一个系统，而不是独立的部分或者单独的事件。另外，还可以找出值得关注的指标，来预测最终的反馈结果。

例如，可以以品牌忠诚度作为指标，推断未来的利润率；或者以即将推出的产品作为指标，推断未来能否获得更高收入；抑或是以市场趋势作为指标，推断未来是否会出现需求增长。当然，由于此类指导性的指标本质上是一种预测，故而难以掌握。但是，如果首席执行官能够一直坚持下去，不断将预测与实际结果进行比较，那么对于此类关键指标，就能逐渐获得精准的把握，拥有对所在行业的“精准直觉”。

在系统理论中，任何旨在增强原始变化的改变，被称为“加强式反馈”或“正反馈”；任何旨在抑制原始变化的改变，被称为“调节式反馈”或“负反馈”。

例如，如果企业的产品销量开始上涨，那么其他客户可能就会注意到该产品，并跟风购买。这就形成了加强式反馈。而在继续销售一段时间后，该产品可能就会因客户量不再增加、行业竞争加剧、技术落后、变得过时等因素，而失去原有的热度，如此便形成了调节式反馈。通过关注这两个反馈环路，企业的首席执行官就能够领先一步，做出相应决策来缓和或者扭转负面局势。

让我们回到延迟的问题上来。每次对系统采取的改变措施，都需要一定的时间才能显示出结果。经典故事“陌生淋浴器”非常生动地说明了这一点。想象一下，你受邀住在朋友家，并第一次使用他家的淋浴器。这是一个寒冷的早晨。你打开淋浴器的水龙头，站在淋浴喷头下，然后突然不由得往后一跳。啊！喷头里流出来的水简直像冰针一样寒冷刺骨！你不得不小心翼翼地走过去，重新调整冷热水。好了，温度适宜，嗯，水已经变暖了，可以站到淋浴喷头下面去了。突然之间，相反的情况发生了。水一下子变得非常热，这下子，你简直要跳出淋浴间了。你的尖叫声快把整间屋子的人都吵醒了。

刚刚发生了什么呢？用系统思维的术语来说，由于因果之间存在延迟，即调整水龙头和达到合适的温度之间存在延迟，使你无法获得你所需要的信息，去将水龙头调整至适宜温度。如果朋友邀你多住几晚，在几次使用该淋浴器之后，你就会知道需要在等待反馈之后才能再次调整水龙头。之后，你也会知道应将水龙头调至何处，才能达到合适的温度。

下面是系统延迟的其他一些例子。

美国州政府提高营业税，直接导致的结果就是增加了用于公共工程的资金。但是随着时间的流逝，部分企业由于税负过重而退出市场，新增的企业数量也不断下降，最终导致了总税收的下降，于是可用于公共工程的资金自然就减少了。

一位母亲担心，如果让她的孩子在小区附近到处乱跑，孩子可能会遭遇危险。因此她总是时刻盯紧孩子，并且还干涉他们与朋友之间玩耍。起初，这种做法的确能够确保孩子们的安全，但是随着年龄的增长，他们在更广阔的世界中与他人互动时，常常会缺乏足够的判断力。

由于行业低迷，某家企业受到重创，利润开始下降。于是，这家企业立即解雇一些高薪的高级雇员。虽然此举解决了企业当前面临的问题，但当经济复苏时，它会因为人才匮乏而落后于竞争对手。

一名学生认为自己接受教育的时间太长了，所以选择了辍学，开始参加工作。当他的大学朋友们还处于囊中羞涩的阶段时，他就已经赚了很多钱。但随着时间的流逝，由于他受教育程度不高，直接导致收入受限，他的朋友们却能够获得晋职加薪。

一名推销员为了完成销售任务，极力劝服客户买下并不实用的产品。然而，当他试图再次推销产品时，会发现客户的购买意愿大不如前。

一个年纪稍大的孩子发现，他在学校里可以欺负其他孩子。刚开始，他觉得自己很厉害，但随着时间的流逝，他发现那些他喜欢的同学不愿和他做朋友了。

上面所有故事的共同点，在于短期内的解决方案将会导致最终的问题。故事的主角都是以短浅的直线模式进行思考，他们无法看到未来将会出现的问题。

重视短期问题而忽视长期问题的倾向，已经在我们的情绪脑中根深蒂固。如果没有迫在眉睫的威胁，我们身体内的化学物质就不会发生变化，不会出现“战斗或逃跑反应”。比如，如果某天晚上，你掀开床单，突然发现一只黑色的大蜘蛛，你脑中自然会警铃大作。但是，如果有人告诉你截至 2030 年，海平面的上升将使世界人口总量减少，你的大脑几乎不会有任何反应。从基因上来讲，我们已经适应了优先对临近的危险做出反应，即便知道远处的危险将会带来更严重的后果，也难以对我们产生更加深刻的影响。比如，由于加州地震频发，因此我应该对房屋采取一些防震措施，但今天我必须先处理吱吱作响的卧室门，给铰链上油，因为那声音简直快把我逼疯了。

延迟是所有系统陷阱的根源。它利用了我们与生俱来的弱点，因为人类情绪脑的发育程度远远超过了理性脑。面对问题时，通过思考来解决的话，往往需要付出更多努力，远不如直接对问题做出反应来得轻松。当我们意识到本能反应并非最佳选择时，就应尽力克服本能反应。

**如此看来，系统思考不仅在于全局观，而且要求我们能够以长远的目光来看待问题。**将问题视为一部长篇电影，而不是静止在某一刻的照片。我妻子能在观看电影几分钟之后就精准地预测出电影的结局，这着实令人惊叹。她是如何做到的呢？多年来，通过大量观看电影和阅读小说，她对剧情模式和象征意义有了深入的理解，这使得她能够想象出最合理的结局。换句话说，她了解讲故事的系统。

但是，除了观察模式、环路和延迟以外，系统还有许多其他需要注意的地方。比如，你还必须注意系统基模。

## 9 种最常见的系统基模

系统的第一条规则是它会按自己创建的方式运作。20 世纪 60 年代末，世界各地的学生纷纷走上街头，以游行示威的方式表达他们对“系统”的抗议之声。他们认为，文化衰退应归咎于整个系统，而非个人。他们认为公民权利、妇女权利、战争、人口过剩和环境问题就是一团乱麻。虽然这种说法是正确的，但想要解开这团乱麻可并非易事。当你拉动一根麻绳的一头时，可能会发现它的另一头被另外一根麻绳缠得更紧了。唯一的解决方案，就是一个结一个结地去解。所以，如果你知道自己需要处理的是何种类型的结，当然就会更有帮助。是简单易解的单结，还是真正的不牢但容易成为死扣的祖母结？

对于复杂系统而言，其结构决定了它会完全按照其应有的方式运作，但是我们仍对其运作方式感到迷惑不解。“有因必有果”的说法在 20 世纪 60 年代就已经很流行了，但由于因果之间存在令人困惑的延迟，导致时至今日我们仍然没有理解生命是循环往复的。我们一直期望世界以线性的、可预测的方式运作。

系统创建基模。基模通常是在系统中突然出现的行为模式，只要有心理模型能够为我们提供框架，我们就能够理解和管理此类基模。然而几个世纪以来，从我们在文化中的表达方式来看，基模似乎是违反直觉的。

当你需要解开祖母结时，还有谁能比祖母更好地为你答疑解惑呢？下面，我们将研究 9 种最常见的基模，并探讨我们在日常生活中是如何加以描述的。

**1. 信息延迟（Information delay），或者按祖母的话来说，“亡羊补牢，为时已晚”。**这是最基本的系统陷阱，即反馈延迟的问题。在这种基模中，个人或团体追求的是长期目标，而且会根据上一次决定的反馈信息来做出新的决定。如果未能将信息延迟纳入考虑，那么每个新的决定都将会是错误的。

例如，一家咨询公司发现，在经历了长期经济衰退之后，客户业务量终于开始有所增加。然而，根据公司近期经验，它决定在确认经济还会继续上行之前，暂不招聘新的员工。随后，客户业务量大幅增加，导致公司人手不够，只能接手一小部分业务。于是，公司开始大量招人，并额外租了办公室、配置昂贵的办公家具设备，对办公室进行了室内设计。然而，当新的办公室和人手都准备就绪时，业务量又突然锐减，导致公司不得不大幅裁员，新办公室也因此无人使用。

问题出在了延迟上。如果公司能够事先获知有关经济上行的信息，那么它可能会提前开始招聘，来及时应对业务量的大幅增加。如果公司能够事先获知有关经济下行的消息，那么它可能就不会去额外租用更多的办公室，并会选择招募合同工，而不是大量招聘全职员工。当然，事先掌握消息并非易事。没有人能够预测未来，至少没有人能够准确地预测未来。但是如果公司能够对系统拥有基本的了解，那么它会知道如何寻找相关的信号。也许该公司所在行业的趋势会事先出现在另外某个行业中。也许该公司能够在其他实力较弱的公司中较早发现经济下行的端倪，因为实力不强的公司对经济下行的反应往往更敏感。如果不及时关注此类信号，行为决策总是滞后一步，那么无论经济走势是上行还是下行，公司都会蒙受损失。

里克·佩里（Rick Perry）是参与2012年美国总统初选的一位共和党候选人。一位记者曾问他会如何应对气候变化。他的回答打起了典型的官腔："全球变暖的问题尚存在争议，因此我们不应该冒着经济风险去解决它。"当然，等到全球变暖成为毫无争议的事实，采取行动的时机肯定早就过去了，而届时，经济才是最不足为患的问题。祖母可能会这么提醒佩里："小洞不补，大洞吃苦。"

**2. 成瘾（Addiction），或者叫作"伤敌八百，自损一千"。**每当我们用短期方案来解决长期问题时，就会有成瘾的危险，因为我们会开始依赖临时解决方案，而不去致力于从根本上解决问题。假设你经历了一个难眠之夜，第二天上班的路上去了星巴克，买了一杯大杯拿铁。这种做法在短期内确实会带来效果，让你暂时消除困意，但快到下午时，你会变得更加疲倦，因此又喝了一份超大杯拿铁来代替午餐。等到了晚上，体内的咖啡因让你难以入睡，因此你决定喝几杯酒来放松神经，然后上床睡觉。你的确马上就睡着了，但到凌晨3点的时候你就醒了，开始在床上辗转反侧，无论如何也睡不着了。第二天早上，你又是一副精神不济的状态，只得重复前一天的整个过程。如此一来，你很快就会陷入采取短期方案的恶性循环之中，而根本问题也会变得更加严重。

这个系统中的反馈延迟出现在哪里呢？在喝下咖啡或者葡萄酒到其产生的实际效果之间。咖啡在最初的两个小时内虽然能起到立竿见影的效果，但之后会使我们感到更加疲倦。如果咖啡会立刻使人感到疲倦，那我们一定会不假思索地拒绝喝咖啡。但是，我们却告诉自己，“现在更要紧，后面的问题以后再说”，于是将“当下的解决方案”变成了后续需要解决的另一个问题。按祖母的话来说，就是“有因必有果”，而系统思维则能帮我们认识到这一点，看清整个问题。

想要解决成瘾问题，必须改变错误的解决方案。在上述案例中，就是要停止咖啡因和酒精产生的恶性循环。如果有长期失眠的问题，那么长期的解决方案就是去解决导致失眠的根本原因。这类原因可能包括焦虑、压力、睡眠呼吸暂停综合征或者酒精中毒。我们需要针对每种情况，制定相应的解决方案。医学界的人们都知道，咖啡因和酒精所产生的恶性循环只会使失眠问题变得更加严重，这一点也得到了我们日常经验的证实。

**3. 目标侵蚀（Eroding goals），或者叫作“降低原有目标”。**这种现象在学校中很常见，许多老师已不再采用适用性更广的“标准参照评分体系”，而是根据“常模参照评分体系”来给学生评分。如今，学生们不再以团队形式与外界展开竞争，而是彼此之间展开个人竞争。这一解决方案带来了两个新的问题。其一，学习变得充满压力，失去了乐趣；其二，学生们对自己能否在现实世界中获得成功缺乏信心。

存在于该基模中的“降低的目标”与“无法掌握足够的知识和技能”之间的反馈延迟，可能需要数年时间才会引起人们的注意。相较于努力使学生达到更高标准而言，当然是降低原定教学目标更加容易。

不妨再以软件开发为例。软件设计通常是一项既复杂又漫长的工作，需要多人多方面的相互合作。虽然所需的时间很容易就会超过计划时间，但项目的完成期限通常都不会变动。因此，项目组往往会通过降低质量作为快速解决问题的方案，来达到按时完成的要求。同时，项目组也会宣称他们将在下一个版本中完善之前的不足之处。随着时间的流逝，公司中逐渐形成了一种“过得去”的文化，而非“追求卓越”的文化，无形中为竞争对手制造了机会。

对于该基模而言，解决之道不是降低原有目标，应该是提高绩效。如果学生中间存在成绩上的差距，那么解决方案应该包括放缓教学进程、针对学生进行一对一的辅导、让学生家长参与进来、制定新的教室行为规范，等等。如果软件开发团队的绩效不佳，解决方案则应包括明确目标、重新平衡工作量、以其他方式进行协作、寻找更好的软件开发模型，等等。长期解决方案还包括将问题放在更大的框架内思考，即采取新的政策，来制定更加合理可行的项目完成期限。

另外一个解决之道是褒奖那些精益求精、追求卓越的人。与其惩罚无法满足标准的人，不如鼓励超越标准的人。让拥有卓越成就的人成为其他人的动力，并以他们的成功之举作为最佳实践。这样，目标侵蚀的基模便会逐渐往积极方向转变。

**4. 恶性竞争（Escalation），或者叫作“以牙还牙，加倍奉还”。**虽然以牙还牙听起来似乎是正义之举，但是通常也带有复仇或控制的含义。“如果你处决1名我方士兵，我们将处决2名你方士兵。”一名将军说。“是吗？”另一名将军说，“如果你处决我方2名士兵，我们将处决你方10名士兵。”双方依此不断加码。很容易就能看出，这对双方而言都是一个困境。但只有对系统有一定程度的理解，才能顺利走出这种困境。

**摆脱恶性竞争陷阱的最佳方法是使双方实现互利共赢。**与其说是妥协，不如说是寻找双方的共同点。通过共情来理解对方的需求，你可以通过设计第三种解决方案，来改变双方的原始立场，实现互惠互利。如果双方能够将问题视为一个系统，那么对于双方而言都将大有助益；但即便只有一方能做到，同样能够通过单方面放弃参与竞争而摆脱这一困境。

还有另一种形式的恶性竞争，即逆向恶性竞争，企业之间打价格战时往往就是如此。这是一场拼低价的竞争，企业之间轮番降价。当然，可能会有多家企业参与同一场价格战，各家企业都为了占有更多的市场份额而进行相应的降价。通常这些企业会很快因价格战而失去利润，从而导致其没有足够的资金用于创新，并无法继续以原有的质量来服务消费者。随着客户忠诚度的下降，这些企业将会陷入低价陷阱，直到一家或多家企业倒闭。从短期来看，消费者能够享受一定的低价，但从长远来看，市场上可供他们选择的同类产品将大大减少。

摆脱价格战的方式在于从一开始就不参与其中。以低价策略创业是一回事，而仅仅为了跟上其他企业的降价步伐而牺牲原有的利润水平，则又是另外一回事。正如祖母所说："你朋友做傻事，不代表你也得跟着犯傻。"更好的选择是将压低价格可能会造成的利润损失，投资于产品更新、服务改进或者改变品牌定位的策略上。短期内，企业可能会经历销量减少的困境，但从长远来看，企业将会拥有更加丰富的收获。

**5. 公地悲剧（The tragedy of the commons），或者叫作"别自私，轮流来"。**这一陷阱与恶性竞争陷阱相关，区别在于前者往往存在于公共资源中。公共资源指的是任何因过度使用而导致濒临耗空威胁的共享资源。例如，高速公路是一种公共资源，它只能容纳一定数量的汽车通行，否则就会造成交通拥堵。公园也是一种公共资源，如果来野餐的人太多，就会造成公园被过度践踏。企业的官网也是一种公共资源，添加到页面上的模块越多，人们对每个模块的注意力就会越少。捕鱼区同样是一种公共资源，过度捕捞之后将无人受益。

1968 年，生态学家加勒特·哈丁（Garrett Hardin）在他所发表的一篇文章中率先提出“公地悲剧”，该基模由此而命名。在文章中，他讲述了某个村庄的故事。这个村庄有一片公共牧场，牧民们都有权在这片牧场上放牧。由于该牧场不仅面积很大，而且向所有人免费开放，因此村庄中的每个牧民都开始想：“我多养几头牲口，应该不会对牧场造成什么大的危害吧？毕竟，琼斯不也多养了几头吗？”但是，由于每个牧民都持有相同的想法，不久后，该牧场就因过度放牧而导致草地状况迅速恶化，于是每个人都没法再从中获益了。哈丁指出：“在公地资源向所有人自由开放的社会中，每个人都会去追求自己的最大利益。而当所有人都这么做时，公地资源很快就会被破坏殆尽。”毫无约束的自由终将自食其果。

该基模存在的主要问题，依然是反馈延迟，甚至可以说反馈效果从未出现。由于没有人能够提前发现公共资源正在被破坏殆尽，所以也就没有理由限制人们的使用。但是，就像压倒骆驼的最后一根稻草一样，往往在资源濒临遭破坏的边缘之前，很难有人能够察觉出有任何异样。然而一旦被破坏，再想补救就为时已晚了。

在一本非常出色的系统入门读物《系统之美》[①]中，其作者，世界知名的系统思考大师德内拉·梅多斯（Donella Meadows）提出了摆脱公地悲剧陷阱的3种方法。第一，教育并说服公地资源的使用者，呼吁他们要有节制，不要为了私利而丧失品格；第二，将公地私有化，这样每个人需要为自己的行动所造成的后果负责；第三，通过商定并执行相应的规则，来规范公地的使用。

对于许多驾驶员来说，美国的高速公路系统实在是令人沮丧。这并不是因为

① 这本书介绍了系动动力学的基本概念，列举了常见的系统结构，还详细陈述了复杂系统的3大特征。其中文简体字版已由湛庐策划，浙江人民出版社2012年出版。——编者注

道路质量不行或者容量不足，而是因为人们在驾驶时所遵循的心理模型。美国的高速公路大多为四车道，每个方向都有一条慢车道和一条快车道。但是，高速公路的限速标准执行得并不严格。结果导致每个驾驶员都可以自由决定何谓慢速和快速。某位驾驶员可能想要超过限速规定，以此来节省一些时间，因此选择了快车道。另一位驾驶员认为，他的车速符合快车道的限速规定，所以自然应该走快车道。还有一位驾驶员认为快车道的最低限速都太快了，不能确保行车安全，但他又想比慢车道上的卡车走得快一些，因此选择了在快车道上缓慢行驶。结果就导致了交通堵塞，快车道和慢车道上的车辆经常保持差不多的速度并排行驶，后面的车辆也因此无法超车。

欧洲驾驶员则通过遵循另一种心理模型，避免了这种问题的发生。他们并不是将高速公路车道分为慢车道和快车道，而是分为行车道和超车道。所有驾驶员都会在行车道上驾驶，直到他们需要超车时，才会进入超车道，一旦超车结束，就会立即回到行车道，将超车道让给其他需要超车的人。每个人都能够按照自己想要的速度前进，整体交通流量速度也不会因此而减慢。结果就是既保证了相当高的车流量，又不会给驾驶员带来任何沮丧感。虽然欧洲的高速公路同样有限速规定，但由于交通事故鲜少发生，因此几乎不需要交警执勤。如果美国人希望在高速公路上更加随心所欲地驾驶，那么不妨向欧洲的交通系统学习。

**6. 规避规则（Rule beating），或者叫作“上有政策，下有对策”。**这种基模往往能够快速破坏一个系统。由于在积累一定的运作经验之前，很难预测系统的行为，因此控制系统运作的规则通常都是不完美的。即便系统已经运作了一段时间，某些问题也会因为延迟而没有立即显现，而另一些问题则可能非常难以解决，除非将规则制定得巨细无遗。

由于空调制冷剂对臭氧层有害，从 2005 年开始，联合国开始向空调制冷剂的制造商发放碳信用额度，旨在抑制制冷剂的产量。在生产制冷剂的过程中，会产生有害废气三氟甲烷。在生产过程中每处理 1 吨三氟甲烷，企业就能获得 1.1 万个信用额度。随后，企业可以将获得的碳信用在市场上转手出售，由此所获的收入直接变成利润。联合国制订这一计划的目标很简单：减少企业对三氟甲烷的排放。这能出什么问题？

然而结果却是，19 家占联合国发放的碳信用总额度 40% 以上的国际企业，已经开始增加有害制冷剂的生产。它们为什么要这么做？原因很简单，是为了从处理的废气中获得信用额度。制造的制冷剂越多，能够处理的废气越多，因此能获得的信用额度就越多。不仅如此，居高不下的产量还导致不环保的制冷剂价格走低，从而使用料更环保的制冷剂生产商在市场上毫无立足之地。这些企业确实挣了钱，但地球环境却因此遭到破坏。

日常生活中也不乏这样的例子。一名驾驶员看到附近有巡逻车，就会减速行驶，可一旦驶出巡逻车的视线，便开始超速行驶来弥补刚才损失的时间；一名推销员将剩余的产品储备藏起来，不让其他推销员知晓，用以完成自己的销售任务；一个去看电影的人看到队伍中有老熟人，于是上前攀谈，正好插个队；一位富有的美国投资者将自己的大部分财产转移到了开曼群岛，来规避美国税务。

这些都是人们规避规则的例子，他们通常会用一句老话来为自己开脱："别人都这么做啊。"问题就出在这里，正因为所有人都这么做，所以它给系统带来的影响就会成倍增长。当系统遭受破坏并开始引起人们的关注时，人们通常会将责任归咎于规避规则的人道德品格败坏。但实际上，我们能够通过重新设计规则来帮助解决这类问题，使人们在遵守规则时获益更多，而在破坏规则时获益甚微。

两种驾驶方式的示意图：慢车道和快车道容易造成交通堵塞；行车道和超车道则能保持交通顺畅。

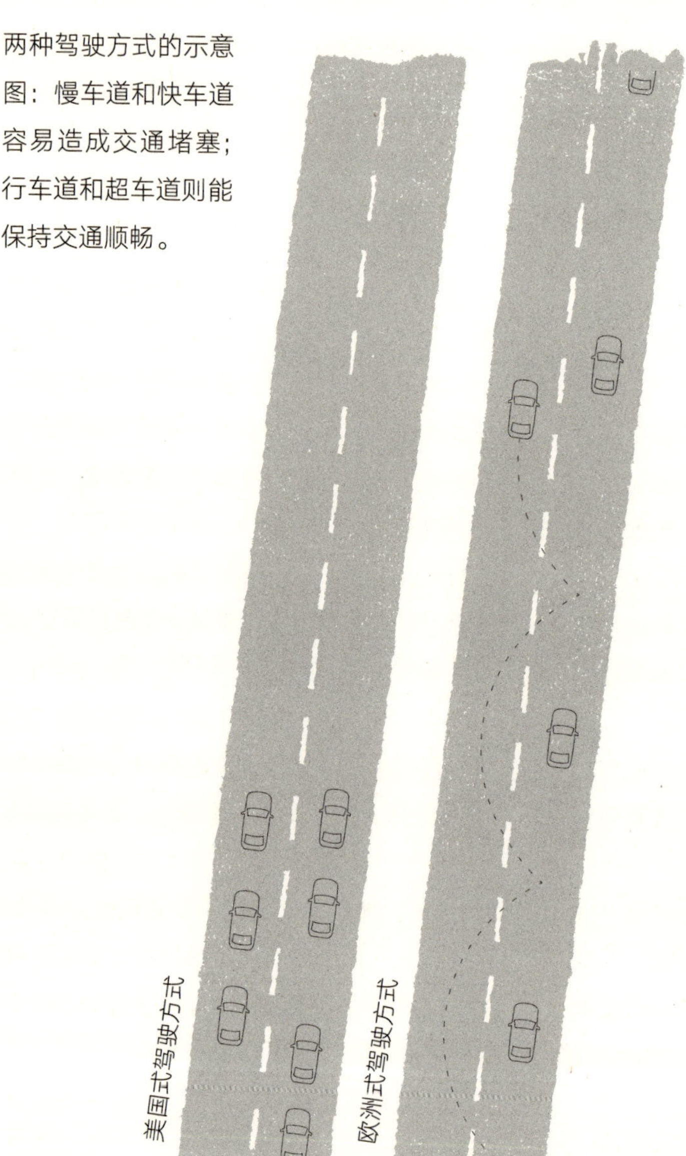

例如，执法人员在利用电子化“超速陷阱”抓到超速驾驶员之后，往往会开出高额罚单。其实，我们可以改变这种规则，转而对安全驾驶的人进行奖励，通过建立车辆跟踪系统，为车主提供“安全驾驶积分”。然后，车主便可以将这些积分用于降低保险费等。对于规避税务的投资者，则可以向最大的纳税户授予“荣誉身份”，并给予一些象征性的利益，例如，使其获得停车特权或者获邀参加白宫活动等，这种方式与航空公司的常客奖励计划有些类似。在设计系统规则时，借助奖励塑造积极行为往往能够带来较好的效果。就像祖母总说的那样：“要抓苍蝇，当然是蜂蜜比醋好用。”

**7. 成长上限（Limits to growth），或者叫作“凡事有起必有落”。**每种增长形式最终都会遇到限制。烧毁树林的大火，最终没有树木可烧；不断扩建的城市，最终用尽了建设用地；肆虐的病毒，最终无法再感染更多的人；不断扩张的企业，最终无法再吸引更多的顾客，诸如此类，都是事物成长最终遇到限制的例子。当成长中的事物遇到限制时，通常会出现成长减缓并下滑的局面，下滑的速度往往与其先前扩张的速度一样快。

当事物的发展呈线性上升趋势时，很难想象它会有触顶的时候。如果企业正在快速发展，那么领导者几乎不会有动力去改变运作模式。有一句谚语，“如果没坏，就不要去修”。随着成功不断带来新的成功，成长曲线急升，企业就会进一步通过招聘更多员工、开设新的办事处、创建子品牌、将企业的组织复杂性逐层提高等措施，来保证加速发展。企业发展得越快，触顶的速度也就越快。当它最终达到成长的上限时，之前为了加速发展而投入的各种资源，就会变成负担，烦冗复杂的运作模式使它反受其累，从而加速下滑。

在这种基模中，延迟存在于扇动火焰和烧毁森林之间。虽然企业理应知道好景不长，但他们已然被蒙蔽了双眼。新的局面会令人们感到震惊和困惑。他们会将失败归咎于市场、经济、竞争对手、客户，甚至内部的彼此。但是，他们没有看到系统早就为企业的衰败埋下了祸根。如果他们聆听过祖母的教诲，那么一定会记得“好花不常开，好景不常在”这句话。

如果企业拥有足够的勇气和远见，还是能够避免触顶的。IBM 和柯达公司就看出了如果按原有模式发展下去，企业将会走向何处。1990 年，IBM 就预见了大型计算机市场并不能保证持续盈利，而柯达公司也预见了数码相机将很快取代胶片相机。于是，IBM 决定从一家独霸主要市场的卖方，彻底转型为一家为客户提供计算机系统服务的咨询公司。然而，柯达公司由于试图保留曾盈利颇丰的胶卷业务，导致自己没有向数码相机业务投入足够的资金。柯达品牌虽然仍具有一定的价值，但其发展势头远不如以前。

熵不仅会使快速运作的事物放慢速度，还会使有序的事物崩溃至混乱无序的状态。维持任何形式的差异化或个性化发展都需要付出代价。当你看到上限逐渐逼近时，从理论上来说，避免上限的方式其实很简单：“即便没坏，也要去修。”然而，说服其他人跟你一起这么做，却并非易事。毕竟，一切看起来都发展得很不错，不是吗？

**8. 富者越富（Success to the successful），或者说，为什么“富人越来越富，而穷人却越来越穷”？**在祖母所经历的那个年代，有一首流行歌曲曾在美国人的心中引起共鸣。

> 搬运了十六吨的煤，你得到了什么？
> 不过是又老了一天，债务又重了一点。
> 圣彼得请不要喊我，天堂之门不会为我打开，
> 因为我的灵魂早已抵押给了公司。

这首歌是由田纳西·厄尼·福特（Tennessee Ernie Ford）以苦役劳动号子的节奏所唱的。歌词描述的是工业时代采矿城镇的严酷现实。在这些城镇中，矿工既无力去别处谋生，也无法体面地生活在镇上。因为这些镇上的杂货店和商店大都是煤矿公司所设，它们往往会抬高物价，获取高额利润。如此一来，就形成了一个恶性循环，矿工欠公司商店的钱永远比他们在公司打工挣的钱多，导致他们永远也无法逃离。

在生态学中，富人越富而穷人越穷的现象被称为“竞争排斥原理”。该原理指的是，争夺相同资源的两个物种无法长时间共同生存在同一片栖息地。因为最终其中一个物种将在竞争中赢得更多资源，从而使其在未来的竞争中占据优势，直到另一物种无法继续参与竞争为止。最后赢者通吃，栖息地也随之变得缺乏多样性。

美国如今正面临这种情况。富人凭借其财富变得越来越有权有势，使得他们能够以对自己有利的方式重新定义规则。随着富人变得越来越富裕，越来越多的中产阶级下滑至工人阶级，使得中产阶级消费大军如今的购买力已大不如前，而富人们投资的商品恰恰是要依赖中产阶级的购买力支撑，因此不得不自食苦果。

**规避“富者越富”陷阱的方法是“平衡竞争场地”。**过去出现上述情况时，我们采取了一系列的措施，如加强工会影响力、通过反垄断法以及征收遗产税等。还有其他一些可行的措施，如修复所得税管理漏洞、启动社会性计划以及限制游说团体的职能。或许最明智的措施，就是使公共部门与私营部门实现权力对等。因为只要两者之中有一方能够主导另一方，竞争排斥原理便开始发挥作用，从而使经济受损。

**9. 目标错位（The wrong goal），或者叫作“许愿须谨慎”。**系统的行为在很大程度上取决于其目的。由于房利美（Fannie Mae）旨在为更多美国居民拥有房屋而提供支持，因此该机构会如何运作便可想而知了。金融机构因为确信房利美将承担风险和损失，自然乐意通过投机取巧和降低标准等手段来实现房利美的目标。不知不觉中，系统的目标从“为居民拥有房屋所有权提供支持”变成了“增加居民的房屋所有权”。于是系统自然而然地朝着浅显的目标前进，而不是朝我们预想的深层目标前进。

《不让一个孩子落后法案》（*No Child Left Behind Act*）的初衷，是通过确保学生都能够在标准化考试中获得良好表现，来提高美国教育的整体质量。这听起来合乎逻辑，但是，当政府将学生的成绩作为是否向学校提供教育经费的前提条件时，无形中就将提升教育质量的目标转变成了提升学生的成绩。于是，许多学校立即将重点放在了考试而非教学上。部分学校开始忽视在标准化考试中不考的科目。还有部分学校则重点抓学习成绩处于中等水平的学生，认为他们最有可能影响平均分，同时忽视那些垫底的学生，认为他们反正难以通过考试；而且校方还会忽视那些有天赋的优等生，认为他们凭自己努力就能通过考试。政府的教育经费成了学校竞相争夺的奖金。在此过程中，优秀的教师对教学失去了兴趣，因为系统中已经没有多少余地让他们因材施教。

**避免“目标错位”陷阱的方法是将行动与结果区分开来。**任何针对行动本身的系统，都可能产生流于表面的结果。而以结果为导向的系统，才可能产生预期的结果。因此，无论是衡量指标还是其他反馈环路，都必须以系统的最终目标为导向，否则可能带来意想不到的结果。

在“目标错位”基模和其他一些基模中，你可以看到它们有一个共同点，那就是都存在反馈环路和反馈延迟。由此，相较于我们希望看到的运作方式，整个世界的实际运作要更加复杂和难以预料。正如祖母提醒我们的那样：“事情总是环环相扣，因果相连。”一件事引发另一件事，再引发更多后续的事件，直到最后的结果与我们的意图南辕北辙。在机器人时代，随着系统的规模和复杂性逐渐扩大，这可能会带来极其危险的后果。

系统思维是直觉的平衡，它是一种使我们能够充分利用理性脑的元技能。正如德内拉·梅多斯所述：“虽然显而易见，却又具有颠覆性。虽然是一种古老的观察方式，却又历久弥新。解决方案就在我们手中，这无疑令人欣慰，然而又令人不安，因为我们必须以另一种方式去采取行动，或者至少以另一种方式去观察和思考事情。”

## 目的至上

对于一个系统而言，影响最大但往往最不明显的方面，便是它的目的。系统的目的是其终极目标、其存在的理由。例如，恒温器的目的是将温度保持在预先设定的水平；血细胞的目的是为整个身体运送氧气；树叶的目的是将阳光转化为能量；自行车的目的是将步行变成骑行，等等。

这些都是相对简单的系统。随着简单系统变得越来越复杂，它们将会显示出自我组织的迹象。它们开始多样化、结构化，逐步适应外部变化，以维持自身的存在并提高成功的概率。不妨想想植物、动物、企业、政府、社会和生态系统，它们都具有及时响应外部变化的能力。在复杂的自适应系统中，目的不仅决定了系统的方向，同时还决定了具体的运作规则、能够产生运作效果的反馈，并在出现问题时予以解决。

社会系统尤其复杂，因为由太多人组成。任何任职于某个委员会的人，都能证明在社会系统中工作有多困难。每位成员都有着不同的性格、经历、技能和世界观，与其他各位成员也保持着不同的关系，甚至拥有不同的心情——具体取决于一天中所在的时间、是否用过早餐以及其他大大小小的因素。现在，请你不妨将一个委员会的规模扩大到一家公司、一个社区或者一个国家。让如此多的人和平共处、协同合作，这本身就是一个强有力的组织目标。

我们可以将企业的组织目的视为企业除了盈利以外而存在的原因。除了盈利？创办企业不就是为了盈利吗？话虽如此，但如果企业仅将盈利视为目的，很有可能难以留住客户、难以吸引人才，也难以建立持续发展的企业文化。管理大师彼得·德鲁克有一句名言：企业目标唯一有效的定义是创造顾客。几十年前，这句话对于传统企业领导者来说，可能犹如醍醐灌顶一般。但是，如果以系统为背景来衡量的话，这句话就太狭隘了。

让我们以一些企业的目的陈述为例，看看它们可能会产生什么样的系统行为：

- 苹果公司的目的是“通过为人们提供工具，来推动人类发展，为世界做出贡献”。
- 安全软件制造商赛门铁克（Symantec）的目的是“创建满怀信心的互联世界”。
- 户外服装制造商巴塔哥尼亚（Patagonia）的目的是“激发并实施应对环境危机的解决方案”。

现在，将上述三例与下列三例进行对比：

- 雪佛龙公司的目的是“取得卓越的财务业绩，回馈股东和企业主”。
- 欧迪办公公司（Office Depot）的目的是“成为世界上最成功的办公

产品生产商”。

- 阿美特克公司（Ametek）的目的是“通过创建一个服务于多元化市场的强大的运营公司，来获得卓越的资产回报率，实现现金流的增长，从而为股东创造长期稳定的回报”。

就上述企业而言，你更希望为哪家效力？哪家企业最有可能使你成为它的忠诚客户？如果它们倒闭了，人们最有可能对哪些企业念念不忘？最后，通过这些企业的目的陈述，能否预测它们的行为？梅多斯说：“就像童话故事里可以实现你三个愿望的神仙一样，系统也只会给你带来你所要求的结果。”

如果一家企业的目的是取得卓越的财务业绩，那么它很可能只会取得卓越的财务业绩。而在此过程中，它可能会出现虐待员工、破坏环境或者违反规定等状况，随着时间的流逝，这类状况最终会使企业苦心追求的财务成果得而复失。如果一家企业的目的是激发应对环境危机的解决方案，那么这家企业很有可能做得到这一点。而在此过程中，它同样有可能取得优异的财务业绩，因为它深知如果没有持续的利润保障，就无法实现更高的目的。

目的、规范和共享意义是企业的“自我”，企业以它们为中心进行组织构建，它们是所有计划的指南针。这是创建持久品牌的第一步。在一次品牌战略研讨会中，一位参与者很好地总结了这一点：“先穿牛仔靴还是先戴牛仔帽都行。但在此之前，你必须确定自己是个牛仔。”

目的如何设定，行为就将如何发生。丰田章男（Akio Toyoda，丰田汽车总裁）曾说，丰田之所以会出现汽车召回事件，正是由于一些高管忘记了他们对质量做出的承诺。他说：“有些人实在是傲慢自大，盲目追求最大利润。”这话也许没错，但是，丰田公司的目的不正是“通过提供最佳的客户体验和经销商支持来维持盈利增长”吗？这些高管只不过是以更加直接的方式去达到目的。对于丰田而言，将目的表述为“以最低的价格将最佳性能的汽车带给客户”，或许更加贴切。如此表述，目的就非常明确了，对于丰田来说也再合适不过了。

一个社会同样有目的，虽然我们通常将这种目的表达为一种愿景。喜剧演员艾迪·伊泽德（Eddie Izzard）曾说，“美国梦”是努力工作然后买房，而“欧洲梦”则是努力工作然后买车。无论是有房子还是有车子，似乎都要优于这两个地方实际用来衡量政策是否成功的指标——国民生产总值。国民生产总值只是对本国人民消费的记录，与整个社会的目的没有太大关系。例如，美国社会的共同目的是切实履行对自由和幸福的承诺，依此来实现国家繁荣，而不是持续提升本国人民的消费水平。

罗伯特·肯尼迪在 1968 年竞选总统时，以他的雄辩清楚地阐明了两者之间的区别：“国民生产总值并不能保证孩子们的健康、教育质量和快乐无忧的童年。它无法体现诗歌的华美、婚姻的力量、公开辩论中的智慧以及公职人员的诚信。它既无法衡量我们的才智和勇气，也无法衡量智慧和学问；它既无法衡量我们的共情，也无法衡量我们对国家的热爱之情。总之，它似乎能够衡量一切，却独独无法衡量人生中真正有意义、有价值的事物。”社会的幸福程度越高，生产力越高，如果我们将重点放在人民的消费水平而非幸福程度上，那么实际上是在本末倒置，使两者都无法得到很好的发展。

那么你呢？你所选择的个人目的是否有价值？根据心理学研究和日常经验，我们能够知道，目的意识是幸福感的重要来源。积极心理学作为心理学科的新兴领域正在迅速发展。该领域研究有证据表明，生活中有目的意识的人往往更加长寿，健康状况更好，也较少患阿尔茨海默病。一项为期 7 年的研究发现，相较于目的意识较强的人，目的意识较弱的人患阿尔茨海默病的概率是前者的两倍。

在一个健康的组织中，
所有的目标都是为组织
的任务和愿景而设的，
而组织的任务和愿景则
服务于组织的最终目的。

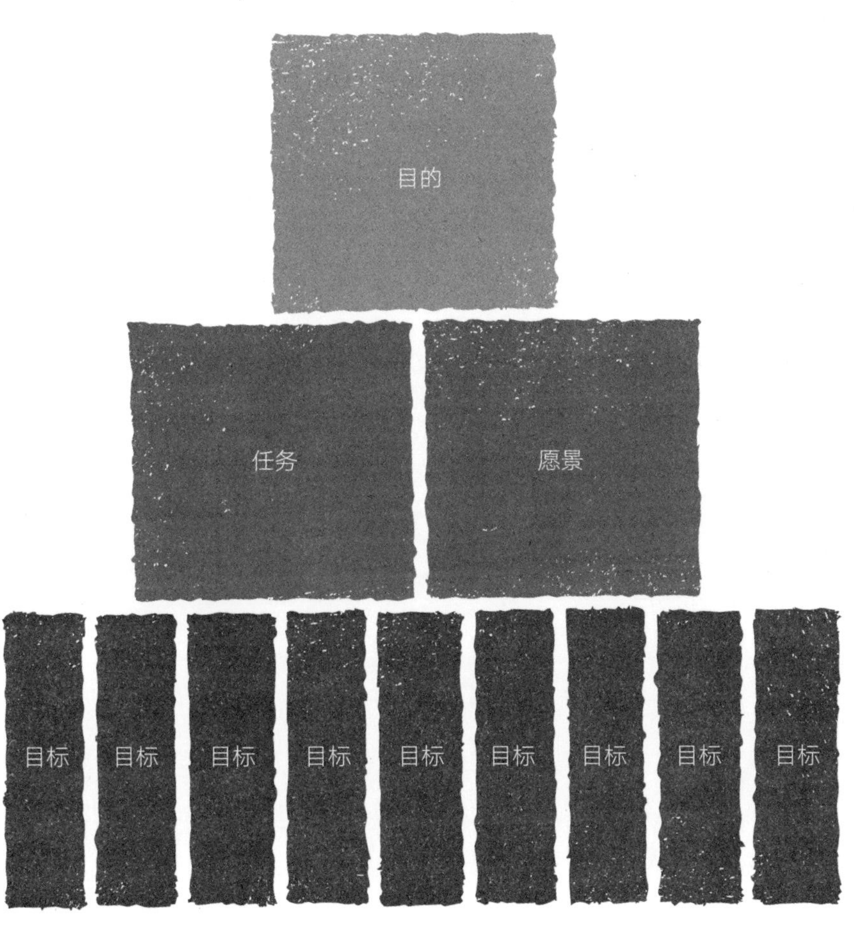


战略金字塔

你越是有意识地定义自己的人生目的，获得成功和幸福的机会就越大。工业时代需要将工人们打造成统一的零部件，才能更方便地将其运作于大型企业的机器之中，因此，工业时代不鼓励工人们拥有个人的人生目的。然而，如今的机器人时代大力提倡人们追求个人目的，因为这个时代需要创造力，而只有能够清楚地认识自己、为自己着想的血肉之躯，才拥有真正的创造力。

## 行为准则过滤器

宗教最大的意义在于将善与恶编纂成一个规则体系，使人们能够轻松地记住、运用这些规则，并将其代代相传。实际上，世界上所有宗教的规则都非常相似，源于一项主要的道德原则，“己所不欲，勿施于人”。当有人违反这些宗教规则时，人们便将违反行为称为罪恶。

但是，究竟何谓罪恶呢？我们能够通过系统的角度，来更好地理解罪恶的本质吗？答案是肯定的。虽然戒律的概念在以前就很实用，但是在当今这个充斥着金融衍生品、人工智能、社交网络和基因工程的时代，我们还需要随机应变、灵活运用戒律的概念。我们不仅需要观察行动与结果之间的联系，还需要考虑延迟。从系统的角度来看，传统观念中的大部分罪恶行径依然属于恶劣行为。但是，还有许多无法轻易纳入戒律的其他恶劣行为。**在法律所体现的道德观之外，系统思考使我们能够亲身体会现实世界中的善恶行径。**

例如，“不可杀人”当然没错，但在实践中，人们常常违反这条戒律。根据文化和具体情境的不同，人们会去杀死已经定罪的凶手、入侵者、抗议者、间谍、出轨的妇女和政治敌人等。

艾森豪威尔告诫美国民众要警惕“军工复合体”[①]带来的危害，但显然，人们更多的只是将“不可杀人”和其他戒律视为建议，而非规则。正如演员格劳乔·马克斯（Groucho Marx）所说：“这是我的原则。如果你不喜欢，我还有其他的。”

戒律的问题在于它们只是一种钝器。戒律不鼓励反思，而是鼓励人们以各种方式避开规则。《圣经》同样充满了矛盾的陈述，虽然它的精神在于支持真善美，但它的表述既可以用来支持善行，也可以用来支持恶行。如果我们想要往真善美的方向上取得进展，就不能再将宗教经书视为规则手册，而要开始思考随着时间的推移，我们的行动会产生怎样的实际后果。

真理既不是相对的，也不是绝对的。启蒙运动的哲学家们相信一切都有科学的解释，所有的真理都是绝对的；后现代主义者则认为一切事物都有其背景，因此，所有真理都是相对的；然而，系统思想家则更倾向于将真理视为一种探究的进化过程，它具有动态、连续和共享性等特征，在这种进化过程中，我们对真善美的观念变得更加牢固，它会随其不断发展而被人们广泛接受。

美国前总统克林顿的高级顾问刘柏川（Eric Liu）和风险投资家尼克·哈诺尔（Nick Hanauer）合著了一本类似于寓言的书《民主的花园》（*The Gardens of Democracy*），他们在书中呼吁“新的启蒙运动”。他们拒绝诸如现代主义与后现代主义、自由主义与保守主义以及小政府与大政府之类的二分法，而是在自利和自私之间进行了区分。他们认为，真正的自我利益实际上就是共同利益。在社会体系中，只有每个个体都是赢家，社会才能长期获益，而如果有一部分人成了输家，那么我们所有人最终都会成为输家。他们指出：“从长远来看，自利是有

① 指由军队、军工企业和部分国会议员组成的庞大利益集团。——编者注

意义的。但是，每次交易中都只考虑自己获益，则是没有意义的。”

如果只考虑眼前的境况，我们很容易会将不良行为视为良好行为。例如，昨天我生朋友气时，跟他翻脸的感觉实在太好了。但今天我却感觉很难受，因为我意识到我很想念他，而我前一天的行为将在未来通过我的社交关系网，给我带来无尽的悲伤和损失。刚开始的不良行为，仅对当时的我而言是一种良好的行为。这正是小说家 P. D. 詹姆斯（P. D. James）在其一系列推理小说中所给出的潜台词。在詹姆斯的小说中，她没有通过推理去寻找罪犯，而是更进一步，将笔墨用于揭示犯罪行径为每个与之相关的人所带来的破坏性影响。

因此，对于罪行最实际的定义是“相对于能够获得长期利益的无私行为，所有注重短期利益的自私行为皆为罪行”。从系统的角度来看，恶只是未经深思的善。

为什么要从这个角度来看？因为如此一来，人类的行为就会变得更加容易理解。同时，这个角度为我们提供了一个评估新情境或者复杂情境的框架，其中并不包含任何戒律。科学家们指出，人类“大脑中与生俱来的危险缺陷”导致了人们更偏向于即时满足。我们总是为即时可得的奖励感到激动，同时又目光短浅，无法看到长远的后果。

为了克服这种倾向，我们可以自问两个问题：第一，我的行为将如何影响他人？第二，随着时间的流逝，我的行为将带来何种后果？当你仔细想清楚这两个问题时，你可能会意识到，一开始看起来不错的主意，实际上并不符合所有人的长远利益，包括你自己的利益。在机器人时代，由于技术常常能够产生巨大的意外后果，因此，整体思考的能力——推断一件事将如何随着时间的推移而导致另一件事的能力，将成为你的一项关键技能。

在美国普遍存在一个观念，那就是在不伤害其他人的前提下，人们应该可以自由地去做自己想做的事情。从表面上看，这似乎是黄金规则逻辑的延伸：如果你不伤害我的权利，我也不会阻止你的自由。奥巴马在以变革为纲领赢得总统竞选之后，许多人都在汽车保险杠上贴上标语："我将捍卫我的自由、我的枪支、我的财产，你爱咋咋地！"言下之意就是，我们的自由正在遭到侵犯，其中包括言论自由、持枪权、隐私权等不可剥夺的权利。然而，没有任何表明"不可剥夺的责任"的保险杠标语。

从系统角度来看，民主制度中的责任和自由是同一事物的两个方面。刘柏川和哈诺尔曾说："自由并非无限制的自由，而是需要以牺牲一小部分自由为代价的。"一般来说，你的个人责任延伸得越远，那么你理应获得的自由就越多；而你越不愿意承担任何责任，那么你理应获得的自由就越少。历史经验表明，给不负责任的人以广泛的自由，将会给社会带来混乱。对于如持枪权等对责任感有高度要求的权利来说，尤其如此。企业所有权也不例外。美国著名经济学家米尔顿·弗里德曼（Milton Friedman）认为，企业的唯一社会责任就是在没有欺诈行为的前提下，追求利润的增加。可是，倘若企业存在职场霸凌、污染环境或者过度使用自然资源的情况，该怎么办？此类行为虽然可能是合法的，但仍然是不负责任的。

经济学家史蒂夫·兰兹伯格在《反常识经济学 3》一书中，分享了自己对于良好行为准则的见解："不要让世界变得比你发现的时候更糟。"但是，仅仅生活在 21 世纪就意味着你正在损害地球。开车出行、购买杂货、使用计算机、穿工厂生产的衣服、拥有房产、参加会议，甚至阅读报纸，这些行为无一不对地球造成损害。虽然这些可能都是我们在工业时代遗留下来的问题，但如果我们无动于衷、不做改变，那就是不负责任的表现。美国独立战争期间，美国人民有足够的理由以响尾蛇旗上的"别踩到我"来表示对英国暴政的反抗。但是，过去 50 年

在这个瞬息万变的世界里，
掌握高级原理能够帮我们
更好地做出道德决定。

1
从好奇心出发，而非信仰

2
发现真实的自我，
并加以改善

3
尊重他人真实的自我

4
力求有所帮助，
而非计较输赢

5
重视长期利益，
而非短期利益

6
从自身出发，
培养对外界的责任心

7
为每个人提供更多的选择

8
在万事万物中发现美、
感受美、创造美

9
为自然界的需求提供服务

10
拥抱学习和改变

**十戒**

中，美国这一超级大国，给地球带来了巨大的污染，如果现在美国人还对此视而不见、盲目爱国，那么这样的行为和一个任性妄为的小孩没什么不同。

解决之道是转向一种新的模型，该模型能够将自由与责任按合适的比例分配。即便是孩子——那些任性妄为的小孩除外，也能够认识到分享和公平的价值。他们似乎凭直觉就能理解应该如何通过自己的行为，来创造自己想要的社会。几年前，教育界领袖斯蒂芬妮·佩斯·马歇尔（Stephanie Pace Marshall）与一群中学生一起工作，他们共同制定了一套关于"共同归属"的规则。规则如下：照顾好自己、照顾好他人、照顾好这个地方。他们用简简单单的三句话，抓住了负责任自治的精髓。

负责任的自治不仅意味着不使自身陷入困境，还意味着能够产生源源不断的善行。鉴于第二次世界大战中令人发指的暴行，德国社会学家罗伯特·哈特曼（Robert S. Hartman）博士开始创造一种新的"价值科学"，他希望像纳粹分子组织和管理恶行一样，期待这种价值科学能够有效地组织和管理善行。他将其称为"价值论"（axiology）。价值论的目标是研究伦理学和美学的价值（伦理学是对正义与善行的研究，而美学是对美与和谐的研究），以此来与短期价值相抗衡，例如，国内生产总值和贸易赤字等。尽管价值论尚未成为主流科学，但仍值得了解。

德内拉·梅多斯说，我们生活在"夸大的当下"。也就是说，我们过度关注当下的情境，而对历史和未来都没有给予足够的关注，这使我们对"何为重要的事情"产生了一种扭曲的看法。因为我们总是全身心地投入到衡量之中，于是我们学会了如何衡量，却不知道应该去衡量什么，就像是有人趁我们不注意的时候偷换了概念。增与减已然成为新的对与错。

如今，世界太过复杂，简单的戒律远不足以指导我们的行为。我们可能需要依靠成百上千条戒律，才能应对在现代生活中面临的所有决策。例如，“你不能创造衍生品”，这条戒律在某些情况下可能是有意义的，而在另一些情况下则可能没有意义，并且，当我们进一步了解它们对现实世界产生的影响时，可能会发现许多例外情况。因此，我们需要的是原则，即元级别的指导方针，这些指导方针能够将具体行动的责任首先放在个人身上。通过将道德与合法性区分开来，我们便可以从更宽广的视角来看待问题。对于能够增加自主权、扩大选择范围并创造持久价值的责任，我们将欣然接受。

梅多斯说：“在系统世界中，人类想要成功地生活，需要的不仅仅是计算能力，而且需要我们充分发挥人性，其中包括理性、从虚假中辨别真相的能力、直觉、共情、愿景和道德。”

## 正确的切入点，错误的决定

一个小国家希望为其不断增长的人口提供负担得起的能源。由于该国一直十分关注环境质量以及国民健康，因此它认为，应尽力开发清洁、可再生的核能，而非使用污染严重的燃煤发电。该国得到了一个大国在技术和资金上的大力支持，使这一计划得以实现。不久，这个小国家在郊外建成了大量的新发电厂，环境也得到了改善。然而，核能发电远没有预料中那么清洁。这些发电厂产生了放射性废料，必须埋入地下近万年才能免去安全隐患，而且核材料必须储存在冷却池中，而此类冷却池极易发生事故。最终，由于遭遇了惊涛骇浪，部分核电厂被毁，大量放射性物质释放到环境中，严重损害了该国试图保护的国民的健康。

一个年轻的女人梦想成为一名律师，想要致力于解决社会问题。由于她希望接受最好的教育，就报了一所享有盛誉的大学。但她没能获得奖学金，只好用

15 万美元的贷款来支付 6 年的学费、书本费和衣食住行的开销。后来，她以名列前茅的成绩顺利毕业。可是因为就业市场十分不景气，她无法找到薪资足以偿还贷款的合适工作。无奈之下，她只好去了这样一家公司：该公司的业务是为一些对社会不负责任的企业提供法律支持，使它们免受集体诉讼。这无疑与她的梦想背道而驰。

一家上市公司为了扭转利润率下降的趋势，聘用了新的首席执行官。这位首席执行官一上任，就开始削减所有无法直接带来收入的成本。他不仅向高薪管理人员提出提前退休计划，还解雇了大部分不参与销售的员工。然后，他将公司划分为不同的业务部门，每位部门经理可以以自己的方式分管自己的部门，只要他们的目标是追求收入最大化。经过这一系列的措施，公司的利润提高了。很快，这位首席执行官与公司的分析师建立了牢固的关系，分析师都开始对他在季度收益方面给出的指导意见深信不疑。然而，公司在维持了几年稳定的财务收益之后，发现其品牌形象已大不如前，产品线也毫无新意。公司的收入不断下降。股东们变得紧张起来，因此公司董事撤去了这位首席执行官的职位。而新任首席执行官接手时，公司的境况比以前更加糟糕，导致他根本无法解决日益严重的系统性问题。

以上列举的都是关于解决方案如何导致更严重问题的真实故事。对于企业、政府和市场等复杂的系统而言，解决方案并不总是显而易见的。难就难在，它们看起来似乎是显而易见的。有时候，即便决策者找到了正确的切入点，也经常会做出方向错误的决定。就好比驾驶员在结冰的道路上驾驶时，总是会往错误的方向转动方向盘一样，仅仅是因为正确的方向违反了他们的驾驶直觉。如果一家企业面临利润下降，首席执行官很可能会将重点放在削减成本而非创新上，而这仅仅是因为削减成本带来的回报更加直接和迅速。

有一则苏菲寓言讲到，你会认为只要你理解了一，就能理解二，因为一加一等于二；但是你忘记了你还必须理解“加”是什么意思。当我们面对一个复杂到足以创建多方交互的系统时，必须提防陷阱。真正复杂的系统不仅充满陷阱，而且还具有反应性，这意味着当我们尝试修复此类系统的问题时，它们会进行反击。棘手问题的概念也由此诞生。每一种解决方案，似乎都会使问题变得更糟。

如果我们看到采取某种措施能带来理想的效果，就可能会认为以两倍的力度采取相同措施，就能带来两倍的理想效果。当然这的确有可能，但是，如果系统太复杂，那么既有可能效果甚微，也有可能效果一下子增强到十倍，甚至可能会出现效果完全相反的情况。例如，在重新设计超市包装袋时，添加一点黄色可能会增加销售量，但如果将黄色多添加一倍，极有可能反而会降低销售量。包装设计与销售量之间存在非线性关系，诸如此类的问题常常使人们混淆因果关系。

当我们用简单的方式去衡量复杂的系统时，往往会得到错误的结果。20 世纪 30 年代，我们开始通过每年生产的产品和服务，来衡量国民的幸福指数。不久后，提高生产力就成为整个社会的终极目的，这表明我们用更容易衡量的目标取代了之前追求幸福的目标。此举就好比一个喝醉酒的人，将钥匙忘在了酒吧里，却跑到路灯下找钥匙，仅仅因为路灯下光线更好。

20 世纪 50 年代，经济学家维克托·勒博（Victor Lebow）用“炫耀性消费”（conspicuous consumption）一词，指出了这样一种趋势，即我们开始将购买商品的行为仪式化，来寻求精神上的满足。“我们以越来越快的速度消耗、更换和丢弃物品，从而获得满足感。”然而，这种方式既没有给我们带来幸福感，也没有带来精神上的满足，甚至没有创造一个健康的经济环境，而是在全国范围内掀起了消费欲的浪潮，把我们的生活变成了垃圾填埋场。这句话太危言耸听了吗？不妨拭目以待。

狭隘的衡量方式，同样困扰着教育改革，使实际教育成果常常与我们想要的背道而驰。当我们以花在每个学生身上的教育经费，来衡量教育是否获得进展时，结果显示，花在每个学生身上的经费都有所增加。当我们以标准化考试来测量学生的学业成绩时，获得了学生们的考试成绩不断提升的结果。然而，教学质量却在不断下降。足球教练文斯·伦巴第（Vince Lombardi）曾有一句名言："胜利意味着一切。否则，比赛中为何要计分？"在体育、教育、商业和政治领域，任何可以衡量的事物都将变得更好，这是公认的事实。这给我们带来一个教训，那就是对于要衡量的事物，要慎之又慎，否则就会本末倒置，忘记初衷。

有没有什么办法可以确保我们所提出的解决方案就是最佳方案呢？可能没有。但是，当你了解复杂的系统并非以线性方式运行时，通常就可以排除一些线性解决方案和衡量方式，这将使你避开很多糟糕的结果。可是，没有万无一失的系统。如果有人认为有的话，那就是低估了人类的愚蠢程度。你需要做的，就是保持谦虚的态度，并从多个角度来看待问题。在试图修复系统之前，不妨先回答以下问题：

- 如果我什么也不做，会发生什么？
- 什么能够予以改善？
- 什么可能会减少？
- 什么将会被替换？
- 这样做能否增加未来的可能性选项？
- 有哪些道德考量？
- 这样做会简化系统，还是会使系统变得更加复杂？
- 我的基本假设正确吗？
- 要使之成为可能，需要何种前提条件？
- 事件会以这种方式不断发展下去吗？

- 如果是这样，系统真的会如此反应吗？
- 这些事件背后的推动因素是什么？
- 有哪些长期的成本和收益？

如果一开始没有成功，也无须太过气馁。大自然花了 130 亿年的时间，才创建起我们周围的系统，但至今这些系统仍有不足之处。

## 解决之道关键在于框架

设计解决方案应从框架开始。你所划定的调查范围，将在很大程度上决定你所得出的结论以及实现目标的过程。例如，如果你决定出版一本商业书籍，那么可以用“如何在我选定的主题上写出 6 万字的书”这个主要问题作为你的框架。如此一来，解决方案自然而然就被量化了，而过程也将以填满 300 页纸为目标，收集足够的写作材料。

或者也可以这样制定框架：“我在哪里可以找到能够将我的想法传播给全世界的公司？”如此一来，解决方案自然而然就是找到一家合适的出版机构，而过程则包括将书稿发送给大量出版社或者代理商，直到找到合适的出版社为止。

再或者，你可以从更大的范围来制定解决问题的框架：“我如何才能帮助读者利用自编内容，来获得更好的理解？”如此一来，解决方案可能是一本 300 页的书，也可能是一本 100 页的书，或者一系列的书；还可能是电子书、有声书、应用程序、视频、自编学习在线课程，或者以上几种方式的任意组合。解决方案可能不仅包含文字，还包含插图、动画、视频、导航设备或社交活动，等等。该过程则包括解决方案中所需的任何步骤。

我们可以从两个维度来构思框架，其一是范围，其二是新颖程度。解决方案可大可小，可以是常规的，也可以是非常规的。以此为模型，将产生四个基本组合：小型常规方案、大型常规方案、小型非常规方案以及大型非常规方案。不同的组合方式会产生不同的解决方案。

举个例子，干净的饮用水资源将很快供不应求，我们希望能够在该问题带来全球性灾难之前加以解决。那么可以通过四种简单的方式来制定框架。

1. 小型常规方案：如何开发让人们负担得起的产品，来净化家庭用水？
2. 大型常规方案：如何建造大型净水厂，通过现有管道系统为数百万计的家庭提供服务？
3. 小型非常规方案：如何在地方层面上“生产”饮用水？
4. 大型非常规方案：如何在全球范围内“生产”饮用水？

小型常规方案可能是开发类似于碧然德集团（Brita）出售的过滤净水产品，但需要使造价更低，并优化材料。大型常规方案可能类似于现有的水厂，但需要打造更好的净水系统，并采用更好的供水分配方案。

小型非常规方案可能尚未出现过，如打造一款利用氢氧结合生成水的家用电器，或是开发低成本版的威森风车（Whisson Windmill）——一款利用风力从大气中收集水分的设备。至于大型非常规方案，举例来说，可以按照海水基金会的建议，利用海平面上升来淹没沿海沙漠，将其变成沼泽地，随后通过除盐来产生清洁用水。你选择的框架类型决定了将以何种方案来解决问题。

2005 年，麻省理工学院教授尼古拉斯·尼葛洛庞帝（Nicholas Negroponte）

提出了一个能带来世界性改变的想法。他和产品设计师伊夫·贝哈尔（Yves Behar）共同打造了一款简单耐用且极具便携性的笔记本电脑，免费提供给不发达国家的儿童使用，使其能够获得与发达国家儿童相同的教育资源。他们称该计划为“每名儿童一台笔记本电脑”（One Laptop Per Child）。他们在自己制定的框架内的确取得了令人瞩目的成功，但最终也意识到他们将框架的规模制定得太小了。他们没能考虑到还有该问题引发的其他问题需要解决，如怎样建立竞争壁垒、怎样与政府官僚机构打交道以及怎样改变人们对教育根深蒂固的观点等。由于选择了错误的框架，该计划最终难以为继，成为数字时代最令人心痛的失败项目之一。

当然，除了规模大小和新颖程度之外，还可以采用其他维度来制定框架。但是，任何一种框架的作用，都是让我们无须在非此即彼的极端选项中做出抉择。每当我们因面对复杂问题而感到不知所措时，很容易接受伪二分法的设定。例如，人们是应该能够自由浏览互联网上的内容，还是应该接受大型媒体公司的管控？我是应该贷款上学来获得学士学位，还是应该放弃学历，直接去挣一份较低的薪水？企业是应该将重点放在投资创新上，还是应该放在让股东满意上？这些例子都通过将需要思考“解决方案”的问题简化为“二选一”，使我们更容易做出决策。面对复杂问题，我们默认的思维模式是进行多项选择，因为相较于“构思解决方案”，我们更倾向于“选择解决方案”。工业时代的营销人员已经使我们相信，好方案已经有了，我们只需做出选择。

当有人问爱因斯坦相对论中哪一部分最难的时候，他说：“最难的部分在于弄清楚该如何思考相对论。”在另一次采访中他还说，如果有一颗火热的彗星将在1小时内摧毁地球，而他被委派去解决这个问题，那么他将花前55分钟去思考该如何界定问题，最后花5分钟去解决问题。20世纪极为重要的哲学家约翰·杜威（John Dewey）有句名言：“一个界定好了的问题，已经将问题解决了一半。”

按照爱因斯坦的观点，显然他会认为界定问题已经将问题解决了 90% 以上。

那么，如果我们将爱因斯坦“解决问题之前先界定问题”的思维模式运用到日常生活中，将会怎样？是否有界定问题的通用方法呢？幸运的是，的确有。下面我将阐述通过构建框架来界定问题的几个简要步骤。

**1. 从多个角度看待问题。**每个人都受限于自己的信仰体系。想要跳出局限，最简单的方法是从三个视角来看待问题。第一，我们自己的观点（即“第一视角”）；第二，其他人的观点（即“第二视角”）；第三，高级系统的观点（即“元视角”）。

从自身的角度来看待问题是自然而然的事情，换位思考则比较困难。而跳出系统的局限，从更高层面上客观地看待问题，需要付出极大的努力。当你站在更高的层面上俯瞰问题的全局时，更容易获得一种外部视角，我们将这种视角称为“元视角”。例如，从你个人角度来看，如果公司重组，你可能会失业；然而从战略角度来看，公司重组将使其更加强大，因此也可能会给你带来更多机遇。

达·芬奇认为，想要透彻理解某个问题，至少需要从三个方面来进行观察。当他设计世界上第一辆自行车时，首先从自己的视角，再从骑行者、投资者的视角，最后从自行车可能给所在社区带来何种影响的角度，分别进行了思考。

**2. 进行问题陈述。**连环漫画《呆伯特》（*Dilbert*）的作者斯科特·亚当斯（Scott Adams）不仅是一位充满智慧的观察者，还是一位富有洞察力的思想家。在《华尔街日报》的社论中，他描述了美国当前的财政赤字状况，而所有的问题陈述都可以套用他的描述方式。

**问题陈述：**美国破产了。这个漏洞太大了，无法单凭削减成本或经济增长来填补。钱全都在富人那里，其他人没有钱。富人有足够势力来阻止政府对他们征收更高的税，他们绝对会动用势力如此行事。

**可能出现的结果：**激光打印机的废弃盒子将成为你的下一个家。

该问题陈述的绝妙之处在于简练精辟，外加幽默智慧。如果你认为以这种简练的方式进行陈述相当简单，那你大可一试！

**3. 列出已知和未知。**问题有哪些已知参数？你能够将问题的各个部分形象化地描述出来吗？各部分之间有什么关系？问题的本质是什么？这是一个简单的问题，还是一个复杂的问题？是结构性问题？是沟通问题？是政治问题？过去你尝试过何种措施，为什么失败了？最重要的一点，为何需要解决这个问题？

当然，对于问题而言，已知部分是一回事，未知部分又是另外一回事。对于未知的部分，危险在于我们倾向于用假设来代替它们。对于已知的部分，重要的是质疑并检验这些已知是否是真正客观的已知，而不是出于信念而想当然的已知。通常来说，处理未知部分的最佳方法，是在你不断推进解决方案的同时让它们保持未知状态。当你验证假设时，未知部分可能会自然而然地现出原形。

**4. 改变框架。**扩大或者缩小框架时会发生什么？如果换成另一个框架呢？比如，电影行业认为如今最大的难题是打击盗版。那么，如果我们重新制定该问题的框架，将会如何？

**原始问题陈述：**观众能够免费获得受版权保护的电影资源，从而导致电影行业的收入损失数百万元。

**可能出现的结果：**如果不严厉打击盗版，那么制作电影的动力会很小。

**解决方案：**制定更加严格的打击盗版的法律。

到目前为止，反盗版法尚未带来任何变化，因此尚不清楚更加严格的法律是否会改变盗版猖獗的现象。利用更加严格的法律手段，可能只会使盗版行为更加隐秘，甚至引起观众们的强烈反对。如果我们重新制定框架，将会如何呢？

**新问题陈述：**观众可以通过互联网免费获得受版权保护的电影资源，规模之大，前所未有，并且几乎无法阻止这一现象。

**可能出现的结果：**除非电影行业改变其固有模式，否则将会错过由技术革新带来的各种可能性。

以这种方式陈述问题时，问题看起来更像是一种机遇，而非威胁。系统思想家吉恩·贝林杰（Gene Bellinger）说："难使水往高处流。"或许电影行业可以提供更多的免费资源，以此来与观众建立深厚的关系，使电影成为他们生活中不可或缺的一部分。或者将付费电影限制在新上映的电影，并提供旧的电影资源来为新电影做宣传。抑或为观众提供免费下载的资源，以此来收集有关观众的有价值信息，从而使未来开展营销工作时更加顺利、效果更好。当然，电影行业还可以单纯地减少游说开支，节约一些经费，等待时间来解决这个问题。总而言之，一切都取决于你如何界定问题。

**5. 构造一个简单的模型。**构造模型是构思问题关键要素的一种实用方法。统计学家乔治·博克斯（George Box）曾经说过："本质上所有模型都是错误的，但其中一些是有用的。"由于模型不能详细阐明某个问题，因此，它们始终都是不确切的，然而这也恰恰是它们能够让人们在大体上正确把握问题的原因。建立的模型越简单，就越容易理解问题。

在《民主的花园》中，两位作者将民众对于政府的态度划分为三种主要类型，从而简化了政治僵局的问题。他们指出，民主党人士认为政府应该“议大事，谋大计”。民主党认为，政府不仅应该确定国家的发展方向，而且还应为实现该目标而提供相应的发展计划和资金。然而，保守党人士则认为政府应该“议小事，谋小计”，这意味着公共部门不应决定国家的发展方向，也无须为实现国家发展目标提供相应的支持。自由党人士则比保守党人士更为极端，他们想要一个“不议事，不谋计”的政府。在这种模式下，政府采取自由放任的政策，尽可能既不干涉国家的发展方向，也不干涉国家实现其发展目标的方式，在这样的模式下，国民自力更生。

随后，两位作者在书中又介绍了第四种模型，“议大事，谋小计”。在这种模式下，政府负责制定国家的总体发展方向，但对于如何实现发展目标，则将具体的战略方案交给国民和市场来决定。政府的职责是把握大方向并平衡竞争场地，而国民则按照自己认为合适的方式参与竞争、追求发展。

当然，这些模型都已被简化到了极致。但这也正是它们能够发挥作用的原因。只有通过褪去细节，才有可能把握住大致的解决方案。然后，我们可以在此基础上，重新添加必要的详细信息。

在创造性领域和科学领域中，随着从业人员不断深入的研究，“如何制定问题框架”逐渐演变成了“如何发现问题”。经验让我们得知，哪些问题值得我们花精力去解决，而哪些问题即便解决了也不会带来明显的改善。同时，经验还让我们知晓，解决何种问题能够带来更多的个人成就感。专业人士都深知，在我们坚持不懈的努力下，即便是最棘手的谜团，也会缴械投降。

但是，如何才能发现既值得解决，又能带给人成就感的问题呢？当然，它们有可能会突然出现，但如果没有出现，你完全可以采用下列问题来试着发现它们的踪迹：

- 有哪些“非此即彼”的思维方式阻碍了创新的机会？
- 有哪些传统方法无法再达到预期效果？
- 你能够将哪些“不可能之事”变为“可能之事”？
- 哪些问题过于庞大，以至于无法看清全貌？
- 哪些类别或者部分所展现的变化率最不均匀？
- 人们对哪个领域最感兴趣，却很少能给出解决方案？
- 哪些领域几乎毫无秩序可言，又有哪些领域存在过多秩序？
- 你的哪项才能可以获得突飞猛进的发展？
- 你对哪些新的领域抱有极大热情？

感觉和观察是相辅相成的技能，两者在保持平衡状态时效果最佳。如果我们过多地依靠直觉，较少依靠理性思考，那么很可能会由于自我蒙蔽而构思出不切实际的解决方案。反过来，如果我们过多地依靠理性思考，而较少依靠直觉，那么很可能会错过能够激发创新的灵感。

尽管许多人与生俱来就拥有良好的感觉或者观察能力，甚至两者兼具，但是同样可以通过不断练习来培养这两种能力。根据我的经验来看，那些声称“人的能力与生俱来，无法通过后天努力获得”的人，通常都是以此来掩饰自己的不安全感。“天生的天才”都深知，想要获得能力的发展，努力的效果远胜过遗传。而对于我在下一章中将要阐述的能力——“想象”的元技能而言，这个道理同样适用。

## METASKILLS 行动清单

1. 元技能 2：观察，即整合思考的能力，也称为系统思考。
2. 对于棘手的难题，只有通过观察、直觉和想象力，才更有可能找到解决方案。
3. 系统思考不仅在于全局观，而且要求我们能够以长远的目光来看待问题。
4. 当问题面对两种对立的解决方案时，就没有进步的可能。但你可以设计出第三种解决方案，来改变双方的原始立场，实现互惠互利。
5. 设计解决方案应从框架开始。构思框架有两个维度，其一是范围，其二是新颖程度。
6. 延迟是所有系统陷阱的根源。关注两个反馈环路——正反馈和负反馈，就能领先一步，做出相应决策来缓和或扭转负面局势。
7. 目的、规范和共享意义是企业的“自我”，是企业进行组织构建的中心，是创建持久品牌的第一步。

# METASKILLS

元技能 3

# 想象，<br>激活创新思维

## 创新者是实践型梦想家

想象力是人类思维中较为神秘的能力。在没有通过感官去感知的情况下，大脑是如何获得图像、感觉或者概念的呢？在没有进行逻辑思考的情况下，我们是如何得出一个完全可行的解决方案的？我们能够通过学习来获得想象力吗？是否只有那些古怪艺术家和疯狂科学家才具有想象力？

教育系统显然没有包含想象元技能的培养。没有任何一所学校开设了所谓"想象 101"的课程。亚历山大·格雷厄姆·贝尔（Alexander Graham Bell）可以说是一位比较多产的发明家，但他似乎并没有意识到想象力在其作品中所发挥的作用。他提出了三个创新规则：

1. 尽可能多地观察值得观察的事实；
2. 记住观察到的结果；
3. 比较事实，然后得出结论。

观察、记住、比较，然后想法一下子就变出来了！不会吧，贝尔先生？你确定比较和结论之间没有缺少任何步骤吗？比如领悟带来的灵感之类的？我这么说完全没有不尊重你所发明的电话机的意思，但恕我实在难以认同你的说法，从什么时候开始，通过比较事实就能直接产生创新了？

针对社交媒体，我比较了一些有价值的事实。我观察了人们使用 Facebook 的方式，注意到了全球范围内 Twitter 上发帖数量增多的现象，了解了 Pinterest 用户的行为模式，并针对广告市场的潜力和投资者的兴趣做了调查。然后，我将这些事实进行了比较。尽管我可能会发现这些事实很有意思，但我仍然需要一些深刻的洞察力、灵感的火花或者一次想象力的飞跃，才能实现创新，才能打败掌握着同样事实的竞争对手。贝尔所给出的创新规则使我想起了蒙蒂·派松（Monty Python）的一部滑稽短剧，剧中有一个人接受采访时被问到如何才能赚 100 万英镑。他回答说："首先，你必须得到 100 万英镑。"

当人们说通过"做梦、想象"产生了一个想法时，这种表述其实已经十分贴近真相了。想象力与睡梦状态紧密相关。神经科学家查尔斯·利姆（Charles Limb）和艾伦·布朗（Allen Braun）研究了爵士音乐家的大脑，揭示了其在即兴演奏时"前额皮质的活动会出现一种分离模式"。他们还发现，这种分离模式在演奏记忆中的旋律时并不存在。他们说，这类分离模式十分类似于人在快速眼动睡眠期（REM sleep）的大脑表现。做梦的特征是注意力无法集中、联想毫无计划或者毫不合理，以及明显的思维失控。当学生在教室里表现出这种行为时，教师称其有注意力缺陷或多动症；而当音乐家展示出这种行为时，我们称他们为即兴创作的天才。

并不是梦来造访我们，而是我们在无意识的时候积极地创造了梦，这种创造方式与我们在清醒的状态下创造认知这一方式并没有什么不同。梦之所以如此令人着迷，是因为其中不包含逻辑。法语中，做梦的单词是"rêver"，意思是狂欢、陷入疯狂之境。虽然我们在梦中创造的场景看起来非常随机或者奇幻，但其中包含的情感轨迹非常清楚有理。我们无法进行推理，但情绪却能完全投入。

如果我们可以随心所欲地驾驭这种能力，将会怎样？难道这不正是将事实与新的结论联系起来所需的思维飞跃吗？其实我们别无选择。与内燃机在工作时会利用一定程度的爆炸一样，创新也需要一定程度的疯狂，才能不断向前发展。创造性想象力是一种能够驾驭想象，使其朝着目标前进的能力。因此，创新者本质上是实践型梦想家。

令人备受鼓舞的是，科学界研究称，普遍来说，拥有这种能力的人并不需要有多聪明。他们只是掌握了发散思维的“诀窍”。传记作家沃尔特·艾萨克森（Walter Isaacson）曾描述过乔布斯所具有的这种品质：“他聪明吗？其实他并没有格外聪明。然而，他却是个天才。在他的思维中，想象力的飞跃达到了一种近乎本能、出人意料，有时甚至充满魔力的程度。”乔布斯能够在事物之间建立起别人无法观察到的联系，这仅仅是由于其他人往往会被自己已知的信息障目。

为了创新，你必须将重点从已知转移到未知。你需要放下自己的信念，如此一来，你的信念才不会阻碍你对事物产生新的看法。对于大多数人来说，要做到这一点很难。当人们被要求想象出一种新的切面包工具、一种新的网站格式，或者一首新的歌曲旋律时，大多数人只会茫然地说：“怎么可能还有别的样式？”他们可能会回想起以前见过的各式刀具、各种主页格式或听过的各种流行歌曲，但绝不会想到什么新鲜事物，最多只能尝试结合两个或更多现有样式的特征，来提出一个具有混合特征的模型。

为什么会出现这种情况？是什么阻碍了人们发挥想象力？我们能想到的原因只可能是，在如今的世界中，几乎所有的事物都是现成的，使人们逐渐变成了只会在现成想法中进行挑选的群体。人们只想从现成的方案中进行选择，而不会从头开始构建自己的方案，还会对各种方案加以混合利用，却从不相信真正的创造力就蕴藏于自身之中。生产各种产品的公司与人们的行为方式也并无二致。它们从各种现存的最佳实践中进行挑选，以此来简化工作，而不是去开发新的实践方式，即便新的实践方式可能会让它们脱颖而出并不断向前发展。与此同时，人们失去了反复试验、不断试错的耐心，转而接受仿制品、毫无新意的产品，以及拆分重组的产品。人们需要扭转这一趋势。如果不这样做的话，人们最终会滑落到机器人曲线的底端。

原创既不源于事实性知识，也不源于刻意撇开事实性知识的行动。实际上，原创源于让事实性知识插上想象的翅膀。根据知识的深浅程度和想象力的丰富程度，可以将想法划分为四种类型：

1. 从同一领域的现有想法中得出的想法；
2. 从不同领域的现有想法中得出的想法；
3. 对你（创新者）而言的新想法；
4. 对世界而言的新想法。

这几类想法的级别从低到高按升序排列。也就是说，“对世界而言的新想法”是最稀有、最具价值的想法。原创学习之路始于最低级别的原创形式，随着时间的流逝而不断向更高级的形式进阶。

想象力是一种可再生资源。它不会因使用过度而枯竭，反而会随着不断练习而更加充沛。**当你学习想象的技巧，不断练习将你的思维从线性思维和逻辑思维中剥离时，你的大脑将会成为各种惊艳的原创想法的源泉。**一位客户曾经问建筑师马克·柯克哈特（Mark Kirkhart），他是如何做到在一栋建筑中构思出如此之多的新概念的。柯克哈特回答说：“因为我拥有我甚至还未想到的想法。”

就像所有的魔术一样，想象离不开练习。练习之路上没有捷径，有的只是注

原创是想象力
和知识的结晶。

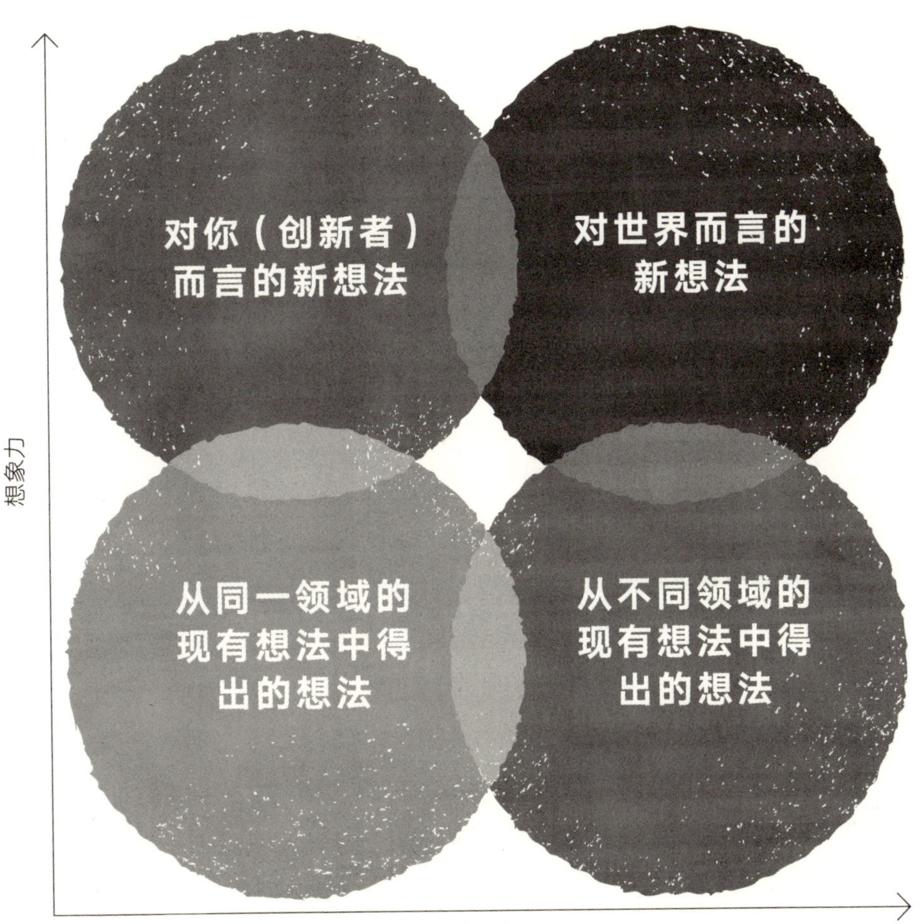

意力不集中和其他种种思维陷阱。在接下来的内容中，我将带各位走进想象力这门从未开设过的学科，正是这一学科使创新者能够实现想象力的飞跃。

## 答案形状的孔

创新者面对的最大危险在于“陷入知识的沼泽之中”。知识对创造力能够产生强大的影响力。虽然知识能够使我们产生对世界而言的新想法，但它同样能够使我们误认为机会渺茫。当我们为某个问题感到困扰，或者急于解决某个问题时，大脑倾向于选择“众所周知”的现成解决方案。思维一旦以解决问题为目标，就极其容易受到事实的吸引。但是，由于世界瞬息万变，每一次新挑战都为我们的理解带来新的要求，因此，我们今天所掌握的事实，可能并不是明天需要掌握的事实。

柯南·道尔以其笔下的人物福尔摩斯的声音传达了类似的观点：“在掌握事实数据之前就妄下结论，这是个极大的错误。这会导致人们在不知不觉中去扭曲事实以适应自己的结论，而不是改变自己的结论以适应事实。”为了避免妄下结论，我们需要先在大体上把握解决方案的具体形式，然后才能开始着手解决问题。获得问题答案的过程分为三个步骤：

1. 发现“事实”；
2. 想象“可能性”；
3. 描述成功的关键特征。

让我们来依次探讨这三个步骤。

**1.“事实”，即针对问题的一系列已知事实。**例如，为什么会出现问题？它有哪些历史？关于该问题，有哪些传统观点？过去是如何解决类似问题的？在其他领域和文化中，又是如何解决类似问题的？问题在现实中受到哪些限制？

限制是由问题的主题或背景所带来的约束。限制可能与预算、时间、人力、物质条件、习惯、惯例或人类的恐惧等因素有关。它们将问题缩小至你能够关注的范围，将你束缚住，而你却不断地想要挣脱出去。但是，如果不受限制，解决方案往往会变得累赘笨拙、缺乏重点且毫无想象力。创新者讨厌没有限制的挑战，因为这既浪费精力，也不会带来任何灵感。而有限制的挑战不仅能够提供起点，还能让人充满激情。

1854 年，路易斯·巴斯德（Louis Pasteur，法国著名微生物学家、化学家）在里尔大学（University of Lille）做了一次非常著名的演讲，他在演讲中说："在观察领域内，机遇垂青于有准备的头脑。"人们经常用这句话来支持"勤奋胜过天赋"的观点，同时它还表明，你越了解事实及其制约因素，解决问题的机会也就越大。

**2."可能性"。**事实和限制是成功解决问题的必要但非充分条件。想要拥有更多可能性，还需要想象力。美国专利制度将"创新"定义为"实用、新颖和非显而易见"，这意味着你不能采用显而易见的方法。要想做到这点，有一个途径就是提出更深层次的问题。

例如，假设你是一家大型企业市场部门的负责人。市场总监或者首席执行官可能会要求你提高企业的广告质量，以此来解决企业收入下降的问题。你可以将重点放在如何提升现有广告的质量上，比如采用更加有力的广告标语、更优质的产品照片，以及进行更精准的目标受众定位等；或者，你可以进一步去思考广告的整体策略、深究策略背后包含的基本概念；你还可以更进一步，去质疑提升企业的广告质量是否是解决企业收入下降的最佳选择。或许真正的问题出在产品定位上，企业需要改变品牌策略、打败竞争对手，才能真正扭转收入下降的趋势。在此基础上，你可以继续深究，如果产品线随着时间的推移而逐渐变得同质化，那么重新进行产品定位能否改变这一局面。又或者，问题的根源可能出自企业本身，或许是由于商业模式过时、员工毫无激情等因素阻碍了企业的继续发展。随着问题的不断深入，答案的规模也会越来越大。

爱迪生在发明电灯泡时，并没有从“应该发明何种替代性光源”的层面来设定问题的框架，而是将框架设定为“如何才能使用电变得极其便宜，让普通人都能用上电，而只有富人才会想到去点蜡烛照明”。虽然从过于宏观的层面上思考问题，会让你获得过多的可能性选择，但是将一个看似荒诞的想法不断打磨成具有可行性的想法，远比将一个无用的想法变得有用要容易得多。善于解决问题的人往往都是“目标远大”的人。把目标对准太阳的人，至少会射中老鹰。

**3. 成功的关键特征。**如何将可能性选择变为具有可行性的想法，答案在于同时考虑“功能可供性”[①] 与“需求”。功能可供性是限制的对立面，包含各种主题、方法、工具或挑战所固有的可能性。例如，一部介绍早期电影的影片，可能会是像《艺术家》（*The Artist*）那样的一部无声电影；专为印度贫困人口设计的汽车，可能车型很小，比如塔塔汽车公司（Tata Motors）生产的小型汽车；一个经验丰富但产品线日益同质化的老牌公司，可能会转型为咨询公司，比如 IBM。

想要达成目标或解决方案，还需要考虑“需求”。我曾经聘请了两位年轻的建筑师，来帮我设计新的办公空间。当时我的公司是一家初创公司，因此用于设计和建造的预算很少。然而，我需要一个既能给客户留下难忘印象，又能让员工

① 事物或环境为人类和动物的行为提供的一种可能性。——译者注

友好相处、高效办公的“商谈 + 工作”环境。因此，具体的需求标准包括预算（少）、理想的风格（令人惊叹）、可容纳的员工人数（15 人）、办公空间的样式（半开放式），以及在各个有必要的地方安装电源插座。

两位建筑师在提供的方案中，几乎将全部预算花在了一个元素上——一面超大的半透明曲面墙，墙体由波纹塑料制成，墙体内安装了足够整个办公环境使用的照明设备和电源插座。巨大的公司标志在墙上发着光，将前台接待区笼罩在一片柔和的光线之中。只凭这一简单但又极具灵感的解决方案，不仅成功地体现了我们新公司的特征，还将客户的商谈空间与员工的工作空间区分开来，为整个办公空间提供了足够的供电设备，并且让来访的客户都赞叹不已。当我问这两位建筑师，他们是如何构思出如此令人惊叹的解决方案时，他们相视而笑，异口同声地回答说：“因为我们有才。”

需求的原理可以应用于许多问题。操作起来非常简单，写出愿望清单即可。你可以向自己提问：“如果________的话，是不是很棒？”然后填写你内心的答案。列完清单之后，圈出你认为会带来最佳结果的愿望选项。这些选项将组成一个集合，并逐渐向目标或解决方案靠拢。当最终的方案逐渐明晰时，它会像拼图的最后一块那样恰到好处地显现。

## 延迟满足，创新是渐进的过程

待在问题的框架内并不舒适。框架中充满了令人感到紧张、困惑、危险和疑虑的事物，充满了各种未解决的冲突，是名副其实的“龙潭虎穴”。一方面，你了解问题的“事实”背景或者普遍的解决方案；另一方面，你又能够预见问题的“可能性”，或者与众不同的解决方案。这两者之间存在着一场较量。因此，大多数人在进入这个龙潭虎穴之后，都渴望尽快做出决定，然后离开。但是，富有创造力的人知道，他们必须留在这个龙潭虎穴之中，因为这里是创意的发源地。

“事实”与“可能性”之间存在的紧张态势，能够产生思维上的火花，并且只有当我们插上想象力的翅膀时，才能真正闪现出火花。如果你想也不想就快速做出决定，那么你的思维就不会产生任何火花。但如果你让这种紧张态势长时间保持开放，想法和灵感就会源源不断地涌现出来。

假设你是一名以种植并出售番茄为生的农民。一方面，由于存在商业竞争压力，你需要使用更多的农药和化学肥料来提高产量和控制成本。另一方面，你不仅面临着来自环保组织日益高涨的批评声，同时，客户也要求你采用有机耕作方式。最快的解决方法是二选一，要么选择大型商业化耕种方式，要么选择小型有机耕种方式。但是，这两者都不是很好的解决方案。因为市场对低价的需求将继续下去，而人们对有机产品的需求也将不断增长。只有停留在框架形成的龙潭虎穴之中，才有可能想出上述两种方案之外的第三种方案。

你可能会问，怎样才能想出第三种方案呢？答案是通过学习接受悖论。悖论是指同一命题中隐含着两个对立的结论，而这两个结论都能表达某个真理。梭罗曾说“最快的旅人都是步行者”，这句话似乎是矛盾的。众所周知，步行绝非速度最快的出行方式，但是这个悖论包含一种观点：以简单的方式行事，反而能够获得更大的进步，或者说历经艰辛往往能够让人更快速地成长。通过将问题表述为悖论，能够使你拓宽思维，去寻找新的答案。

物理学家尼尔斯·玻尔发现，通过同时思考两个对立的想法，他的想象力就会跃升到更高的水平。在某些情况下，比如在理解电子的问题时，他所想到的悖论实际上就是答案。如今，“互补性原理”（Complementarity）已经是量子理论的基本原理，它说明电子既具有波动性又具有粒子性，但我们无法同时观测到两种

问题的框架会形成
“龙潭虎穴”。

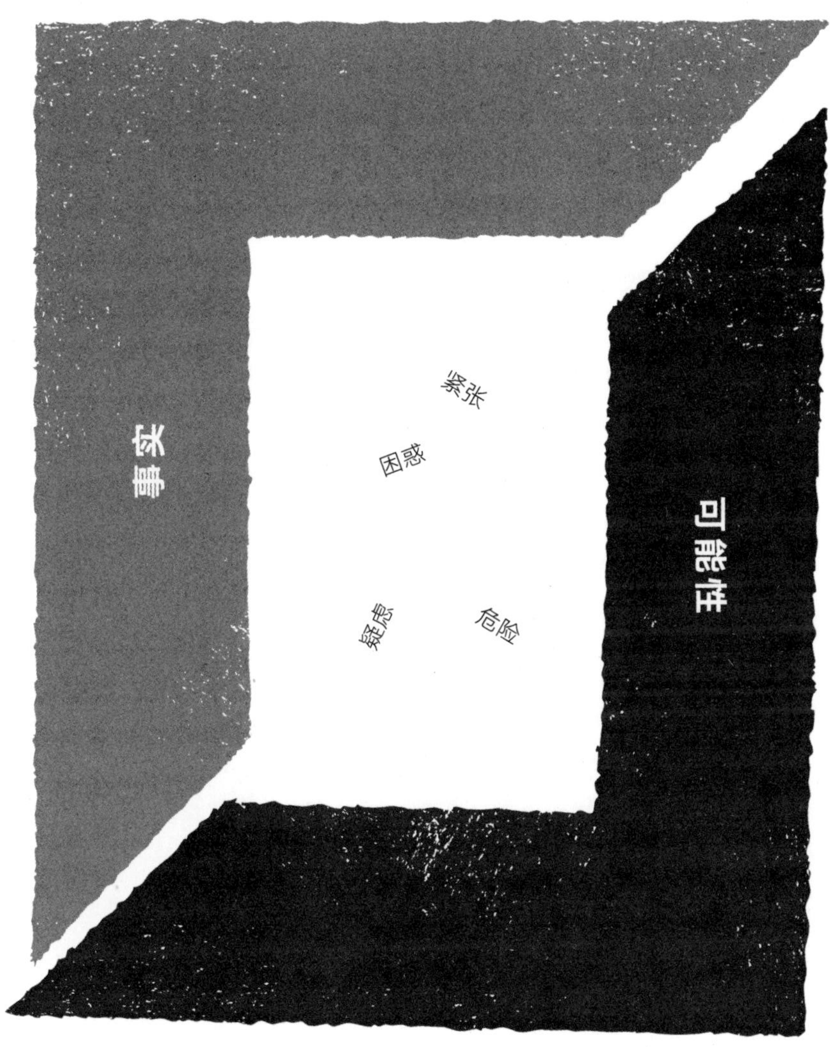

性质。虽然这听起来与我们对现实的认知相悖，但事实就是如此。

天才的特质之一是能够高度容忍事物的“不确定性”。通常来说，要做到这点非常困难，因为寻求确定的结论是人的天性。不知道正确答案所带来的认知失调，会使我们感到不舒服。因此，不喜欢悖论的大脑往往会不管正确与否就急于下结论，以尽快结束不确定状态。而充分发挥想象力的秘诀，在于使问题尽可能长时间地处于不确定状态。

“假说”作为一种科学研究工具，指的是可检验的推测，其科学性低于艺术性。假说更像是雕刻家手中的初步模型，或者画家笔下的初始草图，而不是科学家们所提出的可证明的真理。画家在创作新作品时，需要做到不怕画出糟糕的作品，并接受作画时的不确定性。“艺术需要经历酝酿，经历无序状态，经历难看和扭曲，才能最终显现。”《唤醒创作力》（*The Artist's Way*）① 的作者朱莉娅·卡梅伦（Julia Cameron）说，“然而，我们的自我会厌恶这一事实。它希望获得即时的满足和确定性的胜利。” **无论是在艺术领域还是在科学领域，想要获得创造性思维，就必须在尝试不同方法时延迟满足。**

我们无法预先证实新的想法。这句话看似一句赘述，似乎在说“新想法是新的”。然而，这种观点在我们所接受的教育中是缺失的，我们只学会了如何使用逻辑来思考问题，如何用演绎和归纳两种方式来进行推理，这两种推理方式由古希腊人发明，其中极少涉及想象力的使用。“演绎法”（Deduction）指从一般规则中得出特定结论的论证逻辑。“归纳法”（Induction）是一种有根据的猜测，指

① 这本书汇集了美国公认的“创作教母”卡梅伦 20 多年的切身体验，揭开了发掘和修复创造性自我的真谛，提出了能帮助广告人、编剧、作家等打通创作瓶颈，获得持久创作力解决方案，其中文简体字版已由湛庐策划，浙江人民出版社 2018 年出版。——编者注

从特殊具体的事例中推导出一般原理的逻辑。虽然这两种方法都能够帮助我们判断假设的真伪，但它们不适用于提出新的假设。因此，我们需要第三种思维方式——以非线性的方式思考事物的“可能性”，即“不明推论”（Abduction）。

如果当代著名解构主义建筑师弗兰克·盖里（Frank Gehry）在设计时以逻辑推理作为落脚点，那么他永远也不可能设计出毕尔巴鄂古根海姆博物馆（Bilbao's Guggenheim Museum）那种富于变幻、流光闪耀的建筑形式。他可能还是会设计出一座令毕尔巴鄂引以为傲的漂亮建筑，但游客们不会将这座博物馆看作旅游胜地。为了逃避逻辑陷阱，他首先利用自己的想象力、情感和动作本能来绘制出形状。毫无疑问，这些形状草图大多数都是“难看和扭曲的”，但神秘而又令人满意的形状逐渐开始浮现出来——一幢高度艺术化的宏伟建筑诞生了，它造型弯曲，形似帆船。盖里将这一创作阶段称为“捕捉梦想”。这种创作不是逻辑推理的结果，而是源于非线性思维方式，源于一种避免陷入思维定式的意识。

寻求创新是一个渐进的过程，从最显而易见的想法开始，然后不断尝试向前发展。真正的创新者深知，最初的想法极少会是最佳想法。因此，他们会强迫自己不断向上攀登，直到抵达别人未曾到过的地方。在一些创意圈里，这种思维方式被称为“第三牧场思维”。如果将一群马放进某片牧场，即便该牧场的草已经遭受过其他动物的踩踏和啃食，大多数的马还是会满足于在这片牧场上吃草。但是，有一部分的马会跑去另一片草皮稍微新鲜一些的牧场。而只有极少数的马会径直跑到第三片牧场，去吃未经其他动物啃食过的新鲜草皮。

《纽约客》杂志举办过邀请读者给新出的漫画填写文字说明的比赛，广受人们的欢迎。编辑发现，大约有20%的参赛者为漫画填写的文字说明出现了雷同的情况。很少人会跳出简单的逻辑框架，填写出既简洁又令人惊讶的文字说明。

那 20% 的人只抵达了第二牧场，他们可能从未意识到继续往上走的话，还会有更新颖的想法。

创新发明的正确方式并非依靠逻辑，而是凭借畅想。创造性思维始于以“我想”“我希望”和“如果”之类的短语开头的想法。它从未知开始，然后不断曲折蜿蜒地缓慢行进、深入问题，直至发现意外的收获或者未曾尝试过的方法。然后，再将得到的发现——所谓的“想法的萌芽”不断地打磨、拉扯、扭曲，直到它看起来像某种成型的新兴事物。只有接受过现实世界的证实，人们才会将新想法视为知识。那么，如何使新想法接受现实世界的考验呢？自然是要通过创新者自始至终的坚持。

## 让逆向思维发挥作用的 7 条建议

1985 年，当我采访苹果公司的联合创始人乔布斯时，他年仅 30 岁。当时，我是一家设计期刊的兼职编辑，那次采访将做成两期杂志的封面故事。我也迫不及待地想见到这位成功推出 Mac 电脑的人。

然而，采访从一开始就不太顺利。我们起了争执，我甚至不知道是如何而起的，因为我唯一的任务就是向他提出问题，然后在袖珍型录音机里录下他的回答。或许就跟将两个磁体的负极放在一起时发生的情况类似，会相互排斥。时至今日，当我回忆起那次采访时，仍会感到不舒服。

我：桌上的这台设备是什么？

乔布斯：是一台新型激光打印机，叫 LaserWriter。你可以用它打印屏幕上的任何内容。

我：真的吗？太厉害了！

乔布斯：没什么大不了的。这些设备只是我们从另外一家公司买来的。

我：我看到它上面有苹果公司标志，而且这标志看起来有些不同，是新设计的吗？

乔布斯：是的，我们已经更新了公司标志。

我：你是指在印刷风格上做了变动吗？

乔布斯：不，我是指在象征符号上做了变动。logo一词源自拉丁文，就是符号的意思。

我：其实，logo 源自希腊语，是字词的意思。我以为苹果标志的字体也做了变动。

乔布斯：你错了。logo是符号的意思。是源自拉丁文，不是希腊语。

我：好吧。

乔布斯：我喜欢我们公司的标志，它独一无二。

我：嗯，我以为那是以一种诙谐的方式向苹果唱片公司（Apple Records）致敬。

乔布斯：这话说得好荒唐。

我：那并不是一个独一无二的标志。大约在 8 年前，我为一家教育公司设计了一个类似的商标，也是一个被咬掉一口的苹果。（我刚好有一份收录了该设计的获奖作品年册，于是向他展示了一下。随后，我们之间出现了短暂的沉默。）

乔布斯：我们的设计更好。

我：你能告诉我是谁设计的吗？

乔布斯：我不知道。

我：嗯，我想也没有太大必要知道是谁设计的。

乔布斯：还有其他问题吗？

我：应该没有了。

乔布斯：那采访就此结束吧。

在开车回家的路上，我感觉很不舒服。我刚刚独自采访了当年的风云人物，却只是和他吵了一架。

我妻子好心提出帮我将录音带上的采访内容写下来，其中还包括我对其他几位苹果公司高管的采访。当她听到最后一段采访的录音时，气得把耳机扔到了地上。她问："这段是在采访谁？"

"应该是史蒂夫·乔布斯。"我说。

"他怎么这么令人讨厌。"妻子评论道。

苹果公司的董事会成员也有同感。因为3个星期后，董事会将乔布斯逐出了他亲手创办的公司。在随后短短的12年间，苹果公司的市值缩水到约40亿美元。当时惠普公司的市值约为620亿美元，苹果公司的市值仅相当于其一小部分，而乔布斯正是在此时回到了苹果公司。在他的强势领导下，仅仅用了12年的时间，苹果公司的市值就飙升至1 840亿美元，甚至超过了惠普公司和戴尔公司的总和。至2011年乔布斯去世时，苹果公司已经成为全球最有价值的公司。

是什么让乔布斯获得如此巨大的成功？是他无懈可击的设计感吗？他的远见卓识？他的佛教倾向？他的素食主义倾向？他所坚持的20世纪60年代的理想主义？他对养父母的敬爱之情？是他相信自己活着就是为了"改变世界"？

大概各种原因都起了作用。还有一个原因，从上面的对话中也很容易看出来：他是个典型的叛逆者。如果你说天空是蓝色的，他会说天空广阔。如果你说商标中使用的颜色不能超过3种，他会给出6种颜色的商标设计。作为设计师，他需要花很长时间才能赏识别人想法中的潜力。然而，只要他沉下心推敲打磨一番，就能将其变成独一无二的想法。

**富有创造力的头脑，其关键特征在于保持高度质疑的态度。**爱因斯坦和毕加索是极其顽固的怀疑主义者。爱因斯坦的物理学教授曾经对他说："你非常聪明，但是有一个很大的缺点。你从不听信任何人的话。”同样，毕加索的石版画合作伙伴费尔南德·穆洛（Fernand Mourlot）也曾说：“毕加索会观察并听取你向他展示的事物，然后做出完全相反的决定。”在科学和艺术以及其他领域，创新本身就是一种反叛行为。如果你想要脱颖而出，就必须拒绝平庸、拒绝与人保持一致。

因此，我们面临的挑战是如何在与你所依赖的人保持良好关系的情况下，让逆势思维发挥作用。对此，我有几点建议。

**1. 学会识别判断。**学会倾听有关二阶现实（即关于意义而非事实）的权威性声明，然后去大胆质疑。“这是谁说的？”这句发问就是一个不错的起点。你还可以用“那又怎样？”或者“为什么不呢？”来发问。无须无礼，但需要保持好奇心。

**2. 敢于犯错。**如果你推翻一个或者多个假设，将会出现什么样的答案？如果你的决定与其他人完全相反，将会发生什么？有句话说：“如果你只思考已经思考过的问题，只能得到你已经得到过的答案。”一些团体和组织极其看重以正确的方式行事，不容许任何犯错的余地，一点点犯错的机会也不给。这类团体或组织是“传染性复制行为”的重灾区。

**3. 留在龙潭虎穴之中。**尽可能使不同的想法长时间在大脑中对峙，不要急于下结论、找出确切的答案。许多管理者和商业领袖常常认为他们必须掌握所有问题的答案。这种观点不仅会导致失败，而且还会损害信誉。真正的创新者沉迷于未知状态，他们喜欢未解的难题。正如商业顾问戴维·贝克（David Baker）所说：“企业家就是面对一个空的游泳池纵身跃下，并在下落过程中发明出池水的人。”

**4. 逆向而行，不要遵守规则。**如果你的目标是创新，那么切勿与当前的实践做法保持一致。如果世界以恒定不变的方式运转，因循守旧当然能够带来不错的效果。但是，实际上世界是处于不断变化之中的。旧的规则可能会对你有所帮助，但有些规则只不过是前人所受的教训，对你的借鉴意义比较有限。

**5. 不要等待研究出结果之后才行动。**虽然在没有掌握事实的情况下采取行动，就好比在没有前照灯的情况下开车，但是，并没有法律规定说所有行动都必须在有研究支持的情况下才能开展。有时候，最佳方式是在实践中不断摸索出答案，然后不断将实际情况与你所拥有的特定假设进行对比。

**6. 颠覆自己。**当《大西洋》月刊社发现自己所在的印刷杂志行业陷入了垂死边缘时，它的做法是假装有一家由风投资助的硅谷初创公司，以破坏整个印刷杂志行业来击败《大西洋》为使命，向其发出猛攻。由此带来的危机感让这本杂志得以浴火重生。你要做的也是如此。乔布斯就曾坦率地说："如果你不颠覆你自己，别人就会来颠覆你。"

**7. 保证质量。**20 世纪，人们对数量的重视超过对于质量的重视。但是，在 21 世纪，我们需要扭转这一趋势。系统思想家德内拉·梅多斯曾说："让你自己成为一名质检员。做一个人形盖革计数器，随时随地检测质量是否过关。如果事物形态丑陋，直说出来。如果事物庸俗不妥、比例失调、不具有可持续性、在道德上有辱人格、对生态有害或者贬低人性，那就将其视为质量不合格。"

如上所述，这是 7 条能够帮助你进行逆势思考的技巧，你无须表现得横行霸道、专制武断或者充满戾气。创新者常常会由于自视甚高而招人讨厌。但是，如果没有研究者的勃勃野心、没有艺术家的宏伟设计、没有企业家的大胆运筹，又会有多少发明、杰作和颠覆市场的创新事物出现呢？

苹果公司卷土重来时，广告词中是这样说的："致那些疯狂者，他们讨厌墨守成规，鄙视安于现状。你可以引用他们所说的话，反对他们的观点，夸赞或诋毁他们，但唯有一件事你做不到——忽略他们。因为正是那些疯狂到认为自己能改变世界的人，在改变着世界。"

## 游戏本能，触发创新思维的10大策略

你是如何想象不存在的事物的？如何才能获得领悟和灵感？为什么有些人比其他人更富有创造力？并不是因为这些人工作更加勤奋，而是因为他们采用的方式不同。想象力源自坚持不懈并乐在其中，源自在拒绝现存答案的同时，享受寻找答案的乐趣。

在工业时代，人们不喜欢游戏。获得乐趣需要花费时间，而时间是不可再生资源。企业需要管理时间、度量时间，以及利用时间来创造最大价值。它们会按小时、按天数、按年向员工支付薪酬。而员工则按他们在固定时间内完成的产品件数拿到报酬，或者按其预定的岗位履行相应职责来获得报酬。员工不会因为自己提出的新想法或者对工作的热情而获得报酬。时间就是金钱，金钱就是时间。

1307年，时钟传到了欧洲，不到一个世纪，整个欧洲大陆的人们都普遍使用了起来。通过使用时钟，人们可以就运送货物的具体时间达成协议，可以确定面包的烘焙时间，预估砌墙的完工时间。时钟为复杂的银行业务、运输、批量生产以及最终计算机的出现，铺平了道路。时钟给各种商业带来了精确的时间长度。但是，这也使人们开始过于强调数量而非质量。

古希腊人认为存在着两种时间：一种是客观时间，称为"chronos"；另一种

是主观时间，称为“kairos”。我们可以通过太阳、月亮或者季节来测量客观时间。然而，我们无法衡量主观时间，只能通过一个人的经验来判断。每个人的主观时间都不同，但所有人的客观时间都相同。如今，我们用“优质时光”来描述一段足以令我们忘却时间流逝的美好生活经历。我们发现，一旦开始测量或者限定“优质时光”的长度，这段时光一下子就会变得索然无味。

回想一下你童年时代的某一天，那时你可能沉浸在游戏之中，甚至忘了时间的流逝。时间一分一秒地过去了，而你的注意力完完全全地集中在一些有趣的事情上，丝毫没有顾及时间。随着年龄的增长，玩乐的本能开始变弱。社会要求人们更多地关注客观时间，例如，你需要遵守最后期限、协议条款以及社交礼节等所规定的时间限制。直到最后，玩乐逐渐与没有生产力画上了等号，而没有生产力就意味着一段毫无商业价值的时间。

然而，沉浸于优质时光，才是最能激发想象力的状态。你无法确定是否一定能在 30 分钟内产生灵感，或者在 3 点 15 分之前产生新的想法。但是，你可以决定忘记时间限制，将注意力集中于挑战。这种情况下，你很有可能会在 3 点 15 分之前产生一个想法，甚至接连产生五个想法。发挥想象力需要花时间，然而越是急于求成，反而越难以获得灵感。这是商业世界和创造力世界之间的主要冲突。它们既需要彼此，但又似乎无法互相理解。因为它们在两种不同的时间里运作。

根据我的经验，想要解决这一难题，需要让商业“实干家”和富有创造力的“梦想家”协同合作，将注意力放在目标上，而非最后期限上。统一的目标能够使双方达成共识，从而将两种工作风格结合在一起。专注于目标、抛却时间期限，尽快沉浸到玩乐时光中去。你将会发现，抛却了时间限制之后，想法如泉涌般不断出现，想法产生的速度远比需要按时完成任务的紧张状态时要快得多。但是，如果你等到最后一刻才开始，游戏时间所剩无几，就会发现脑中只有最开始想到的那个想法。而此时，你将无法再沉浸于优质时间，只能获得一个平庸的想法。

如果你能撬开那些平庸公司的屋顶，朝里看看，会看到一群肾上腺素成瘾的人，他们试图在一个又一个截止日期前完成相应的工作，像打了鸡血似的不断完成任务，却没有时间在处理任务之前思考一番。完成任务确实能够给人带来短暂的满足感，但创新的要求更高，它需要我们在龙潭虎穴之中待足够长的时间。

但是，你应该在龙潭虎穴之中做些什么？创造性游戏拥有哪些规则？如何才能知道自己胜券在握？数量在这里发挥着关键的作用。**最富有创造力的思想家，通常是最多产的思想家，因为创新和进化一样，也取决于多样性。**实际上，甚至可以说，创新就是有意的进化。你拥有的想法越多，两个想法结合起来形成一个有用想法的概率也就越大。用创意理论的话来说，就是你的创意思维十分流畅。当想法如泉涌而出时，机会就会频频叩门。

在伦敦的海格特公墓（Highgate Cemetery）中，一座座墓穴坐落在蜿蜒曲折的小径两旁，它们似乎在沉默中比较哪位墓穴主人死后更有派头，而有一块墓碑与周围的风格形成了鲜明对比。这是一块小小的灰色墓碑，被平放在道路旁边。墓碑的主人是历史学家雅各布·布罗诺夫斯基（Jacob Bronowski）。布罗诺夫斯基是美国公共电视网（PBS）早期纪录片系列《人类的攀升》（*The Ascent of Man*）的讲述者。在屏幕上，他说话缓慢，发字母R音的时候还会有些不顺畅。但是每当他发表精彩的见解时，镜头中就会出现他熠熠生辉的脸庞。他说：“天才是有着两个伟大想法的人。”他的意思是，创新通常来源于将之前未曾产生过联系的两个想法联系起来。这可能是两个人们从未放在一起考虑过的想法，或者是两个人们以前认为相互冲突的想法，又或者是一个旧想法和一个新想法。爱因斯坦将此过程称为“组合游戏”。

虽说“太阳底下无新事”，但我们仍然可以随心所欲地将旧事物以新的方式组合起来。一个名为“建立联系”的展览上，展出了20世纪中期的设计师查尔斯和蕾·埃姆斯（Charles and Ray Eames）夫妇以及拉尔夫·卡普兰（Ralph Caplan）对组合游戏的热爱。他们在木材和钢材等不同材料之间、在物理和绘画等不同学科之间、在建筑师和数学家或者诗人和企业高管之间建立联系，取得了令人惊艳的设计效果。事物之间的连接点“是墙壁上的裂缝，使设计师得以在无人注意时悄悄越过限制”。

神经科学的最新研究发现，同样证实了建立联系的重要性。当两个旧想法突然重叠时，大脑就会产生新想法。随后，皮层细胞开始建立新的联系，并将这一联系纳入新的神经网络。一旦产生了新的领悟和灵感，前额皮质就会对其进行命名并纳入记忆。但是真正的天才并不是说就擅长进行有趣的组合，而是擅长通过运用美学原理将伟大的想法从疯狂的想法中分离出来。因为某些联系比其他联系更加合适。

当然，对于流畅性、多样性以及丰富的想象力而言，总是说起来容易做起来难。你应该如何开始呢？选择标准又是什么？可组合的想法又从何而来？

可喜的是，我们能够通过学习掌握相应的技巧。虽然有些人可能拥有与生俱来的优秀想象力，但所有人都可以通过认真练习，来提高自己的想象技能。下面我将介绍10种能够带来新想法的策略。

**1. 用隐喻思考。**隐喻是在两个不相关的事物之间进行比较的一种方式。例如，有一句话说“世界是一个舞台”。世界当然不是一个舞台，但从某种程度来说，它像是一个舞台。如果是莎士比亚，他更有可能采用明喻而非隐喻——“世界就像一个舞台”。这两句话的意思相同，但是效果却不一样。“世界是一个舞台”能够使人产生新的想法，感觉“每个人都在表演着属于自己的角色”。

通过隐喻来思考问题，会将思维从字面意义转移到抽象层面，从而使你能够在不同的层面上自由思考。从字面意义来说，玫瑰就是玫瑰，但如果从隐喻层面上来看，玫瑰可能是年轻女子美好的脸颊、诱人的陷阱或者暴风雨来临前早晨的天空。如果你有一家鞋店，目标顾客是活力四射的女孩们，而你需要为鞋店取名，那就可以取名为“活力四射的鞋”。或者，你可以用隐喻来思考，离开第一个牧场。比如，或许这些面向活泼女孩的鞋子就像《红菱艳》(*The Red Shoes*)中的芭蕾舞鞋，或者像20世纪60年代充满活力的流行歌曲那样，又或者……嘿，等等！不如就叫这家店“鞋舞”(Shubop)，怎么样？

**2. 用图像思考。**很多人认为爱因斯坦是一个善用逻辑思维、左脑发达的思想家，但实际上恰恰相反。在面对难题时，比起使用数学或语言来思考，他更愿意利用图像和空间关系来思考。这是因为视觉思维能够使我们更加清楚地认识到问题的本质，从而得出用语言思维无法得出的精简结论。

视觉思维不仅适用于平面设计师、艺术家和插画家，同样适用于任何人，只要你能够绘制一些简笔画、箭头和对话框。不妨读一读由丹·罗姆(Dan Roam)所写的《餐巾纸的背面》(*The Back of the Napkin*)，从中学些有用的技巧。在掌握了这些技巧之后，你或许会认为，其实大家都应该像爱因斯坦一样用这种方式来思考。

**3. 从另一个地方开始。**大脑会建立起经验模式，形成一种思维定式，从而令你很难以新的方式进行思考。想要避免思维定式的最佳方法并不是越过障碍，而是绕开它，从另一个地方开始，从你认为没有任何意义的地方开始，甚至从你认为最不妥的地方开始。

举个例子，你的任务是使交战国之间展开谈判，并签订和平条约。到目前为止，任何道理都不能说服双方，让双方放下武器、和平共处。你当然可以尝试向双方讲更多更在理的道理，或者直接发出严厉干预的威胁，但是这些举措可能会导致事态进一步恶化。

因此，你决定从另一个地方开始。如何开启一次最糟糕的谈判？不如建议两位领导人立即宣布全面开战，怎么样？显然，这个想法太疯狂了，但至少，它和其他想法不同。如果你选择提出这一建议，只是为了向双方指出战争的荒谬性呢？然后，当双方都拒绝了这个提议时，你就可以顺势提出一个缓和一些的解决方案：掰手腕，赢家做主。不行吗？那这个怎么样？掰手腕，输家买酒。现在，似乎就会有点进展了。至少双方都必须有些人情味，才算是取得了一些进展，媒体也能借此机会拍张像样的照片了。

掰手腕的媒体照片可能无法成为最终的解决方案，但你能从中看出，想要采用标准谈判方式取得理想效果有多困难。接下来，你可以想一想还有哪些显示双方相处融洽的媒体照片能够用作谈判时的背景，并按这种方式不断取得新的进展。从最不妥的想法不断推进到可行的想法，就能够避免受困于旧的思维模式。

**4. 从其他领域窃取想法。**伏尔泰说："原创不过是明智审慎的模仿。"还有什么方式比从其他领域窃取想法更明智呢？虽然窃取想法与纯粹依靠想象力来思考并不相同，但是，想要将适用于某个行业或学科的想法应用到另外一个行业或学科中去，同样需要让思维插上想象的翅膀。

古登堡通过观察葡萄榨汁酿酒机的机械原理，发明了铅活字印刷机。这一思维上的联系大大推动了图书行业的发展，同时也没有给酿酒师带来任何损失。

1948 年的一个夏日，业余发明家乔治·德·梅斯特拉尔（George de Mestral）带着他的狗在树林里散步。回到家后，他发现狗和他的裤腿上都粘满了讨厌的毛刺。当他将毛刺放在显微镜下观察时，他看到了毛刺上面细小的钩子，是这些钩子导致毛刺极易粘在毛皮和织物上。结果呢？他发明了魔术贴。

1921 年，14 岁的菲洛·法恩斯沃思（Philo Farnsworth）在给家中的马铃薯农场犁地时，产生了电子电视的想法。来回犁地的模式使他想到了阴极射线管来回扫描的模式。这就是从另一个领域窃取想法的威力！

**5. 安排“相亲”。**上述案例证明在某些领域有着深刻见解的人，受到合适情境的激发后，能够在两种不同的事物之间建立起新的联系。我们同样可以在两个不相关的想法之间强行建立起联系。例如，如果你将银行和网络咖啡厅联系在一起，会得到什么结果？鞋店和慈善机构联系在一起呢？百老汇表演和马戏团表演、胶带和书签联系在一起呢？你会获得比如 ING Direct 银行、TOMS 鞋、太阳马戏团和便利贴等成功的商业模式。

当然，你也可能会获得一些在商界被称为“媚俗”的事物，就像伊卡璐（Clairol）在将酸奶与护发产品相结合之后，推出“酸奶洗发水”一样，或者就像奥姆尼（Omni）在将热播电视剧《真爱如血》（*True Blood*）和碳酸饮料相结合之后，推出了“真爱如血苏打水”一样。一般来说，你的第一个想法并非最佳选择，因为新颖和创新是两回事。

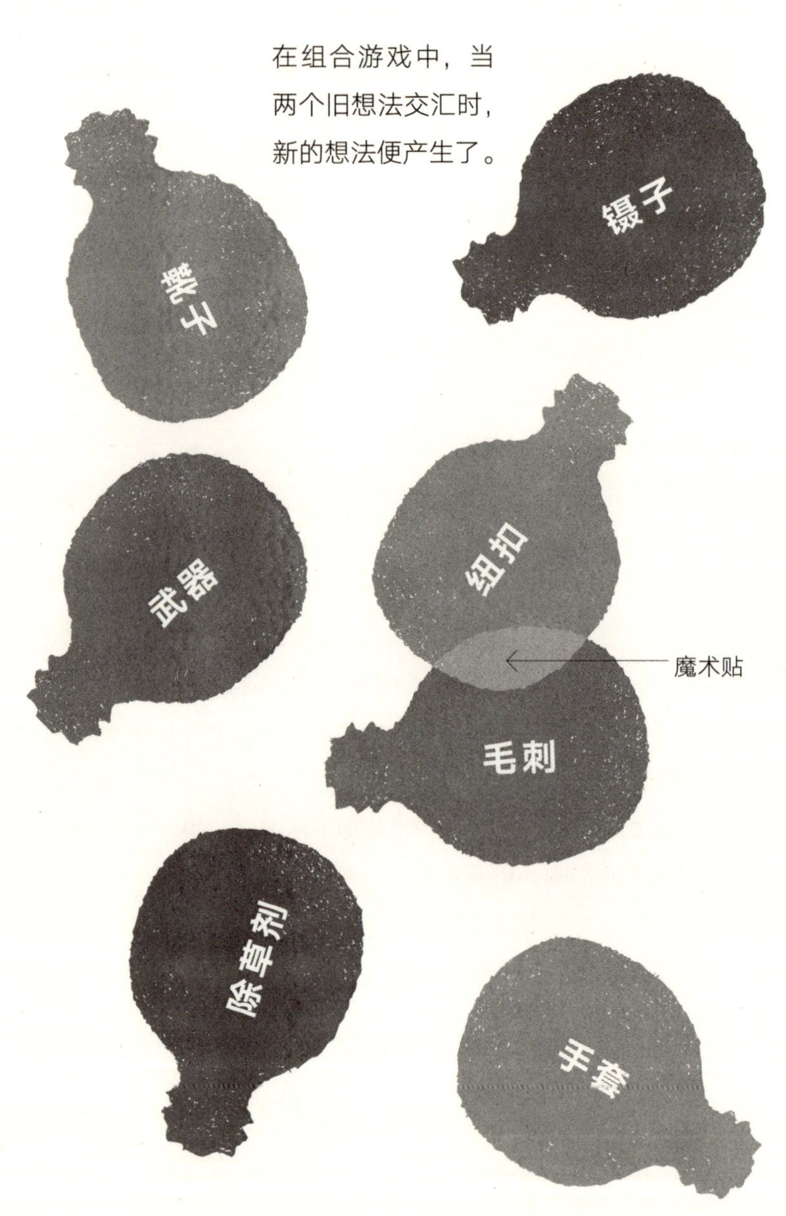
在组合游戏中，当
两个旧想法交汇时，
新的想法便产生了。
靴子
镊子
武器
纽扣
魔术贴
毛刺
除草剂
手套

**6. 反转极性。**虽然反转极性通常不适用于电子设备，但如果将其用在假设上，就能够释放出概念性能量。具体方法如下。

比如，员工们不愿意洗碗，把碗都留在水槽里等别人去洗，而你需要解决这一问题。那么，你可以从列出一些有关该问题的假设开始。

1. 员工不喜欢洗碗。
2. 没有办法区分洗碗池里的碗究竟是谁留下的。
3. 这些碗都是公司的财产。
4. 碗在浸泡后更容易清洗。
5. 很容易造成碗不断堆积起来。

现在，反转假设，看看会发生什么。

1. 员工喜欢洗碗。
2. 很容易区分出洗碗池里的碗是谁留下的。
3. 这些碗都是员工的个人财产。
4. 碗在浸泡之前也很容易清洗。
5. 根本不会造成碗堆积起来。

如何才能实现这些目标呢？如果在洗碗池附近安装一套优质的音响系统，员工们可能会喜欢上洗碗。如果每位员工的碗都印上他们的姓名，便很容易分辨出洗碗池里的碗是谁的。或者规定如果员工使用自己的餐具，就能够享受员工餐厅的各种特权。或者可以安装一个大容量的洗碗机，使员工们觉得把碗放入洗碗机和放入洗碗池没有什么区别。或者可以将洗碗池和餐具柜做得很小，这样一来，员工们自然而然就会将碗放入洗碗机了。当然，你还可以制定强制性的洗碗规则，并使用监控摄像头查看执行情况，但这种做法似乎有些过于严苛。

**7. 找到悖论。**对于一个特定的问题，如果能够描述出主要矛盾，那么问题就已经解决了一半。当设计师米切尔·毛克（Mitchell Mauk）注意到旧金山的雨水渠存在问题时，他带头提出了解决方案。该市一直存在人们将机油和化学药品倒入下水道的问题，而这些有害物质会进一步流入海湾，污染鱼类栖息地。虽然政府在下水道口附近张贴了警告，但并未起到任何作用。

我们可以这样来描述主要矛盾：除非人们去看张贴的警告，否则还是会不停地从排水口格栅板处倾倒有害物质；并且，如果他们忙于倾倒有害物质，那么他们大概率不会去阅读那些警告。然而，毛克另辟蹊径，他提出，排水口格栅板和警告海报是否可以合二为一。以此为切入点，他设计了“鱼形格栅板”，该产品向人们传达了一个非常明确的信息：你倾倒的所有有害物质，最终都会到达鱼的体内。

**8. 打破砂锅问到底。**还有什么类似事物能够激发你的想法？是否有相似的部分可以借鉴一二？如果事物发生了些许改变，会怎样呢？你能够消除掉什么，替换掉什么？这是原因还是结果？如果你对时间限制做出更改，会怎样？你应该站在谁的立场去思考问题？诸如此类的问题数不胜数，但提出这些问题并不会耗费太多时间。

**9. 留心意外。**创意游戏的绝妙之处在于，即便犯错，也不会带来任何后果。你可以随心所欲地漫游奇境。虽然大多数时候，你很难找到你在刻意寻找的想法，但有时反而会找到你没有刻意寻找的想法，而后者可能会更好。

当机修工约翰·海厄特（John Hyatt）寻找其他材质来替代象牙制作台球时，意外地发明了赛璐珞塑料。后来，这种合成塑料被广泛应用于制作电影胶片和数百种其他产品。

当珀西·斯宾塞（Percy Spencer）在做军用雷达相关测试时，发现口袋里的一块糖果棒融化了，他由此形成了微波炉的发明构想。

乔布斯在尝试设计平板电脑时，发现了适用于 iPhone 的一系列强大功能。随后，iPhone 又为 iPad 的顺利推出做了强大铺垫。

物理学家理查德·费曼（Richard Feynman）有一个判断想法是否新颖的简单方式，问问自己是否发现了并没有刻意寻找的事物。如果你只找到了自己刻意寻找的事物，那么你的想法可能并不新颖。

**10. 好记性不如烂笔头。**十几岁的时候，我想成为一名词曲作者。那时，我从不担心自己会忘掉一小段旋律或者一两句歌词。我告诉自己，如果这段词曲真的非常优美动听，那么我肯定还能再次想起来。反过来说，我相信，如果我无法回忆起来，那只能说明那些旋律或者歌词并不是十分出色。这个逻辑有两个缺陷。首先，即便是出色的旋律或者歌词，我也确实会忘记；其次，想法的价值通常在于它们能够进一步触发更好的想法。如果你不捕获它们，就无法在这些想法上面创造新的想法。

凯文·凯利说："想法永远不会是唯一的，它们融合在辅助思想、结果概念、支持概念、基础假设、副作用、逻辑后果以及一系列后续可能性所形成的网络之中。想法总是结伴而行。拥有一个想法，意味着同时拥有无数个想法。"

想法云集当然不错。但我建议，不要试图将这些想法都记在脑子里，而是将它们写下来、录下来。养成做笔记、记日记、随时随地携带速写本或者在白板上一边思考一边大声表达出来的习惯。虽然游戏很有趣，但你的想法同样值得你暂停游戏将其记下来。在多人合作、做协同游戏时，尤其如此。

## 你是“T 型人”还是“X 型人”

个人在专业领域的造诣只有在群体背景下才有意义。谁也无法独自获得成功，即使对于那些工作相对独立的人来说，同样如此。每个人都需要社会、文化、教育、政府和行业提供一个框架，专业领域的造诣才能发挥出重要性，而且人们也能够在这样的框架中不断学习和掌握专业技能。此外，对于越来越多的领域而言，如果没有多元化参与者之间的协同合作，就无法实现任何有意义的成就。

作为一项商业能力，创造性协作不能局限于研发部门。20 世纪的各行各业之所以缺乏创造力，原因之一就是创新与商业战略脱节。一个又小又没有窗户的地下室房间里，有一小群做创新研发的员工，但他们的工作根本无法影响公司的运营。

**在机器人时代，创造性协作需要走出实验室，全方位地将各个学科领域的所有人联系起来**。这种行动必须是领导者倡导和模仿的首要活动，而不是仅在批准战略后才开始的后续活动。

亚历克斯·奥斯本（Alex Osborn）在 1953 年出版的《实用想象学》（*Applied Imagination*）一书中提出了头脑风暴的概念，这本书至今仍值得一读。他建议，头脑风暴小组的人数由 5 到 10 人组成最佳，成员之中应包括老手和新手；小组中至少有 2 名能够积极控制讨论节奏的人，并且从抛出问题的那一刻开始，他们就应该起到激发成员自由讨论的作用。同时，奥斯本还观察到，人数较多的小组更擅长解决宽泛的问题，而人数较少的小组则更擅长解决特定的问题。迄今为止，头脑风暴取得了不错的效果。

奥斯本认为，召开头脑风暴会议的关键，在于营造一种暂时不判断想法优劣的氛围。如果小组成员发现自己会受到批评，那他们很有可能会避免表达或者反复修改想法，以免陷入尴尬的境地。大多数人都认为这一关键原则非常好，因为他们以往的直接经验使他们认识到，如果不这样做，头脑风暴会议很快就会变成批判大会。

奥斯本总是说："想法越疯狂越好。让一个疯狂的想法变得具有可行性，远比让一个毫无新意的想法变得有想象力要容易得多。"奥斯本的头脑风暴游戏规则是：暂停判断想法的优劣；鼓励疯狂的想法；想法越多越好；寻求组合和改进。唯一的问题在于缺乏创新。早期大部分不判断想法优劣的头脑风暴会议虽然很有趣，但收效甚微。

疯狂的想法同样有优劣之分，存在很大的区别。从表面上看，优质的疯狂想法虽然看似疯狂，但仔细研究一番，就会发现它实际上非常绝妙。而劣质的疯狂想法通常除了疯狂之外别无其他。在暂不判断想法优劣的头脑风暴会议中，通常一次会议就能够得出数百个想法，但随后，人们还没来得及将这些想法进行分类，将有用的想法转变为可行的解决方案，往往就已经耗尽了精力。当激发疯狂想法变成一种烦琐而又混乱的练习时，可能会让人感到沮丧。这种鼓励所有想法的头脑风暴会议，我们可以称其为"软式头脑风暴"。

但是，当我们需要在有限的时间内解决关键性任务时，最有效的方法是开展

“硬式头脑风暴”。在此类会议中，要处理的任务很关键，而且时间很短，那么最有效的方法就是进行硬脑力头脑风暴，让经验丰富、势均力敌的参与者将全部注意力集中到需要解决的问题上。

在硬式头脑风暴会议中，参与者不断提出想法、对想法进行优劣判断，这不但不会使人觉得沮丧，反而会产生更多新的想法。因为想法之间会发生碰撞，将思维带入新的领域。参与者们并没有暂停对想法的优劣判断，而是开展了更多更深入的判断。但是，那些都是他们在熟谙一个优质想法在各个阶段有什么样的具体表现的前提下做出的具有创造性的判断。

然而，硬式头脑风暴会议并不总能带来愉悦的体验。人们在发挥想象力的时候可能需要耗费大量精力，脾气也会变得非常暴躁。因此，硬式头脑风暴会议最重要的规则在于，将重点放在“哪个想法最佳”上，而不是“谁的想法最佳”上。当每个参与者都朝着一个共同的目标努力时，大家很快就会忘掉受伤的自尊，转而沉浸在小组成功的喜悦之中。

无论是硬式头脑风暴，还是软式头脑风暴，都存在着矛盾与合作之间必然的张力。合作对于取得结果至关重要，但是如果在探讨问题时没有一定数量的相反观点，那么结果很可能不尽如人意。组织心理学家经研究表明，个人更擅长发散性思维，而群体则更擅长收敛性思维。当群体面对挑战大脑极限的复杂局面时，群体成员往往会陷入从众心理，而不会极力坚持自己的想法。

为了防止这种情况的发生，在制定共同目标时应尽可能大胆，它不应该是普通或者安全的目标。在谈及星巴克的利益相关者所面临的挑战时，霍华德·舒尔茨说：“谁又想要一个触手可及的梦想呢？”制定大胆目标，最简单的方法是从提出愿望开始。让一组成员提出各自的愿望时，他们的梦想很快就会变成路线图。俗话说“许愿需谨慎”是有原因的，因为梦想和现实往往只有一步之遥。

对于大型设计项目，尤其是那些涉及多个学科团队的设计项目，需要不断挖掘“T型人”。“T型人”是指具有较深垂直笔画经验和优秀水平笔画能力的人。“T”的垂直笔画代表一个人在特定学科所拥有的丰富经验，而“T”的水平笔画则代表一个人与别人开展跨学科合作的优秀能力。就像摇滚乐队一样，创意团队也需要能够为合作做出独特贡献的专家。创意团队最不需要的就是“I型人”,“I型人”虽然拥有较强的专业技能，却无法与他人开展良好的合作。

摇滚乐队和创意团队还需要另外一种成员“X型人”。在肩负其他任务的同时，“X型人”的主要作用在于使团队成员团结起来，共同实现团队目标。“X型人”并不多见，因为他们往往必须首先精通某一门学科，以此来证明自己的专业价值。而领导力则是一个附加项，是他们在原专业技能之上所拥有的另外一项技能。例如，约翰·拉塞特（John Lasseter）一直是皮克斯动画工作室伟大的创意领导者，但他最初只是一名普通的动画师，而他正是以精湛的专业技术和深厚的专业知识为自己赢得了信誉。

当“X型人”将“T型人”吸引到一起合作时，就会发生奇迹。如果目标足够大胆，领导者足够受人尊重，那么就会吸引大批成员加入其中，一起发挥想象、共同努力。这一点在网络协作时代非常明显。任何看见过某网络百科全书的发展呈指数级增长的人，都能体会到众人协作的巨大力量。虽然提供信息的志愿者们功不可没，但如果没有创始人吉米·威尔士（Jimmy Wales）最初设立的编写平台，它就不会存在了。

如今，协作方式有了新的变化，人们连接在一起可以不受时空的限制。“集中火力、攻击一点”（swarming）最初用于军方战略，后来被引申为指代从多个角度同时尝试解决问题或开展项目的方法。与将项目构造成一种线性模式的传统方式不同，“集中火力、攻击一点”是针对项目释放协同合作效能的全部火力。这种方式使你能够迅速启动项目，在一开始就汇集来自各个领域的专业人才，并让他们在整个过程中都能以协作的方式共同解决问题。

假设你管理着一家设计公司或者一个营销部门。当接到某项任务之后，你可能会开始执行常规操作，如收集高层管理人员的想法、开展客户研究、开头脑风暴会议，以此来将一些初步想法记录下来、制作原型、对原型进行测试和完善，最终进行生产制造。由于整个过程的步骤是线性的，所以每个步骤都取决于之前的步骤，而完成整个过程可能需要 10 星期。相比之下，“集中火力、攻击一点”的方式可以让你同时展开以上提到的各项活动，而且每项活动都会为其他活动提供信息，如此一来，团队就可以迅速对项目的可行性建立起深刻的理解。这种方式不仅速度更快，而且规避了类似于“传话游戏”造成的信息遗漏危险。在孩子们玩的“传话游戏”中，一个孩子快速向相邻的孩子小声传达某个信息，然后这个孩子又小声传达给下一个孩子，依此类推，最后信息可能从最初的“在草坪上跳舞”变成了“约翰逊太太的狗”。而“集中火力、攻击一点”的方式，能够使项目以最纯粹、精力最集中的方式开展。

但是，对于协作，我还有一点想要阐明。一个团队的能力取决于团队中每个个体的能力。虽然与优秀的人共事能够让你从中学到很多，但是你对于团队的价值来自你所贡献的质量。无论你是一个“T 型人”还是“X 型人”，都必须不断提升自己的元技能、开发自己的思维过程，并在龙潭虎穴之中独自战斗。在团队协作中，拥有硕士学位没有太大的意义，重要的是你是否精通你所在的领域。

“T型人”和“X型人”在一起能够组成最佳团队。

## 顿悟时刻，创造想法的最佳位置

想象的元技能能够给人带来一种奖励——顿悟。在那一瞬间，世界突然变得清晰明朗，所有的关键点都咬合到位，一个很久都未想明白的问题终于有了答案，这个答案就在你面前闪耀着，令你简直难以置信。

虽然并非每个顿悟时刻都会带着如此巨大的冲击力出现，但事实上，许多顿悟时刻确实如此。然而，顿悟的出现方式也取决于问题的难度、结果的重要性，以及你试图获得解决方案已有多久，并且还取决于最终答案在纯粹的美学意义上有多美。想象一下，当爱因斯坦意识到相对论的秘密能够用 3 个字母和 1 个数字来表达时，那一刻是多么地震撼。他曾经把科学发现带来的惊喜比喻成母鸡突然下了金蛋。

实话说，比起中彩票，我宁愿顿悟。没错，中彩票是能给我带来一大笔钱，但这同样带来一个问题：如何才能将这笔钱变成一种使生命富有意义的卓越体验。比起将金钱转化为顿悟体验，当然还是将顿悟体验转化为金钱要容易得多。中彩票就好比找到了一个金蛋，而掌握了想象就好比养了一只会下金蛋的鹅。

人们经常会说，自己在某个问题上经历了数星期或数月的苦思冥想之后，突然从沉睡中醒来，一下子想到了答案，让他们一下子从床上坐了起来。这个现象不是没有根源的。其实，潜意识一直在幕后工作着，试图梳理复杂的理性思维，拨开其中隐藏的解决方案。这段无法寻找到解决方案的“黑暗时期”被称为“孵化期”，在这个阶段，人们仍在以最初设定的框架来思考问题。只有当理性思维放手，想象思维开始接手时，解决方案才会出现。它们可能会出现在人们的睡梦之中，也可能会出现在当理性脑放下戒备的任何时候，如洗澡、开车、躺在沙滩上的时候。有一次，当记者问巴赫他是如何找到创作灵感时，巴赫回答说，问题并不在于如何找到创作灵感，而在于你早晨起床时，如何不被睡梦中汹涌而至的灵感所绊倒。

让你惊坐而起的顿悟时刻，正是新想法找到合适标准的时刻，即便有时候你自己对这些标准也还没有准确深刻的理解。有时，你所认定的正确标准其实并不合适，而此时你会发现，你的大脑潜意识已经对问题进行了重构。有时，标准过于复杂，你的理性脑无法完全理解透彻，于是就将理解的任务转交给了想象思维。

不妨将标准想象成一堆挑木棒游戏用的细木棒。每根木棒都代表问题解决方案中愿望清单上的一个项目。你所要做的，就是找到绝大多数木棒重叠的关键区域。但是有一个陷阱：有些木棒藏得较深、难以看见，有些木棒比其他木棒更加重要，还有些木棒很容易动个不停。由于这些木棒所代表的标准是不断变化的，时隐时现，因此它们很容易会让你的思维难以把握关键区域。

你是否有过将自动对焦相机对准移动人群的经历？相机会因为焦点过多而出现无法对焦的问题，导致错过了最佳拍摄时机。你会听到镜头一直不断缩放的声音，但快门就是不响。理性脑有点像一部自动对焦相机。它不喜欢模棱两可的状态，因此它要么会把第一次聚焦的照片拍摄下来，要么会因为面对多个焦点而陷入困惑，无法进行下一步操作。多焦点相机的出现，解决了这一问题。此类相机能够捕获场景中的所有信息，它会将聚焦于何处的问题留到稍后再解决。如果用人类思维进行类比的话，这一过程类似于留出“孵化期”所需的时间。

当我们终于找到解决问题的新方法时，情绪脑会向身体的其他部位发送信号，让我们感受到激动、兴奋，以此来告诉我们刚刚发生了一件了不起的大事。对此类信号敏锐的感知力，同样是创造力不可或缺的一部分。

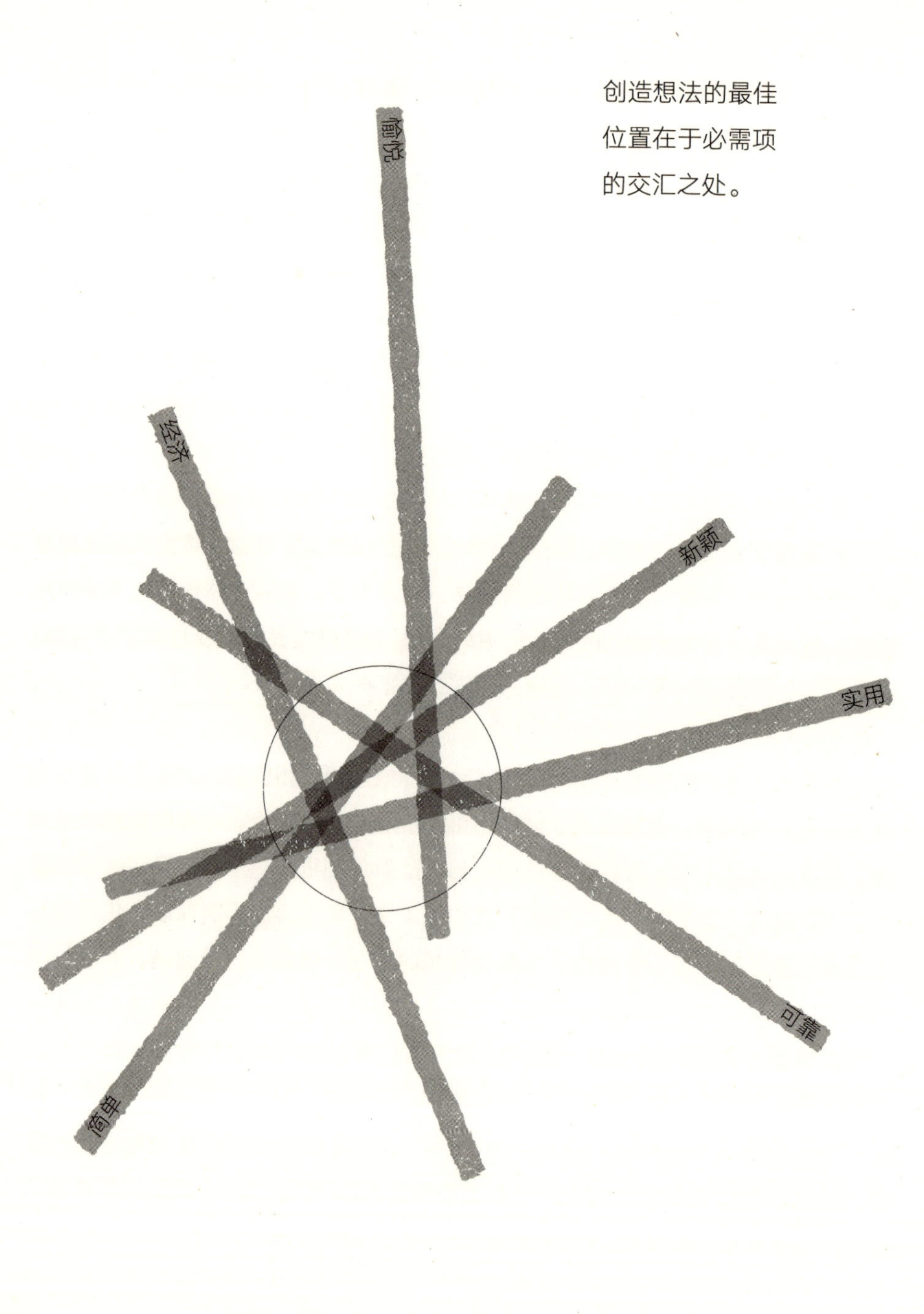


创造想法的最佳位置在于必需项的交汇之处。

## 针对原创性的 6 项测试

想象的目的在于产生一个原创的想法。该想法可能对你或者对你的团队来说是新的，抑或对全世界来说都是新的。但是，如何判断到底是哪种情况呢？一开始又如何得知该想法值得一试呢？

以我的经验，对于原创性的判断来自对各种想法的实践、成熟度和熟悉程度，没有任何捷径。但是，在顿悟的时候，有种方法能够帮助你快速判断某个想法的潜力。我将该方法简化成下列 6 个问题。

**1. 该想法是否令人感到迷惑？**一个好的想法应该令人感到不安，不仅是令你不安，对团队中的其他人而言同样如此，甚至会使有些人当场拒绝。**遭受拒绝并不总是坏事，因为新想法的潜力通常与它给人带来的舒适度成反比。**

如果对于其他人而言，该想法与他们现有的观念相冲突，那么他们极有可能会觉得困惑。例如，当有声电影刚出现时，华纳兄弟公司创始人哈里・华纳（H. M. Warner）就曾坚决反对，并说："谁会想要听演员们说话？"有些人曾认为飞机没有军用价值；有些人曾认为广播电台无法获得大批听众；有些人曾认为没有人会想要拥有一台家用电脑；还有些人曾认为，受过教育的人绝不会为编写百科全书免费做贡献。当你听到这些否定的评论时，反而应该为之振奋。

**2. 该想法能否做到一石十鸟？**好的想法能一石二鸟，伟大的想法能够一石十鸟，甚至一石二十鸟。这正是木棒重叠的关键区域，我们能够通过该区域来判断一个解决方式是否优异。优异的解决方案，反过来意味着需要权衡太多的方案。在政治领域，通常将权衡视为"妥协的艺术"。但是，好的想法并非来自妥协，而是来自共同的基础。

假设你正在尝试为公司打造一款新产品。一个极佳的想法能够一举多得。例如，如果能够降低生产成本、使用现有供应链、重新定位公司的主要竞争对手、重振员工士气、吸引更多人才、激发人们免费宣传、提升客户忠诚度、增加年收入、提高利润率、提升股价、使社区受益，并为推出全新的产品类别创建平台，那么就做到了一石十二鸟。

**3. 该想法是否需要证明？**从定义上讲，原创想法意味着它未曾经过证明，因此具有一定的风险。如果一个想法无须证明，那么可能是因为它并非原创，或者不够大胆。持怀疑态度的人要求对想法做出证明，这是想法具有原创性的信号之一。

1988 年，当苹果公司聘请我们设计公司为他们的一系列软件产品重新设计包装时，我们提出了一系列的想法。我们发现，其中有一款零售产品包装的正面，除了一个简单的手绘图标、产品名称、商标和一抹亮色之外，别无其他。当时，稍有名气的软件包装上都会出现 5 种以上的颜色、一张或几张人们使用计算机的照片、3 张以上的屏幕截图，并列出 6～7 条要点来说明功能，而且这还仅仅是正面而已。

苹果公司时任董事比尔·坎贝尔（Bill Campbell）觉得这款“简洁外观”很有意思，于是进行了客户测试。事实证明，该款设计成为公司最成功的设计，在投入市场的第一年就使整个产品系列的收入提升了 40%，这一结果促使苹果公司将这种简洁外观一直沿用至今。当想法足够大胆，能够激发人们的测试本能时，这就证明该想法确实很不错。

**4. 该想法能否促成变革？**伟大的想法从来不礼貌。它们从不道歉，从不试图适应环境。相反，它们会迫使周围世界不得不为它们做出改变。

20 世纪 50 年代，一家名为恒美（Doyle Dane Bernbach）的小型广告公司提出了一个对于广告界来说的重磅想法：幽默。当时在广告行业，只有强行推销才能出业绩，因此业界人士普遍认为幽默是不可取的，他们奉行的准则是“你说得越多，卖得就越多”。那时，美国广告之父大卫·奥格威（David Ogilvy）发出所谓的理性之声，坚持认为“人们不会从小丑那里购买商品”。然而，恒美广告公司的创意团队不仅相信幽默的力量，还以简洁明了的方式真的制作了风趣幽默的广告文案和图像。在随后的十年中，如果广告公司无法制作出简洁幽默的广告，那么它在业界的地位就会直线下降，如同一颗不新鲜的橄榄在一杯廉价马提尼中迅速沉入杯底。

**5. 该想法是否具有功能可供性？**功能可供性是新想法所能提供的固有机会。好的想法“融合在由附带想法、结果预想、支持性概念、基础假设、副作用、逻辑后果以及一系列后续可能性组成的网络之中”。例如，Twitter 的一个功能可供性，就是在通信受控制的地方实现即时通信。民主的一个功能可供性，则是让公民可以自由发表意见而不会受到报复的威胁。小苏打的功能可供性在于，它不仅可以使蛋糕变得蓬松，还可以吸收冰箱中的异味。

判断一个想法是否优秀，衡量标准在于其功能可供性的数量和质量。如果说创新就是有意识的进化，那么拥有最多功能可供性的想法就是最佳想法。

**6. 能否对该想法进行总结？**每一项创新，无论是政府、小工具、服务、iPhone 应用程序、电影情节还是商业模式，都可以用一个简单的句子描述清楚。例如，美国政府是一个号称民有、民治、民享的政府；Nano MP3 播放器让你随时畅听 4 000 首歌曲；希思罗机场快线能够让你在 15 分钟内从机场抵达伦敦市区；“Pages 文稿”应用程序能够让你在作家和设计师角色之间自由切换；在电影《对她说》（*Talk to Her*）中，两个男人在女朋友同时处于昏迷状态时结成了奇怪的友谊；嘉信理财集团（Charles Schwab）使个人投资理财成为可能。

好的想法能够用一个简单的句子描述清楚，原因并不在于它简单，而在于它拥有强大的内部秩序，使其能够达成一个不可抗拒的清晰目的。完整的想法可能非常复杂。缺乏秩序的复杂性会形成无法形容的混乱局面，而有秩序的复杂性看起来会比实际情况简单得多。如果你很难描述清楚自己的想法，那么请不要浪费时间修改你的描述方式，而是去修改你的想法。

想象的元技能，也就是通过想象创造出想法的能力。虽然如今的时代中，创新是成功与失败之间的分界线，但在任何一所商学院或其他学校，目前都尚未开设与此相关的课程，这点似乎有些奇怪。在实现想法的过程中，随着美学发挥的作用越来越大，这种差距可能还会进一步扩大。

20 世纪的发展状况使我们相信，所有有价值的事物都已经存在于商店里；问题的答案会藏在章节的结尾处；只有设计师才会做设计。

但是在 21 世纪，客户、雇主、经济以及紧紧跟在我们身后的机器人，正在不断推动我们前进，要求我们去原创、去创新、去创造。是的，要去创造事物。

## METASKILLS 行动清单

1. 元技能 3：想象，即利用想象力的能力。
2. 创新者本质上是实践型梦想家。创新发明的正确方式并非依靠逻辑，而是凭借畅想。
3. 创新取决于多样性。你拥有的想法越多，两个想法结合起来形成一个有用想法的概率也就越大。
4. 充分发挥想象力的秘诀，在于使问题尽可能长时间地处于不确定状态。而且，必须放下信念，才不会阻碍你对事物产生新的看法。
5. 专注于目标，抛却时间期限，尽快沉浸到玩乐时光中去，才是最能激发想象力的状态。
6. 谁也无法独自获得成功，“T 型人”和“X 型人”在一起能够组成最佳团队。
7. 想象力是一种可再生资源。它不会因使用过度而枯竭，反而会随着不断练习而更加充沛。
8. 对于原创性的判断，没有任何捷径。但针对原创性的 6 项测试，可以让你快速判断某个想法的潜力。

# METASKILLS

元技能 4

## 制造，
## 亲自动手创建答案

## 创建答案，而不是找到答案

达·芬奇常常会用数月来完成一幅画，有时甚至还只是半成品。他因此而闻名，也因此饱受非议。有人说，这就是达·芬奇现存画作极少的原因。无论这种说法是真是假，他的确会在作画时留出很长的思考时间。达·芬奇认为，与实际绘画相比，思想对话更为重要。他会将空出的时间用于思考细节，如保留或者除去哪些内容，以及元素如何组合在一起来形成一个统一整体，等等。对于达·芬奇而言，艺术家并不是通过学习去绘画，而是通过绘画去学习。

这种人与技艺之间建立的亲密关系，对于古希腊人来说可能十分陌生，因为他们认为技艺是肮脏的、有辱人格的，并将其视为一种只适合下层阶级的体力劳动。柏拉图关于人类知识的分类法虽然十分详尽，但对于技艺也是只字未提。然而如今，柏拉图的思维方式对教育模式的影响远比达·芬奇的要深远。现在我们高度重视学术类院校，看轻职业技术类院校。达·芬奇深知，缺乏经验的想象力是虚弱的。对于文艺复兴时期的工匠来说，缺乏技艺的独创性，就如同柏拉图式的无性婚姻。

创造力不仅仅是想象，而且是想象力和技艺的结合。它是一种制造的元技能。它设想、体现、详尽描述；它发展、塑造、解决问题；它不断改善、迭代、证明。请注意，在这些对创造力的描述中，我并未使用任何被动动词，因为制造本身就是行动。**除非你动手去做，否则你的想象将永远无法实现，也将无法得到改进或提升**。

学习理论家唐纳德·舍恩在1983年出版的著作《反映的实践者》（*The Reflective Practitioner*）中，将对“思想对话”的理解提高到了一个新的水平。舍恩称技艺知识为“行动中反思”，即边做边思考的结果。当制造者根据最开始的设想塑造出某个对象或者情境时，所塑造之物会“给出反馈”，然后制造者再根据反馈做出调整。我们的自然反应有时无法取得良好效果，因此需要不断尝试，直至成功为止。舍恩认为，在行动中反思是以“在行动中获得认知”为起点的。这是一种动态的认知方式，与我们在学校里所学习的静态知识形成了鲜明对比。

1933年构想出核链式反应的匈牙利物理学家莱奥·西拉德（Leó Szilárd）提出过一个简单的问题：我们能否在不改变世界的前提下去了解世界？他最后给出的答案是：不能。只有在行动中才能获得丰富深奥的足以推动持久变革的知识。不经过反复尝试和试错，我们就无法重塑世界。

当我们谈论某些行业中从业者的技巧时，“行动中反思”对我们的理解大有帮助。它是一种在实践过程中将思考和行动相结合的能力，这个过程通常处于一定的压力和行动之中。例如，在运动场上，教练指导运动员不断提高技巧水平；在音乐学院里，表演者、指挥家和作曲家都会通过不断的练习，来提升自己的音乐技巧；在诊所、办公室、实验室、商店等有着师徒学习模式的地方，都有这种将思考和行动相结合的实践过程。

设计师通常会跟着感觉走，以此来找到问题的解决方案，这一点与运动员通过身体感觉来决定下一步的行动有些类似。此类决定更多地是由身体而非思考来决定的。只有当某个方向让设计师感觉很不错时，他们才会通过美学思考，使其变得具象可见以及具有功能性。

在丹麦长大的安德斯·沃明（Anders Warming）从小就喜欢帮父母洗车、擦车。他常常伸手触摸车身流畅的曲线，惊叹于各种形式的无缝衔接——从一种形式极其自然地转换到另外一种形式，每种形式都与整体完美地统一。沃明说："由于触摸车身太多次了，我甚至闭上眼睛都能将它们画出来。"在他画笔下的车型中，有一款是矿石蓝 Mini 850，这款车型正是 2011 年他为宝马设计的新 Mini 的前身。

沃明在开始新的设计时，既不会使用 CAD 软件直接开始作图，也不会口头描述或者用 PPT 来表达设计想法。他会直接开始绘画。在使用电脑前，他可能会画上数百张草图。"你可能需要画 90 张草图来热热身，在此之后，才能达到真正开始设计的状态。这样你的设计思路才能不断超越笔下的图纸。"他将这一过程比喻成发球练习，指出只有不断练习，才有可能在温布尔登网球锦标赛中获胜。他说："也许得练到第 151 次，才能达到最佳效果。"

朱莉娅·卡梅伦在《唤醒创造力》中指出："我们经常试图去折腾、描述和控制我们的想法，而不是让它们自然地发展。创作其实是一个臣服而非控制的过程。"只有放下恐惧，不再担心自己看起来是否愚蠢或者是否在浪费时间，才能通过笔下的素描或者涂鸦，将设计思路带向我们通常无法抵达的地方。只有这样，我们笔下的事物、所追求的想法，才会和我们产生直接、纯粹的联系，并且不受自我的束缚。

"放任自流"的概念贯穿于所有与创意相关的学科之中。在设计中，不断绘制草图，才能获得灵感；在科学上，意味着不断进行实验；在商业中，意味着在白板图上建模；在写作中，意味着拟出提纲草稿；在表演中，意味着排练；在发明中，意味着制作原型；在爵士乐中，意味着即兴演奏。爵士乐大师迈尔斯·戴维斯（Miles Davis）曾说："不要害怕犯错，没有错误一说。"每一步无论正确与否，都只是暂时的、可纠正的，它们都是熟练掌握某项技能之前的必修课。千锤百炼，才能从未知走向已知。

## "无程序"模型，留足自由发挥的空间

设计师通常会用一种标准模型来描述创作过程，当然，在具体模型细节上会稍有不同。有时，他们还会在模型后面附上一个商标声明，似乎在宣告："别碰！这是我的创作过程，是我发明的！听清了吗？这是我的！"然而，实际上此类模型全都遵循一个从未知状态走向已知状态的相同过程，该过程通常包含 4～10 个逻辑步骤。

标准过程大致有发现、定义、设计、开发、部署。你可以重复其中一些步骤，调换某些步骤的顺序，或者在步骤之间插入一些细节化的小步骤。你还可以在这五步之前添加"获取任务"的步骤，再在这五步之后添加"投入使用"这一步。该过程的大多数流程图都是环形的，这表明过程一旦结束，就意味着又重新回到了起点。

但有一个问题，那就是真正的创作过程与此类模型几乎没有相似之处。从理论上讲，理论与实践之间没有太大区别。然而，在实践中，理论与实践之间的区别非常大。如果必须同样以环形来描述，那么制造事物的真实过程看起来更像是困惑、杂乱、混乱、危机、宣泄。但是，如果设计师将这样的流程图给上司或者客户看，肯定会吓坏他们。因此，设计师选择了能够体现他们在创作过程中沉着自信的"理性模型"。

1. 发现
2. 定义
3. 设计
4. 开发
5. 部署
标准过程

1. 困惑
2. 杂乱
3. 混乱
4. 危机
5. 宣泄
真实过程

设计的“理性模型”并非完全错误，只是它在这里毫无用处。如果一味套用该模型，将会导致大量资源的浪费，同时还会使原创变得平庸、使兴奋感变成失望感，并带来使人身心俱疲的无助感。为什么会这样？因为对于创造力而言，项目管理的效果远不如激情管理。创造激情是一种原生资源，需要加以培养和保护。在做准备工作时，设计师可能会介绍项目的主要情况，提供一些数据并拟定截止日期，但只有当他们的情感、共情和直觉都到位之后，才能渐入佳境，开始设计。如果过分强调过程，他们就难以设计出卓越的作品。

**针对设计而言，一个更好的模型是“无程序”，它能够体现出创造力的混乱本质。**在“无程序”模型中，你首先要对问题、目标、所涉及的领域、重要事项和成功标准有一个整体的了解。但是，解决这些问题的具体步骤，应取决于问题的具体性质、工作时的具体境况、团队成员的技能与工作风格，以及随着项目的开展而不断获得的见解，而不应将步骤生搬硬套到流程图中去。

作家安妮·迪拉德（Annie Dillard）曾说：“伦勃朗和莎士比亚，还有玻尔和高更，他们都有着坚强的内心，而非坚强的意志。他们钟情于手中用于创作的各种材料。创作的无限可能性令他们兴奋不已，创作领域的复杂性激发了他们的想象力。对创造的热爱奠定了作品的基调，而作品本身则决定了耗时的长短。”虽然很少有人能够成为伦勃朗或者莎士比亚那样的画家或文豪，但对于我们而言，该原理同样适用。将创造力束缚起来无疑是一种危险之举。

但是，如果没有任何步骤过程，你又应该怎么开始呢？很简单，无论怎么开始都可以。那就从能够激发最多能量的地方开始吧。作曲家约翰·凯奇（John Cage）说：“从哪里开始都没有关系，只要你开始就可以了。”重要的是，当你在完成时，已经将方方面面都包括在内了。你可以随意地在想象、研究、建模、测试、行进、草绘、演示、思考、阅读和争论之间来回切换，由此引发一个连锁反应，而这是静态过程永远也无法做到的。想法会源源不断地涌现出来。内容决定形式，形式也决定内容。两者结合，便会带来无数令人惊叹的想法。

安家（Anthropologie）作为一个中高端服装家居休闲品牌，通过将连锁店打造为生活方式概念店的方式，将创造力和惊喜一并融入其商业模式之中。每家连锁店都有一间宽敞的艺术室，员工和承包商可以在此尝试商品展示、销售和创造的新方式。因此，每家连锁店都有自己独特的风格，从而给顾客带来意外的惊喜。连锁店应该追求整体一致性的观点，如今看来已经过时了。

作为始终坚信设计魔力的人，我有三个愿望。

1. 越来越多创意业界的人，无论是设计师、企业家、战略家、工程师还是科学家，都开始接纳真正的设计过程，而不再采用只能出一些平庸作品的标准模型。
2. 教育体系也能够拥有类似理解，在课堂上为“凌乱”的思维方式和出人意料的想法留出足够的空间。虽然我不认为哈佛大学、牛津大学和索邦大学（Sorbonne University）会允许学生在学校的墙壁上用飞溅油漆的方式尽情发挥创意，但即便是从隐喻的角度去鼓励学生自由发挥创意，也是一个不错的开始。
3. 公司的领导者和管理者能够支持和鼓励人们采用设计的真实过程，接受混乱与辉煌并存的状态，坚持认为创意的结果要比效率更具价值，并相信创意将会带来出人意料、让人惊艳甚至改变世界的结果。

## 每天都是土拨鼠日，如何打破重复循环

还记得比尔·默里（Bill Murray）主演的电影《土拨鼠之日》（*Groundhog Day*）吗？主角陷在土拨鼠日，被迫不断重复这一天的生活，直到最后他终于打破了这个怪圈。刚开始，他尝试用各种手段来结束无休止的土拨鼠日：摆布他人，纵情享乐，盗窃，诱骗……然而，没有一样奏效。直到他意识到，那些小伎俩和自私自利的手段都是没用的，只有充实自己、善待他人才是唯一的出路。于是，他变得乐于助人，做了很多好事，帮镇民更换轮胎、救助孩子、帮助老人。他甚至还学习了弹爵士钢琴、冰雕和脊椎治疗等新技能。最后，他度过了完美的一天，赢得了女主角的芳心，也打破了土拨鼠日无休止的重复循环。

男主角在土拨鼠日的体验，与人们在创造过程中的体验有些类似。创新有两个主要阶段：通过想象，找准想法；通过制造，实现想法。与《土拨鼠之日》中的情况一样，实现想法的过程是一个不断反复的过程。想法不会在一夜之间就得以实现，而是需要反复试验、带着审美的眼光不断修补，并在实际行动中不断学习。

有多少好的想法由于执行不力而被扼杀？我粗略估计了一下，这个数字与所有想法之比肯定超过 50%。但我们永远也无从知道到底有多少，因为此类想法往往还没有被人知晓就消失不见了。而少数存在的时间足够长、已经为人熟知的想法也有一些，例如，福特埃德塞尔车型（Ford Edsel，于 1959 年失败）、电影《飞越迷城》（*Ishtar*，于 1987 年失败）、Excite在线网络（于 2004 年失败），以及曾由布什总统推出的太空探索计划（于 2010 年失败）。

除此之外，还有多少企业虽然通过创新取得了短暂的成功，却因为竞争对手针对该创新想法设计出更优秀的作品，而惨遭被超越、被替代的命运？例如，

被 VHS 格式取代的 Betamax 录像带格式，被丰田普锐斯打败的本田 Insight，以及被 iPhone 超越的黑莓智能手机。在上述所有案例中，即便企业拥有先发优势，也无法挽救由于执行不力造成的恶果。

如今，又有多少企业看似“成功”，实际上却极易受到更具设计感的竞争对手的影响？如 Facebook、瑞安航空、Radio Shack、HTC、铂富（Breville）、塔可贝尔（Taco Bell）、Oreck、Safeway 超市、惠普和美国国家铁路客运公司。这些企业似乎在客户体验方面缺乏一定的成熟度。当你将上述企业与 Pinterest、西南航空、三星、Nespresso 咖啡、In-N-Out Burger、戴森、全食超市、IBM 和法国高铁（TGV）所推出的产品进行比较时，便可以更清楚地看到两者之间的差异。这些品牌之所以能够给客户带来卓越的体验，正是由于它们有着绝佳的设计。

“细节不仅仅是细节而已，”设计师查尔斯·埃姆斯曾说，“细节决定了产品。”埃姆斯在做每一个与创意相关的决定时，哪怕是最乏味、最细微的问题，都会以极其严苛的标准来执行。两种不同材料结合在一起的方式令他着迷，如果从审美的角度看，两种材料无法带来良好的契合感，他就会拒绝采纳该方案。他说过：“连接意味着一切。”

对于音乐的完整性，作曲家菲利普·格拉斯（Philip Glass）也有类似的执念。他在接受堂兄艾拉·格拉斯（Ira Glass）的采访时曾解释说，在创作早期，他一直冥思苦想的一个问题，就是如何使形式和内容合二为一，而不单单是根据选定的形式来创作内容。换句话说，相较于事先选择一种音乐体裁，然后根据这种体裁来进行音乐创作，他更偏爱在不考虑现有音乐体裁的情况下，同时创作形式和内容，从而使两者达到完美的契合。让一位音乐家加入某个蓝调或者民俗音乐表演时，即便在此之前，这位音乐家未曾听过即将演奏的歌曲，让他即兴加入也并非难事。然而，如果要他即兴加入一场风格奇特的德国或法国艺术歌曲表演，那就有些困难了。而如果要他即兴加入菲利普·格拉斯所创作的新作品中去，则是根本不可能的。通过专注于音乐形式和内容的契合性而非音乐体裁，格拉斯得以跳出音乐体裁的限制，给人带来独特的音乐形式和体验。

你可能会说“那是因为菲利普·格拉斯是个天才”，只有像他这样的天才，才会对细节关注到这种地步。然而事实上，无论你是商人、工程师、企业家、学生、设计师、老师还是供应链管理人员，都可以采用他的成功之道。前提是你有足够的意愿，愿意通过各种努力去不断学习。心理学家艾莉森·高普尼克（Alison Gopnik）[①] 曾对此做出如下解释："只有通过做出不太好的决定，并加以修正改进，你才能做出更好的决定。只有通过反复制订计划、执行计划、观察结果，你才能成为一名更好的规划者。”**只有不断超越自己的极限，留心自己所犯下的错误，才能不断提升能力**。

在设计界，这种方式称为快速失败。设计师不断设计出的图纸、模型和原型，并不是完美的解决方案。设计师只是通过该方式来深入了解问题，并在此过程中锻炼自己的直觉。实际上，最优秀的设计师通常能够保证项目的流动性，也就是说，在设计过程中不断进行迭代，并在协作者之间不断进行交互。

《詹姆士国王钦定版圣经》于 400 年前首次问世，其制作过程毫无疑问堪称世界最佳创意合作方式之一。该版圣经的制作团队由 54 位学者和神职人员组成，他们分别以 9 人为一个团队，并且这 6 个团队之间维持了长达 7 年的合作。由于他们在翻译和修订的过程中不断进行迭代、团队之间进行了交互共享，保证了整

① 国际公认的儿童学习与发展研究泰斗级专家，她在代表作《孩子如何思考》一书中从儿童意识角度深度解析了孩子意识与思维之谜。该书中文简体字版已由湛庐策划，浙江人民出版社 2019 年出版。——编者注

个项目的流动性，从而使该作品成为英国文学史上最完美的杰作之一。

当项目的目的是创作诸如产品、电影或建筑物等实物时，有时最大的挑战是在迭代过程中保持绘制原始图纸的“手感”。而保持手感的诀窍，在于尽量避免直接使用计算机，尽可能长时间动用身体、双手去制造，无论是制作模型、表演故事情节，还是构建建筑模型，等等。

在设计上，我们常遇到《土拨鼠之日》的主角所面对的诱惑，即想要快速获得答案，跳过烦琐的努力，直接获得完成任务所带来的满足感。但是如此一来，我们所进行的创作就失去了全部的意义。如果说创作存在意义的话，应该是指追寻通往最佳自我的旅程。如果你想要得到更好的回报，就必须付出更多的努力。只有努力使作品富有完整性，才能使自己的作品比其他人的作品更具价值。

## “不包括”，5个帮助简化的小原则

许多人善于“包括”，而更多的人善于“排除”。但是，善于“不包括”的人却为数不多。“不包括”是一种把对作品没有贡献的元素一一除去的艺术。正如画家汉斯·霍夫曼（Hans Hofmann）所说：“消除不必要的元素，使必要的元素得以发声。”

我们生活在前所未有的混乱时代：视觉混乱、语言混乱、产品混乱、功能混乱、概念混乱。“混乱之物”是指对事物的意义、有用性起不到任何提高作用的元素。混乱是一种污染，它使我们容易在生活中迷失方向。如果生活是一个花园，混乱就是阻碍我们前进、遮蔽我们视线的杂草。然而，杂草之所以成为杂草，只是因为你的花园不需要这种植物，因此，一个人眼中的杂草也可能是另一个人眼中的珍贵标本。这就给许多人在作品中胡乱增加元素留下了余地。

我们似乎沉迷于“做加法”。添加、收集、堆叠、延伸、构建、扩展，这些活动对我们来说非常自然。或许是因为在很久以前，人类喜欢囤积的性格特征更具遗传优势，并且随着时间的推移，这种特征逐渐增强。我们渴望建立庇护所，为冬季储存食物，获得更多知识、财富以及更加强大的力量。对于某些人而言，这种“做加法”的行为模式逐渐演变成一种囤积症，导致他们不断地收集旧报纸、吃空的饼干罐、零碎的塑料碎片、碎纸板，并将这些东西都囤积在家里，永不丢弃。面对这种行为，我们难免会因为觉得难以理解而摇头叹息。但是或许我们应该简单地将其视为人类的天性，只不过程度更深而已。

许多企业同样有囤积的倾向。一家企业会建立一堆关于产品、服务、品牌、功能、部门、办公室以及用于管理这些事务的规章制度。只有当“杂草”开始使企业利润受损时，企业才会开始清理。

麦肯锡咨询公司的高级合伙人苏珊·海伍德（Suzanne Heywood）将企业存在的复杂性分为四种类型。

1. 功能紊乱的复杂性。企业中长期存在各种毫无必要的活动，或经过合并或重组后时常重复的活动。
2. 精心设计的复杂性。企业期望通过复杂性获得的收益能够大于为之付出的成本。
3. 固有复杂性。此类复杂性属于工作的重要组成部分。
4. 外部复杂性，即由行业监管机构、非政府组织机构和工会强加给企业的复杂性。

前两类属于企业本身存在的复杂性，而后两类属于企业所在行业领域的复杂性。

海伍德采访了900家企业的高管，发现某些类型的复杂性给员工带来了巨大的压力和困惑，进而影响了他们的绩效水平。这些高管指出，合并压力、协作挑战和产品多样化等问题都变得日益严重。

当然，复杂性并不只是带来负面影响。对于拥有多个业务部门、面对多个细分市场、需要提供多个产品线的企业，复杂性当然具有一定的价值。但是，复杂性和混乱之间存在区别。组织得当的复杂性对于企业而言是健康的。然而，混乱则是企业功能紊乱的体现。许多公司为了获得发展，甚至盲目追求产品多样化，并以“向消费者提供更多选择”为理由来给自己辩解。

**消费者确实想要选择，但他们想要的是最佳选择，而不是最多的选择。**联合分析（conjoint analysis）是一种市场研究技术，主要用于研究消费者在购买决策中会如何进行权衡。研究人员通过该技术得知，对于企业而言，给消费者提供最多的选择往往并非上策。大脑会抵制“过多选择”（overchoice）——扬克洛维奇公司（Yankelovich Partners）用该词来形容如今市场上数量过多的选择项。因此，研究人员建议企业不妨为消费者提供“单选式”购物服务，以此来简化消费者的购买体验。

**“单选式”购物体验实际上是品牌塑造的第一目标。**对于面对挑选压力的消费者，“单选式”购物提供了一条最短、最有效的途径，使他们既能获得潜在的满足感，又能快速缓解压力。在一个混乱的时代，强大的品牌往往善于简化自身。

那么，为什么会存在混乱情况呢？是什么导致企业难以简化自身？我认为原因出在以下几点。

**1. 企业成长的需要。**相较于保持精简、保持盈利的渴望，大多数企业对不断扩张的渴望要更加强烈。当肯·康斯特布尔（Ken Constable）刚刚以首席执行官的身份接管 Smith & Noble 窗帘公司时，该公司的产品团队一直在以惊人的速度增加新样式的编织遮光帘。他们还以亚洲城市名为每种新的样式命名。康斯特布尔说："当设计团队告诉我，亚洲城市名都快用完了的时候，我就知道我们肯定出了问题。"于是，他迅速对产品种类做了数量削减，只保留了几个以最热门的城市命名的产品。

**2. 寻求协同效应。**随着公司的成长，有时会朝着无法盈利的方向发展。当发展不力时，企业并不会放弃错误的方向，而是朝着这一思路添加更多的元素，试图与前面无效的元素之间建立起"协同效应"。从本质上讲，这种方式无疑是在以更高的复杂性来解决现存的复杂性，通常只会使问题变得更糟。当两家收益下降的公司试图通过合并来创造协同效应时，可能会发生同样的事情。这就好比一块石头漂不起来，于是将两块石头绑在一起，看它们能否漂起来。结果自然是两块石头都快速沉底。

**3. 缺乏自制力。**简化并非易事。想要摆脱模糊和混乱的状态，需要有一定的远见和勇气。相比之下，还是让消费者自己在混乱中理出头绪、做出选择，并将此举视为"为消费者提供更多选择"要来得更容易。只有像乔布斯这样的战士，才会坚持绝对的简单。当其他技术企业在产品中不断增加各种功能和按钮时，乔布斯视按钮为累赘，他尽量减少按钮的数量。

**4. 市场机会主义。**当出现增加收入的机会时，许多企业都会抓住这一机会，而不会考虑此举对长期战略所产生的影响。每次的投机行为，都会使企业的复杂性增加，焦点自然也越来越分散。对于追求产品时尚性而非功能性的企业而言，尤其如此。例如，戴尔公司最近推出了一系列过于强调外观设计的计算机，其中大多数机型都将风格置于实用性之上。而且风格变化也是翻来覆去的，毫无新意。

**5. 个人恐惧。**企业是个体的集合，而个体做出的决定可能会对企业产生较大的累积性影响。个体会面对各种恐惧，包括对尴尬的恐惧、被孤立的恐惧、被解雇的恐惧，这些都有可能使人们想要藏身于模糊不清的状态中。作家卢克·德·克拉皮耶尔（Luc de Clapiers）曾说："如果所有语言都能表达清楚，那么错误的理解都会自行消亡。"在企业员工的眼中，失业当然要比含糊不清严重得多。这也能够解释许多场合中语言冗赘的情况，例如，盖特威克机场（Gatwick Airport）安检口旁边的标语上写着"乘客鞋返还区"。如果写成"请在此处穿鞋"当然更便于理解，但听起来似乎不够郑重。现在，你不妨想象一下，如果整个公司都以这种方式沟通，会取得怎样的效果。

市场混乱不堪，英语的处境也一样。写作专家威廉·津瑟（William Zinsser）曾说："人类社会陷入了冗余的措辞、兜圈子的句式、浮夸的表述和毫无意义的行话之中。"换句话说，我们身陷言语混乱之中。

在津瑟之前，威廉·斯特伦克（William Strunk）就曾在其著作《风格的要素》中提出了以下建议："删除赘字。简洁有力，才能深入人心。如同一幅画里不需要多余的线条，一个机器不需要多余的零件一般，一句话里也不需要多余的字词。这并不是要求写作者精简自己的所有语句，也不是要求他省去所有细节，只描述大致轮廓，而是要求笔下所有的字句都言之有物。"

一家报纸的编辑最近收到现场记者的信息称："这里有条关于自然灾害的爆炸性新闻。给你发送过去吗？"编辑回复说："可以。篇幅限制在600个单词以内。"那位年轻的记者回复道："少于1 200个单词就没法讲清楚了。"编辑回复说：

“上天造物的故事都能用 600 个单词讲清楚，你试一下。”

据说海明威曾在酒吧与人打赌，声称他可以用不到 10 个英语单词写一个完整的故事。调酒师说：“绝对不可能！”海明威想了一分钟。然后，他在账单的背面写下 6 个英语单词：“For sale. Baby shoes. Never worn.（待售。婴儿鞋。从未穿过。）”

创意顾问安迪·斯特凡诺维奇（Andy Stefanovich）为挪威一家保险公司取了一个更加简洁的名字：If。

当批评家抱怨某些事物“设计过度”时，其实是指事物的设计不够到位或者装饰过度。设计没有“过度”一说，因为设计的本质是改进。你不会听到人们抱怨说，某些事物被“过度改进”了。但你可能会听到人们抱怨说，有些事物在设计上修饰过度、浮夸、令人感到困惑或者毫无必要。对于性能欠佳的产品而言，添加装饰性元素并不是设计，而是一种试图混淆视听的笨拙之举。“更多”和“足够”是两码事。

超级大厨马里奥·巴塔利（Mario Batali）曾说：“很多道我最喜欢的菜肴，都是由种类极少的食材做成的。菜肴就好比大合唱，当合唱团的成员数量不多时，每位成员都必须演唱得十分完美，否则合唱的效果就会不尽如人意。”对于设计而言，元素太多反而有害，因为它们使整体效果变得难以把控。一些元素会使另外一些元素无法发挥出效果，一些元素会增加恼人的噪声，而还有一些元素则会使原始概念中的活力消失殆尽。这些“吸血元素”可能并不会导致设计项目彻底失败，但它们会迅速把项目“抽干”，使之成为僵尸设计。

僵尸设计无处不在，但如果你没遇上让你厌烦的情况，一般不会关注到这类设计。以瑞士军刀为例，它是企业以“更多”为价值取向的经典隐喻。价值 260 美元的工作冠军版瑞士军刀带有 28 种工具组合，其中包括剪刀、开瓶器、镊子、牙签、钳子、金属锯、修甲工具、皮带切割器和卸扣器。它集整个工具箱为一体。虽然作为品牌标志，这个产品的确令人印象深刻，但它的销量很一般。相反，销量最高的是一款简单得多的刀具，只包含了几种工具组合。大多数人将这款工作冠军版瑞士军刀中多余的工具组合视为昂贵的无用之物。

如何才能知道要包括什么，不包括什么？应该怎样区分？以下是五个可以帮助你简化设计的小原则。

**1. 往大处想，往少了花。**20 世纪 80 年代初期，当 Acorn 计算机公司的赫尔曼·豪泽（Hermann Hauser）带领团队设计处理芯片时，他做出了两个关键性的决定：“第一，我没有给团队提供足够的人手；第二，我也没有给他们提供足够的钱。如此一来，他们根本无法设计出复杂的芯片。”

**2. 一石十鸟。**找出几个问题的共通之处，然后一举解决所有问题。例如，对潜在解决方案进行整理，看看哪些价格便宜、哪些新颖、哪些可用、哪些与众不同、哪些属于专有，等等，然后选择能够一举多得的解决方案。

**3. 要清楚。**在设计解决方案时，要做到深思熟虑、一心一意，不受概念性杂音的干扰。海明威说：“如果一个人的表述足够清楚，那么任何人都能够看出他是否所言非虚。”这句话同样适用于所有与创意相关的学科。当你能够清楚地看到自己在做什么时，很难自欺欺人。

**4. 寻找显而易见的答案。**当面对两种解释时，选择更简单的那种。这是一种名为奥卡姆剃刀（Occam’s Razor）的概念工具，它以中世纪哲学家奥卡姆的威廉（William of Ockhan）来命名。最佳答案通常隐藏在你眼皮底下，当你一拍脑门时，或许就能发现它。

**5. 保持做减法。**当你囊括了所有你认为必要的元素之后，请开始做去除。一次去除一个元素，观察去除之后是否打破了原来解决方案的平衡性、比例或统一性。你可能会惊讶地发现，每次做完减法居然可以释放如此多的能量。在去除了所有的不必要元素之后，就可以开始改善剩下的元素。

发明创造实际上可以归结为一句话：最好的设计工具是一块一端带着铅笔的长橡皮擦。

## 如何做到“既简单又复杂”

我们倾向于将简单性和复杂性视作对立面，就像跷跷板的两端一样，当一端上升时，另一端必然下降。但其实并非如此。简单性的对立面并非复杂性，而是混乱。同样，复杂性的对立面也并非简单性，也是混乱。复杂性和简单性其实属于同一阵营，都是为增加秩序而战。复杂性是通过做加法来增加秩序，而简单性是通过做减法来增加秩序。两者结合，能够带来丰富性和可用性。也正是由于两者的互补，才推动了整个发展进化过程。

短语“To be or not to be”（生存还是毁灭）只是由几个简单的单词组成，句式也很简单。但是，该短语背后的含义却非常复杂。为什么我们值得生存下去？这个问题不仅是《哈姆雷特》这部伟大戏剧的基础，同样也是世界上伟大哲学和宗教的基础。那么，“生存还是毁灭”究竟是一个简单的问题，还是一个复杂的问题？

当我在 MacBook Air 上写下这句话时，不禁注意到这个电脑的界面是多么地自然流畅。不仅键盘精致细腻、响应灵敏，屏幕也能够以高保真度即时响应，使得整台机器的运行就像是我的思想和指尖的自然延伸。但是，我非常清楚，这是一台复杂的机器。它的内部装满了处理器、存储芯片、控制器、电池、卡、线缆、LED 和扬声器，以及其他奇迹般的小型电子元器件，这些元器件无一不是许多人历经了多年的合作和竞争才获得的成果。那么，MacBook Air 究竟是一款简单产品，还是一款复杂产品？

如果我们将简单性和复杂性放在一起，组成“既简单又复杂”的组合概念，可能更易于理解。“既简单又复杂”的对立面是无序，是熵，是无意义的混乱。

混乱毫无价值，它只提供了不清楚的复杂性。如何描述龙卷风过后灾区的碎石瓦砾？唯一的描述方式就是称其为“混乱”，只有实际的混乱才能描述混乱本身。混乱存在一个问题，它们彼此之间很相似。一个混乱的网站看起来与另一个混乱的网站没有太大区别。一款“综合性”供应品看起来与另一款“综合性”供应品也没有太大区别。一种复杂的商业模型看起来与其他复杂的商业模型没有太大区别，它们所具有的价值也都差不多。当你试图创造具有差异化或者竞争优势的产品时，混乱会让你的任何举措都适得其反。

**当你能够用一个简单的描述、一个简洁的公式或者一张构思清晰的图表来描述一个复杂的实体时，那么你便做到了“既简单又复杂”。**“让每位乘客能以经济舱的价格享受商务舱的服务”无疑是捷蓝航空（JetBlue）对公司价值主张的凝练表达。相较之下，美国航空公司（American Airlines）称“旅客可以安享飞行，绝无性命之忧”则让人感觉，这家公司除了能够提供免费 WiFi 之外再也没有其他竞争优势了。对于大多数人来说，一家没有诉求重点的航空公司与其他航空公司并无区别。美国航空公司无法明确表达自己的价值主张，正是它未能做到“既简单又复杂”的体现。

在《使用者的幻觉》一书中，托尔·诺瑞钱德引入了术语“明确去除的信息”（exformation），来描述创造意义的方式。他指出，信息或产品的真正价值并非来源于最终内容，而是来自在创造过程中被不断去除的内容，即“明确去除的信息”。“明确去除的信息”越多，保留下来的信息就越有价值。

比如，在描述一款新产品时，我可以不假思索地将我想到的直接写下来，洋洋洒洒500个单词很快就能写满一页纸。但是，此举无疑让我的读者们阅读起来更加困难，因为他们必须通过仔细阅读那些冗长的句子，才能从中提取出一些有用的想法。用系统术语来说，我其实是在“转嫁负担”给读者。用经济学的术语来说，我是在“外化”沟通成本。这会导致我的作品价值不高。

但是，如果我在描述产品时下了一番苦功，确保文中不仅囊括了所有关键想法，并且这些关键想法都以逻辑顺序铺展开来，同时我还做到了语言清晰明了，“明确去除”了所有不必要的字词和想法，如此一来，即便整篇行文缩减至只有200个单词，它也会比原来那篇价值更高。我的读者也能够快速阅读、消化完整篇文章，毫不费力地记住要点，并采取相应的行动。

当你将“明确去除”的原理应用于交流消息时，消息的意义就会增加，其价值也会随之增加。我们能够从消息中毫不费力地提取出多少意义，被称为消息的“逻辑深度”。IBM院士查尔斯·贝内特（Charles Bennett）指出，消息的发送者在脑海中或者在计算机上对信息的“处理时间”越长，接收者能够从消息中获得的意义也就越多，其逻辑深度也随之加深。

在时尚界，托马斯·迈尔（Tomas Maier）也花了大量精力去除设计中的无用元素。通常，直到他认为所设计的衬衫或裙子到达“某种虚无”的状态时，他才罢休。他曾说：“有时候，当你看着一件抽象艺术作品时，它看起来就像是一条线而已，然后你听见站在你旁边的人说，‘这谁不会呢’。其实，还真不是谁都会。”除非你先花上 10 年左右的时间，深刻掌握了相关的学科知识，然后将你的作品提高到一个“既简单又复杂”的水平，否则还真创造不出这样的作品。

“既简单又复杂”并不是仅靠做减法就能达成的。如果将笔记本电脑的一半零件都扔掉，可能确实会简化操作，但如此一来，它也将无法正常工作。为了保持“既简单又复杂”中的丰富性，你需要压缩，而非缩减。你需要思考清楚，如何才能将复杂解决方案的所有优点，通通压缩到一套易于使用的措施中去。这就好比将电力送入千家万户的电网，电网本身相当复杂，但你不必考虑这些。因为，你所要做的只是按下开关而已，而电力系统的其余部分全都隐藏在墙里面。

苹果公司前首席设计师乔纳森·艾夫（Jonathan Ive）曾说，他的任务是“解决难以置信的复杂问题，并使解决方案既具有必要性又极其简单，如此才能让人们对问题的困难程度毫无感觉”。或许，达·芬奇将“简单”称为“复杂的终极形式”，指的就是这个意思。

## 在现实中检验，衡量好作品的 10 个标准

标准过程并不意味着我们能够按时完成平庸的设计，“无程序”模型也并不意味着我们能够将设计无休止地进行下去。如果目标是追求卓越，那就必须完成设计工作，并且必须做得很好。这就引出了一个问题，什么样的作品才堪称卓越？如何才能知道完成了卓越的作品？对此，我列出了 10 个简单的测试标准。

**1. 该作品是否令人惊讶？**它是否会吓到一些人？是否对普通观念提出了挑

战？它是否对问题进行了重新构架？你在设计过程中是否学到了新的东西？创新的核心是新颖性。因此，如果你的解决方案没有超过他人的预期，那么它大概率不会对其所在的类别、市场或者行业带来较大影响。

**2. 该作品是否能尽其职？**它是否能刚好对上“答案形状的孔”？它与它的用途之间是否相辅相成、相得益彰？它在生产、投放、使用以及维护等过程中，是否经济实惠？解决方案是否具有必要性？20 世纪一位极具影响力的室内设计师比利·鲍德温（Billy Baldwin）认为，物品的设计只有符合其用途，才能算作是有品位。他说：“实用的才算美。”

**3. 基本假设是否正确？**哪些假设必须成立，才能保证结果的成功？有没有办法使用原型来检验假设？如果假设不成立，解决方案又该如何调整？

**4. 该作品是否有明确的重点？**它是否有一个关键主体、中心主题或者主要优势，能够将其所提供的解决方案牢牢锚定在目的上？如果它似乎有太多目标、想要取悦太多人，那么请重新设计。

**5. 该作品的元素和谐吗？**各种元素是否处于和谐的平衡状态？每个元素都是必需的吗？它们是否构成一个统一的整体？这个整体是否具有美感？当所有元素发挥作用时，整体的效果是否比单个元素所带来的效果更加优异、丰富？

**6. 目标受众会喜欢该作品吗？**他们是否会保持一定的忠诚度？它能否吸引更多的人才，来与你共创大业？如果你试图取悦所有人，终将无法取悦任何人。如果你发现，对你的作品感到满意的人并不是你的目标受众，而你的目标受众对你的作品无动于衷，那么，你可能会后悔自己没有在公开发布之前进行一些测试。亨利·福特曾经认为测试毫无作用，直到 1958 年推出埃德塞尔车型后发现它没有市场，才追悔莫及。

**7. 该作品是否大胆？**即便做了测试，也无法免除创新所带来的全部风险。某些时候，硬着头皮也得上。幸运的是，大多数人都喜欢冒险，这也是为何许多大胆的想法都能成功地吸引大批狂热追随者的原因。对大多数人来说，大胆体现了真诚。

**8. 该作品在将来是否有价值？**它是否与其他伟大的想法产生联系？能否进一步提供创新平台？它是否将其他人考虑在内（不仅包括你和你的公司，而且包括你的客户以及整个社会）？能否为将来可能出现的后果承担起责任？

**9. 该作品是否有深度？**它能否带来多个层面的联系？它是否不仅能够在感官上吸引人，还能在理性思维、情感、联想和认同感等层面上使人产生共鸣？

**10. 该作品是否具有简单性？**你是否去除了所有毫无必要的功能、按钮和颜色？是否去除了多余的装饰、面和角？是否删除了毫无必要的场景、章节和符号？是否削减了额外的步骤、操作和成本？保证简单性并不意味着你需要删除所有特别的细节，而是指所有特别之处都应对作品有所贡献。

那么，简化到何种程度才合适？这就关乎在深刻理解、熟练掌握的基础上所建立的直觉，你需要培养这种直觉。通常，人们会通过比较来做出良好的判断，与此相同，想要培养出对简单性、对美学的良好直觉，也是通过比较。你要将某种功能或解决方案的优点与其他功能或解决方案进行对比，需要从各个角度观察比较对象，权衡它们的优劣利弊。如果不善于比较，那么你很难找到落脚点。

我们不妨将“比较”视为审美判断的“验光过程”。当你去验光师那里检查视力时，需要通过综合验光仪来查看墙上的视力表，验光师会不停地转换综合验光仪内的镜片，为两只眼睛找到具有最佳矫正效果的镜片。

更换镜片时，验光师还会询问你：“哪个镜片看起来更清晰，那一个，还是这一个？”正当你认为字母Z看起来非常清晰的时候，却发现下一个镜片能够使它看起来更加清晰。如果不是得益于比较，你可能最终只会拥有一副效果欠佳的眼镜。

对于大多数人而言，只要给予足够的时间和足够多的选择，都能选出最具美感的事物。然而，在多数情况下，我们并没有足够的时间或者足够多的选择。通常，我们需要在没有掌握足够背景的情况下匆忙做出决定。

专业人士所拥有的经验就是他们的价值所在。他们经历的各种情况，使他们将无数具有美感的选项内化为自己的经验。因此，在做选择的时候，他们不需要太多时间去比较，因为前期已经投入了大量的时间，相关选项已经成为他们记忆的一部分。

## 如何让别人接受你的想法

使专业人员能够快速做出直观判断的技能，同样也会造成知识鸿沟，从而阻碍事物获得人们的广泛接受。在知识不对称的情况下，即当一个个体或小组对某个主题的了解比另一个个体或小组的了解少时，前者会产生恐惧感，而后者会觉得失望。获得赏识新想法的能力就好比是一趟旅程。那些经历过这趟旅程、拥有了这种能力的创新者，常常会忘记其他人需要更多的时间才能赶上他们的步伐。

想象一下，如果有人将一张世界地图以上下颠倒的方式展现在你面前，然后告诉你，将来所有地图都会以这种方式展示，你会怎么样？即便你知道这张地图与你之前见过千百次的地图没什么两样，但你依然会觉得它很奇怪。它让你感到非常不熟悉，就像是第一天去一所新学校那样。你需要花些精力，才能接受澳大利亚在地图的“上方”而不是“下方”。

现在，请想象一下，有人向你提出了一个完全颠覆你原有观念体系的想法。这个想法可能是一个大胆的新商业计划、一次全方位的组织变革或者一次意外的求婚。你的第一反应极有可能是抵触。你可能会挖空心思极力寻找反对该想法的理由，甚至可能会迁怒于向你提出这一想法的人。事实上，大多数人都是等到改变真正影响到他们时，才会喜欢上改变。作家兼演讲家斯科特·博克顿（Scott Berkun）曾说：“创新者希望某些人能够支持他们改变世界的愿望，但这些人却很少会支持，这是创新者隐秘的悲剧。”

当一个新想法受到人们的强烈反对时，最常发生的事情就是当场妥协。提出新想法的人只能通过“妥协”或者“背弃”，来部分实现原来的想法或避免冲突。但是，如果创新缺乏完整性，就好比买了一张去中国的半程机票一样，虽然省了一笔钱，但你永远也无法抵达。因此，更好的选择是，要努力说服团队和你一起踏上旅程，尽量不要走弯路，也不要让人感到不适。

想要说服组织接受某个想法，第一步，必须理解遗传学家 J. B. S. 霍尔丹（J. B. S. Haldane）所提出的“接受新想法的四个阶段”。每当有人提出颠覆行业的想法时，团队中一些人的第一反应通常是称其为“毫无价值的废话”。而当该想法逐渐在行业获得一席之地时，上面提到的那些人就会改口称该想法“有趣，但有悖常理”。然后，当该想法得到证实时，他们又会承认它“确实可行，但意义不大”。而当该想法最终大获成功时，他们就会立刻宣称：“我早就这么说过了。”这种模式非常普遍，甚至可以用于测试某个想法是否可能在未来获得成功。

如果某个想法遭受团队成员的强烈抵制，就预示着它或将取得巨大的成功。

第二步是将上述四个阶段尽量压缩在一段较短的时间内。如果你在几分钟或几天之内，而不是耗费几个月或几年的时间，就能够带领团队成员从“毫无价值的废话”阶段走到“我早就这么说过了”的阶段，那么你就能保持想法的完整性，并及时启动这一想法。想要尽快走完这四个阶段，最佳方式是讲故事。故事可以采用寓言、连环画、儿童读物以及其他各种形式，关键在于保持简洁有力。利用幻灯片来向人们摆事实，无法赢得人心。斯宾塞·西尔弗（Spencer Silver）花了五年的时间试图说服 3M 公司相信他制造的弱黏合剂同样具有价值，却徒劳无功，只因为他无法用一个简单的故事来描述这种弱黏合剂的作用。然而，最终他的同事利用这种弱黏合剂发明了便利贴。如果当时西尔弗能够想到这种弱黏合剂有这一特殊用途，那么他或许也能利用便利贴原型，讲述出一个生动的故事。

接受阈值

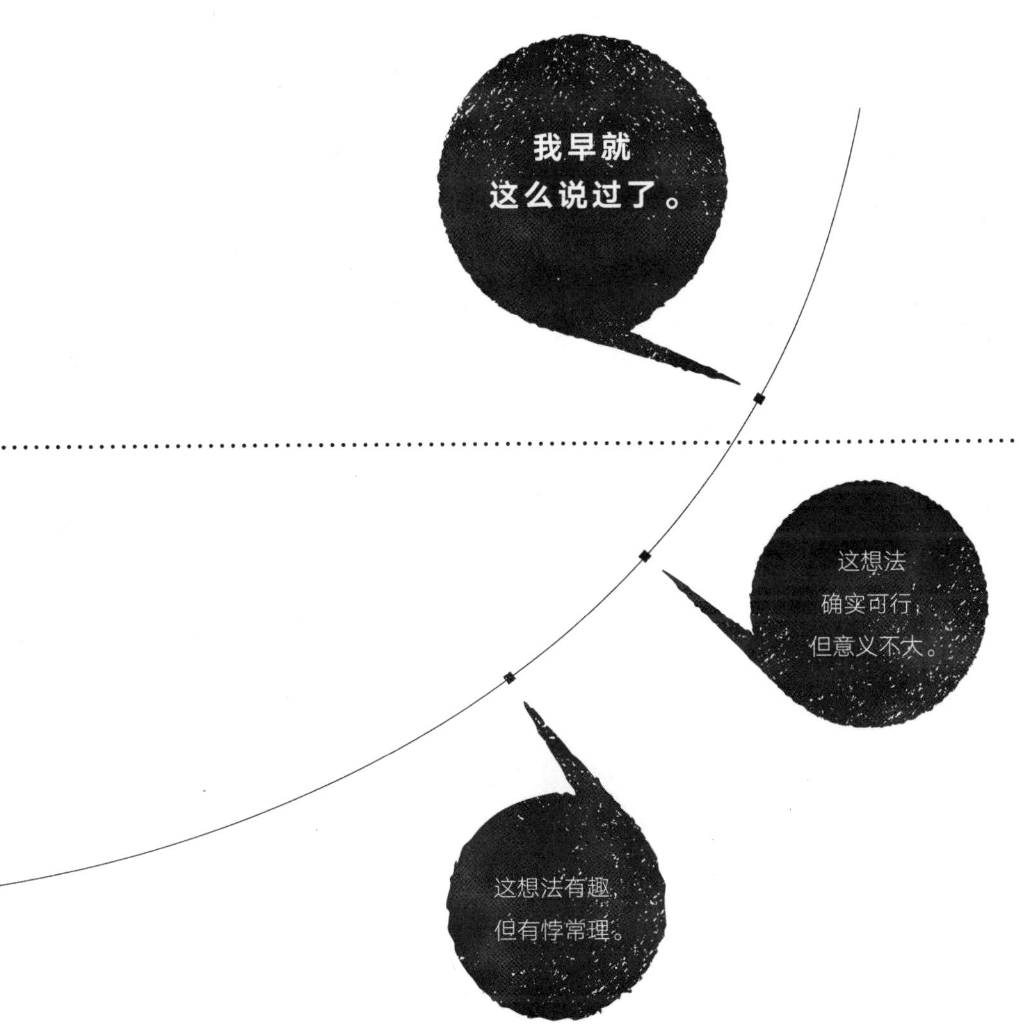
我早就
这么说过了。
这想法
确实可行，
但意义不大。
这想法有趣，
但有悖常理。

当你的目标是描述未来的愿景时，仅向人们提供信息是远远不够的。人们早已深陷信息的泥沼。他们需要的是想象发生改变之后的生活，并将其与现今的生活进行比较。这也是为什么把它称为“愿景”，而非“计划”。当员工抱怨公司没有愿景时，管理人员常会为此感到沮丧。他们会争辩说：“我们公司当然有愿景。五年之内将公司打造成一家市值 50 亿美元的公司，就是我们的愿景！”实际上，这并不是一个愿景。愿景更像是一幅图片、一个描绘理想最终状态的清晰图示。当微软公司刚刚成立时，公司的愿景是“让每家每户、每台桌子上都有一台电脑”。这才是能够使人产生想象画面的愿景。

当你用简单的故事，将人们从“如今怎样”带往“以后怎样”时，他们就能够轻而易举地想象出自己在故事中扮演的角色。并且，如果你能够向他们描述一幅“从此以后永远幸福”的清晰画面，那么在前进的道路上，他们会将这幅画面牢记于心。愿素履以往者，必心有所向。一个清晰的故事能够激励人们，使人们不再坐等号令，而是去主动奋斗、实现使命。

说服组织接受新想法的最后一步，是“护送”该想法平安度过“死亡谷”。“死亡谷”是原始愿景与商业部署之间的沼泽，有很多非常有希望的想法就是在此陨灭的。新想法是脆弱的，可能一句话、一个眼神、一个不置可否的耸肩就会将它们扼杀。“护卫者”要做的就是保护这个想法，直到它变得足够强大、能够自立。

可以通过灵活运用指标来躲避反对者的攻击。当你可以用具体的数字来反驳质疑者时，会发现数字具有让人心安的效果。传统观点认为，我们很难对创新加以衡量。但是，这种观点只有在你认为所有的衡量指标都必须具有准确值的情况下才成立。有一种更实用的方法：去寻求如何量化“降低的不确定性”的方法。因为一旦降低的不确定性得以量化，那些胆小的人就能够心安了。贝叶斯定理（Bayes' Theorem）就是这样一种方法。该定理是一个根据新信息来修正原有信念的公式。虽然贝叶斯定理和其他公式都是概率计算公式，但它们足以消除一些质疑，让人们大胆接受新想法。

让反对者无力反对的另一种方法是找到有力的支持者。通常来说，组织的领导者不是创新者，但是他们能够在改变团队准则方面发挥巨大影响。用社会心理学家黛博拉·普伦蒂斯（Deborah Prentice）的话说："领导者是处于高层地位的超级循规蹈矩者，他们体现了组织的最典型特征和追求。"如果能使他们看清创新概念对组织既定目标所带来的价值，那么在使人们接受新概念方面，他们就能发挥巨大作用。

领导者和设计师对积极改变有着共同的兴趣。如果说设计是将现有状况不断提升和改善为理想状况的过程，那么从某种意义上说，所有领导者都是设计师，而所有设计师也都是领导者。甚至连政治家也渴望进行积极的变革，但是由于政治体系的固有性质，决定了他们无法自由推广未经证实的想法，必须等到某个想法在基层获得一定数量的支持者之后，才能予以采纳。

想象不会在一夜之间成为创新想法，需要进行构思、培育、完善、保护、证明、改进，并最终说服别人接受。哪怕是一个很小的梦想，如编写一个出色的应用程序、拍摄一部结构紧凑的纪录片、设计一款新产品、策划一次标志性的广告活动、编创一段新的舞蹈等，都必须经历相同的过程。哈佛大学前校长劳伦斯·萨默斯（Lawrence Summers）曾说生活中有一个很好的原则，"好事多磨难，但万事只有开头最难"。

在我看来，发起一项创新就像分娩一样，过程极度痛苦而漫长，在此之后还要长期经历缺乏睡眠的状态。当然，我永远也无法对分娩感同身受。我只能想象，分娩或许也如同发起创新一般：你会怀疑自己之前到底在想什么，希望这一切从未开始过，然而，当一切结束时，你会感到非常自豪。

## 人类的任务清单

最近，几位来自日内瓦的天文学家宣布，他们发现了一个迄今为止最接近地球的金凤花行星（Goldilocks）。你或许想知道什么是金凤花行星。如果一个行星的体积既不太大也不太小，温度既不太热也不太冷，而是恰到好处，就称其为金凤花行星。此类行星处于恒星周围的适居区，它们与其所绕恒星间的距离不远不近，与地球的温度相差不大，还有液态水的存在，是大气环境类似于地球的多岩行星。

这颗特殊的金凤花行星（HD 85512b）的质量是地球的 3.6 倍，绕其恒星公转 1 周的距离约为地球绕太阳公转 1 周距离的 1/4。因此，它仅需 58 天即可完成一次公转（这意味着你每隔两个月就可以庆祝一次生日了）。它绕一颗橙矮星轨道运行，该恒星的亮度仅为太阳的 1/8。最令人激动的好消息是，该行星位于船帆座（Vela），距离地球仅有 36 光年。这意味着，如果我们未来能以光速飞行，并找到通往船帆座的路，就可以在不到 40 年的时间抵达该行星。

我 8 岁的时候，曾经带领社区的小孩们，试图一起建造一艘火箭船发射到火星。但我们几乎在项目开始时就遇到了技术难题。虽然在第一天就完成了船体的设计，但是我们不知道如何设计推进器、导航系统以及如何使船体免受太空外界的危害。也就是说，火箭船还只是一块带有露天座舱的木头。在能够解决上述问题之前，我们不得不将项目暂时搁置。

究竟为什么需要寻找金凤花行星？这是因为全世界的科学家从本质上来说，都是童心未泯的 8 岁小孩呢，还是因为有许多人认为，我们未来将会面临搬离地球的境况？

大约 200 万年前，在直立人时期，地球上孕育着数十亿只动物，但其中只有数千个是人类。当时人口一直保持稳定状态，直至大约 5 万年前，克罗马农人（Cro-Magnons）发动了第一次文化革命，工具和明火得以使用，直立行走，以及最为关键的，利用口头语言进行沟通。从此之后，人口开始第一次激增。在掌握了这些新技能之后，人类开始从非洲冒险迁徙到欧洲，再到澳大利亚。也正是克罗马农人给我们留下了山洞中的壁画。

第二次人口激增始于大约 1 万年前。首先，我们发明了可预测产量的农耕系统来生产食物；随后，我们又发明了写作，使知识得以在人类之间互相传播、传递给后代。凯文·凯利指出，这是人类历史上的一个转折点，“此时我们对生物圈的改造能力超过了地球对我们的改造能力”。换言之，我们的技术发展速度已经超过了人类基因的进化速度。到公元元年，人口数量已增长到 3 亿。

第三次人口激增出现在大约 200 年前，与工业革命同时发生。文艺复兴之后，书籍的大量生产使科学技术得以普及。到 1800 年，人口已经增长到 10 亿。仅 127 年后，人口数量达到 20 亿；33 年后，人口数量达到了 30 亿；又过了 15 年，就达到了 40 亿。如今，世界人口数量已经达到了近 80 亿。

我们对未来的担忧，实际上正源于人口的指数级增长。地球到底能够容纳多少人口？人类对地球而言是有益呢，还是说，人类就像一种病毒，终将自生自灭，因人类破坏而受损的生物圈也终将自行恢复？这种失控的人口增长现象被称为马尔萨斯灾难（Malthusian crisis）。经济学家托马斯·马尔萨斯（Thomas Malthus）于 1798 年撰写了《人口论》（*An Essay on the Principle of Population*）。他在书中指出：“人口增长将导致对生存资料的大量需求，该需求将远远超出地球的供给能力，这种情况将使人类不得不过早面对某种形式的死亡。”他列举了一系列可能出现的灾难局面，其中包括大范围的饥荒导致疾病广泛传播，最终使人类走向灭绝。

如今，马尔萨斯主义者将“生存资料无法满足庞大的人口需求”这一担忧，进一步推广到各种自然资源的限制上。化石燃料和森林资源被耗尽，空气和水资源遭污染，地球生物种类不断减少，以及所有矿产资源消耗殆尽。在他们看来，人类就像是一群无知的孩子，虽然手握无价的金币，却将它们全部花在糖果机上。地球花费了45亿年的时间才积累了我们现在享受的种种资源，但我们却像没有明天一样地在滥用。有一句话说：“地球资源并不是我们从祖先那里继承来的，而是我们从子孙那里借来的。”可悲的是，如今人类关于自然资源的大多数讨论，都是围绕着如何才能提取自然资源。这不禁令人深思，地球是否终会因为资源耗空而崩溃。显然，如果我们仍然以这种方式继续下去，那么人类的进化进程终将难以为继。

“但我们不会以现在这种方式继续下去，”《理性乐观派》(*The Rational Optimist*)的作者马特·里德利（Matt Ridley）指出，“这种事情不会发生的。”他说，我们会尝试发明新技术、新系统和新理念，从而将人类带入下一级的发展阶段。如今，我们不知道未来人类将如何自处，不代表将来依然不知道。我们肯定会渡过难关。

不妨从编写人类的任务清单开始。21世纪，我们面临的挑战是什么？哪些问题得以妥善解决，就能带来新的健康与繁荣之景？……

**1. 减缓动植物物种灭绝的速度。**物种灭绝不仅可悲，而且还会削弱生态系统的整体适应力。生物多样性是维持地球健康的关键因素。

**2. 使城市更加宜居。**研究人员预测，到2050年，全球将有75%的人口生活在城市中。城市能够为我们提供巨大优势，包括资源、知识和人才的共享。但这是否意味着我们不得不放弃良好的绿化、安静的街道和清洁的空气？

人类只有通过掌握元技能、利用网络化工具以及对未来持有共同愿景才能解决这类复杂问题。

## 任务清单

增加生物多样性
让城市更宜居
降低肥胖率
改善规模化农耕
发明可再生能源
清洁海洋
减少浪费
可回收材料标准化
消除战争
重振中产阶级
修复臭氧层
刑罚系统人性化
降低疾病发生率
减少饥饿
改善医疗卫生系统
加强国际合作
发明清洁水
资金流动合理化
加强社区建设
普及审美
改善公共交通
重塑教育体系
优化人口水平
减轻贫困
改革政府
提升幸福感
超越光速飞行

**3. 解决食物问题。**世界上一半人口面临肥胖的困扰，而另一半人口仍在遭受饥饿。人类似乎并不知道如何均衡粮食。对于人类而言，解决粮食问题不仅意义重大，而且刻不容缓。

**4. 全球变暖已接近紧急状态。**虽然仍然有人否认全球变暖，但我们还是有理由发出警告的。海平面不断上升和动物种群的消失已经带来了非常恶劣的影响，我们不能自欺欺人而使问题变得更加复杂。我们需要采取行动。

**5. 能源。**人类利用能源获得了如今的成就，但有限的能源将无力支撑人类继续前行。每个人都能够认识到这一点，但认识并不意味着能够解决，能源问题仍然是一个非常棘手的问题。请试想一下，如果由于大量使用化石燃料，使大气层遭到破坏，然后又发现我们并没有足够的能力将人类带往另一个适合居住的星球，岂不悲惨？

**6. 关于污染问题，首先必须清理海洋。**地球之所以能够成为最宜居的金凤花星球，正是因为液态水的存在，这是整个宇宙的瑰宝。我们还需要减少浪费。如果我们足够聪明并有决心，那么应该能够设计出可以回收利用的产品，而不必对用过之后的产品进行降解处理或者直接丢弃。当然，实际上，我们无法丢弃任何东西。因为在地球这个封闭的系统中，所有的废弃物都将一直存在。

**7. 药物普及。**这不仅仅是出于人道主义，而是因为只要药物无法普及到地球的每一个角落，人类就必须面对快速传播的病毒和其他传染病的威胁。随着人类之间的联系变得日益紧密，此类风险也逐渐上升。

**8. 战争问题。**虽然战争在逐渐减少，但我们需要彻底摆脱战争。战争是熵的本质。在 78 亿人口的压力下，我们再也负担不起由大规模战争所产生的巨大浪费。这不仅浪费资源，同时也磨灭人类的精神。

上面提到的是一些紧急任务。一旦我们能够妥善解决，便可以着手解决一些真正高端的问题，例如，如何使飞行速度达到光速。如果解决了此类高端问题，那么我们飞往另一些金凤花星球将不再是童话。

当然，无论一个人拥有多少种元技能，在面对巨大挑战时，都无法以一己之力加以解决。这类棘手问题只能通过合作来解决。在将来的团队合作中，能够发挥巨大作用的人必定是那些树立共同愿景，并能综合运用感觉、观察、想象和制造的元技能，去不断热情逐梦的人。如果你也是这种人，那么，你还需要另一种元技能——学习，它是 5 种元技能中最关键的一种。

## METASKILLS 行动清单

1. 元技能 4：制造，即熟练掌握设计过程的能力，其中包括设计原型的技能。除非你动手去做，否则你的想象将永远无法实现，也将无法得到改进或提升。
2. 对于创造力而言，项目管理的效果远不如激情管理。只有接纳真实的设计过程——困惑、杂乱、混乱、危机、宣泄，才能培养和保护创造激情。

3. 最优秀的设计师通常都能保证项目的流动性，即在设计过程中不断进行迭代，并在协作者之间不断进行交互。
4. 信息或产品的真正价值来自在创造过程中被不断去除的内容，即“明确去除的信息”。“明确去除的信息”越多，保留下来的信息就越有价值。
5. 强大的品牌往往善于简化自身。简化设计的 5 个小原则，让你知道包括什么、不包括什么。
6. 消费者想要的是最佳选择，而不是最多的选择。因此，为他们提供“单选式”购物体验是品牌塑造的第一目标。
7. 衡量好作品有 10 个标准。

# METASKILLS

元技能 5

## 学习，
## 精通自主学习

## 学习，让一切成为可能

学校系统的建立基于一个信念，即教育实质上是一种编程。如果想要使人们对社会做出有益贡献，就必须让他们遵循标准化的思维模式。因此，就业指导员所做的事其实是一种预测。他们会想，在不久的将来，哪些工作岗位最为充裕？

这导致很多人在高中时得到建议，尽量争取考会计或法律专业，因为从这些专业毕业之后可以从事名利双收的职业。猜猜结果怎样？一大批学生毕业于会计和法律专业，其中大多数人并没有发挥重要的作用，而是做着一份极其普通的工作，甚至有些人放弃了从事相关领域的工作，接受了自己本就平庸的观点。

没错，这就是 20 世纪 60 年代的状况。但是，直至半个世纪之后，顺应潮流的压力仍然明显。我经常听到学生说，“我想我今后会从事与社交媒体相关的工作，这个行业来钱快”，或者“中国正在成为经济强国，所以我在学习普通话”，抑或是“生物学如今十分热门”。这些言论充满一种宿命感，他们认为一个人的未来是由某些热门的就业市场所决定和限制的。

未来不属于现在。我们不属于教育，但教育属于我们。我们不仅需要对“学什么”负责，还需要对“如何学”负责。正如霍华德·加德纳所说：“我们不能仅仅依靠别人提出的任务或问题，而是需要提出新的问题。”更重要的是，我们需要掌握在不同环境中学习的能力，而不是死记硬背。

加德纳说：“如果在考试中，你能够选对多项选择题，或者能够以既定方式给出某些问题的答案，那么人们就会认为你已经掌握了这些知识。没有人会进一步发问你是否真的掌握了这些知识。”在教育体系中，有一项不成文的规定，那就是对于某个级别的学生而言，通过相应级别的考试就算是学业成绩达标了。加德纳认为，即便是荣誉学生，也常会怀疑自己所掌握的知识是脆弱的，这让他们产生了一种觉得自己的成绩甚至整个教育体系都名不副实的不安感。

在如今的教育体系中，学生会因浅层学习而获得奖励，甚至还会因为深度学习而受到惩罚。真正的学习需要“跳出课程大纲”，为真正理解某个学科而投入必要的时间。传统学校根本就不是以这个目的而设的。如果一个有抱负的学生决定放弃这样的教学系统，自行寻求真正意义上的理解，那么结果很可能会是学业表现糟糕。

对于那些想要真正掌握知识的学生来说，我的建议是，不要期望传统学校去做它们无法做到的事情，你需要将自己的教育掌握在自己手中。利用传统课程来做它们能够做到的事情，也就是向你教授广为人知的知识。然后，利用其他途径来探索更深层次的知识，那些你特别感兴趣的内容，如此一来，这些知识对你而言也将更具价值。这类途径包括参与学徒制计划、研讨会、特殊项目、非学分课程、在线教程，或者自己拟订一些阅读方案。当你将重点从获得高分转移到获得理解上时，就踏上了通向真正掌握知识的道路。因为你开始学习如何学习了。

**自我导向式学习，或称“自主学习”（autodidacticism），是一种强大的学习方式，因为它使你能够以你所掌握的技能为基础，在此之上构建起新的技**

**能**。学会学习能够使个人快速成长。通过将深入理解的原理应用于相邻学科，能够使你从对一种技能的把握横向转移到对另一种技能的把握。世界变化得越快，就越需要适应。阿尔文·托夫勒（Alvin Toffler）在《重思未来》（*Rethinking the Future*）一书的序言中指出："21 世纪的文盲不再是不识字的人，而是那些没有掌握如何学习、反学习和重新学习的人。"

当你能够随心所欲地学习时，一切皆有可能。你的信心激增，再也没有自己掌握的知识名不副实的感觉了。你的知识是完全真实的，因为你是通过亲身经历、投入努力才获得了这些知识。每当学习新主题或者新技能时，大脑都会进行重新设定，以适应新的知识。你身上出现了根本性的变化。罗伯特·格鲁丁（Robert Grudin）在《伟大之物的优美》（*The Grace of Great Things*）一书中指出："新想法偏爱那些能够孕育它们的大脑，它们会使之为其着迷，并随之将其占领，使其用新的方式思考。"

1999 年，美国国家心理健康研究所针对一项为期 30 年的研究发表了研究结果。该结果指出，工作中常常遇到新的棘手问题的人，其工作表现比在工作中无须过多思考的人要好。大多数人都认为难学习的科目往往需要更高的智商，然而更有可能的是，不断面对难以解决的问题将提高人们的智商。从某种意义上来说，我们并不是在解决问题，而是问题在磨炼我们。问题帮我们不断了解自我，要求我们不断超越自己的界限，并直面未知。

## 欢乐区，练习 × 激情 = 技能

埃里克·德迈纳（Erik Demaine）20 岁时成为麻省理工学院有史以来最年轻的教授。如果你认为这很了不起的话，不妨听听他的经历。德迈纳从小由他的单亲父亲在家教导，12 岁就进了大学，并在 14 岁获得计算机科学学士学位。

几年后，他又在滑铁卢大学获得了博士学位。之后，他荣获麦克阿瑟天才奖（MacArthur Fellowship），奖金为 50 万美元，获奖者可将奖金用于感兴趣的任何事情。德迈纳将这笔奖金用在了探索折纸算法上。他说："我喜欢折纸是因为这很有趣。有趣就是驱动力。"但现在，他正在尝试解决生物学上最棘手的一个问题：探索蛋白质分子如何折叠成决定其功能的形状。

德迈纳说："当你近距离观察任何生物时，你会发现，生物内部其实是许多蛋白质在不断运转，才使生命成为可能。每种蛋白质都会折叠成特殊的形状。当蛋白质折叠成错误的形状时，会使人患病，如阿尔茨海默病或者疯牛病。"如今，科学界面对的问题是蛋白质的折叠无法实时观察到。因此，德迈纳希望能够基于他对折纸的深刻理解而构建出一种数学模型，从而进一步设计出合成蛋白质。

什么样的人才会如此行事？"我是个怪人。"他咧嘴一笑说道。他的兴趣跟一个早熟的 10 岁孩子差不多：纸牌魔术、杂耍、翻花绳、电子游戏、折纸、即兴喜剧和吹制玻璃。他说："我吹制玻璃是因为觉得很有趣。我做即兴表演是因为觉得很有趣。刚开始我喜欢上折纸，也是因为折纸算法特别有趣。如今，我有时间也会折纸，因为折纸本身就很有趣。"

那么，德迈纳究竟是因为他是天才才有足够的时间玩，还是因为他花了足够的时间去玩才成了天才？这可是一个价值 50 万美元的问题。显然，麦克阿瑟奖委员会认为是后者，因为他们认为德迈纳极其善于"将理论知识快速转化为游戏"，并从个人感兴趣的事物中获得深刻的科学见解。

这就是所谓的"玩学结合、寓学于乐"。这种方式之所以如此有效，是因为它能够使人产生积极的情绪。积极情绪有助于集中注意力，继而带动学习。理查德·索尔·沃尔曼（Richard Saul Wurman）说：“学习就是不断探索更多你感兴趣的内容。”沃尔曼曾经做过制图师、建筑师、平面设计师、作家、出版商，他还是 TED 会议的创始人。他说：“我喜欢探索那些我特别感兴趣但又没有完全了解的主题。”

著名的马戏团杂耍演员瑟奇·佩塞利（Serge Percelly）也曾说过类似的话：“我只是想做一些我自己希望看到的动作。”

电影制片人简·坎皮恩（Jane Campion）说：“将工作与游戏结合，才能找到你的激情所在。”游戏与收获快乐之间相辅相成。富有创造力的游戏能够释放出内啡肽，这种物质能使人心情愉快。反过来，研究表明，当人心情愉快时，通常会更有创造力。因此，愉悦感和创造力之间是相互促进的。**一旦进入了“欢乐区”，学习效率会显著提升，有时会提升至 5～10 倍。**时间似乎过得飞快，不知不觉中，你已经掌握了一些扎根于内心的知识。

欢乐区是传统教育隐藏得最深的秘密。毕竟，如果人们普遍都知道学习应该是激情的产物，而不是考试的产物的话，那么社会将不得不接受一种更加困难的教育模式。届时，学校就必须成为激发学生激情的地方，而不是一个只会照本宣科的地方。由于个体的热情是无法用统一标准衡量的，因此按照目前的标准，同样无法衡量学校的教育成果。随着时间的推移，毕业生在之后的人生中获得的幸福感、成就感和满足感，将成为衡量学校教育成果的重要标准。

这是白日梦？不，我相信我们的教育体系正朝着这个方向迈进。然而，对于许多人来说，为时已晚。他们要么忙于工作，要么忙于完成正规教育。如果你也是其中一员，那么最好还是从现在开始将自己的教育把握在自己手中。你需要意识到，你每天都有机会进入欢乐区，而那里是以学习本身为目的的区域。这意味着你必须清楚自己喜欢做什么，并愿意花精力去探索你感兴趣的事物。

**当你在某个领域如鱼得水时，“如何才能精通”用一个简单的公式就能加以概括：练习 × 激情 = 技能**。深度学习需要这两个因素。如果你删除该公式中的练习，那么只能获得漫无目标的愉悦感；如果你删除该公式中的激情，那么你的学习只会流于表面。虽然在缺乏某个因素的情况下，你仍然能够掌握一定水平的技能（例如，被迫拉小提琴的孩子经过长年累月的练习，也能拉得不错），但所需的时间要漫长得多，而且你的技能从某种程度而言会有一定的缺陷。可是，如果同时做到勤于练习和充满激情呢？会出现奇迹的。不仅学习进度猛增，你还会体验到非同一般的愉悦感，精通也只是时间问题了。

让我们再次来听听米哈里 · 希斯赞特米哈伊给我们的启示。希斯赞特米哈伊教授是公认的心流专家，他用“心流”来描述能够真正激发创造力的心理状态。这是一种最佳的体验状态，人们能够感觉自己在掌控着自己的行为、掌握着命运。心流发生在“无聊”和“焦虑”之间的狭窄区域里。如果任务太简单，将会发生什么？你会失去兴趣。如果任务太难，又会发生什么？你会选择放弃。只有当任务处于既不简单也不困难的中间区域时，才是欢乐区所在。

大多数最佳体验都发生在以目标为导向并且受规则约束的活动中，而非漫无目的的情境中。此类活动不仅需要我们投入足够的精力，而且要求我们拥有正确的技能。活动中存在一些竞争倒也无妨，但前提是将竞争作为提高技能的一种手段；当竞争本身成为活动的目的时，就会使人失去兴趣。

希斯赞特米哈伊指出，当你的身体和思想共同努力、自愿挑战极限，试图完成一件既困难又极具价值的事情时，就是最佳时刻。他说：“当狂风吹打着水手的头发，而他依旧紧紧把握着航向时，他所体会到的就是这种感觉；当画布上的当自身的技能水平与挑战水平旗鼓相当时，你会进入心流状态，这是一种精神完全集中并体验到高度兴奋感的状态。

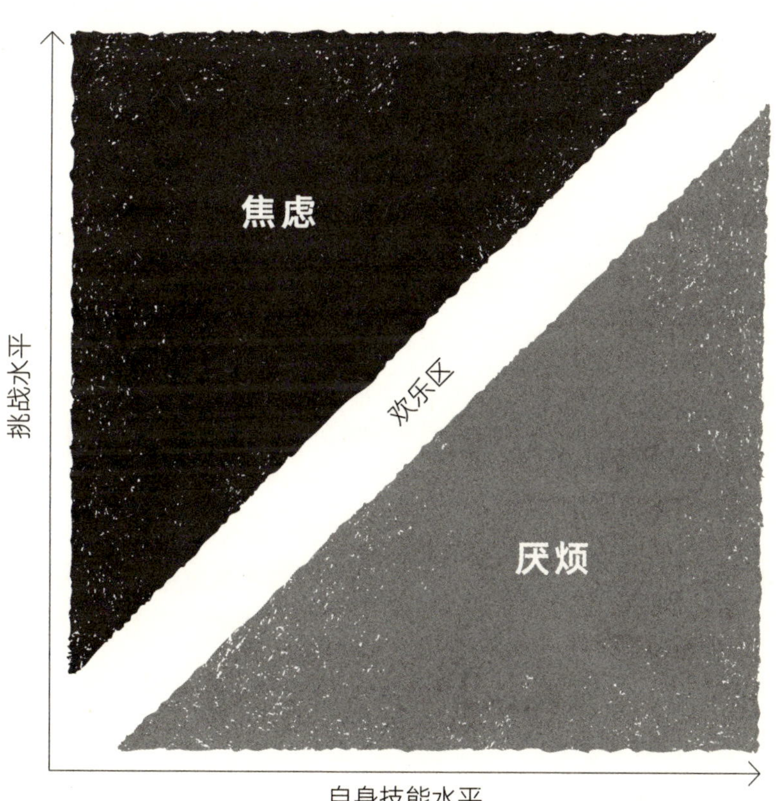

颜色开始相互作用，彼此之间产生富于张力的影响时，画家所体会到的也是这种感觉；当一件新事物、一种新形式在创造者面前逐渐成形时，创造者所体会到的同样是这种感觉。”

能够激发创意的最佳体验往往意味着自由，也就是能够自由地去寻找挑战水平与个人能力水平之间的平衡。标准化的课程，或是基于考试的教育模式，都不可能提供这种平衡。因此，你必须设法自己去寻找，找到自己的优势所在，找到能够发挥这种优势的途径，然后花必要的时间去尝试，不断突破自己的理解极限。正如约瑟夫·坎贝尔（Joseph Campbell）① 所说，你应当去追求“心之所向”。

## 选定你的任务，全心全意投入

激情的力量很强大，但有时缺乏一定的战略性。当今社会中，我们通常会根据竞争排除原理来决定赢家和输家。这一原理和达尔文所说的优胜劣汰如出一辙：当两个或两个以上物种争夺有限资源时，其中一个物种将获胜，而其他物种将被淘汰。这是一个残酷的世界。然而，如果你采用相反的战略性差异化原则，就不一定需要面对如此残酷的局面。我们能够利用这一原则支配那些别人无法获得或者毫无兴趣的有价值资源。

如今正在研究生命起源的诺贝尔奖获得者杰克·绍斯塔克（Jack W. Szostak）说：“我不喜欢竞争，尤其不喜欢那种‘即便没有我的参与也不会有什么缺憾’

① 作为西方流行文化的一代宗师，他开创性地发现了“英雄式模式”，引导乔治·卢卡斯创作了《星球大战》系列传世作品，更对神话中的女神形象进行了专注的研究。《千面女神》一书就是坎贝尔对神圣女性的形象、功能、象征以及相关主题的讨论的汇集。这本书的中文简体字版已由湛庐策划，北京联合出版公司 2021 年出版。——编者注

的感觉。如果靠别人也能够完成，那我参与其中又有什么意义呢？”确实如此。如果你在使用某种技能时不得不与其他人竞争，那么为了精通该技能而投入大量时间到底意义何在？为什么要在有没有你的参与都无关紧要的领域耗时耗力？

在本书的开篇部分，我暗示了目的可能会推动个人获得成功。我认为，目标并非与生俱来，但是大自然使人类拥有了追求目标的心智，这种心智使人类在有目标感的情境中、在认为生命具有意义时，能够表现得更好。美国心理学会将学习定义为追求个人目标的自然过程，在此过程中，人们通过个人独特的感知、思想和感受来过滤信息和经验，并以此构建意义。希斯赞特米哈伊说：“‘生命的意义是什么？’是一个古老的谜题。答案原来如此简单，生命的意义在于其本身。”

然而，面对激烈的竞争，单凭有意义的目标不足以确保成功。目标需要与战略相结合，战略是指通过精心计划去占领并捍卫对你而言重要的领域。这个世界不需要更多无足轻重的软件设计师、艺术家、演员、经济学家、运动员、律师、美食作家、维权人士或者电视主持人，但是确实需要不同领域中的杰出人物，比如杰克·多西（Jack Dorsey，Twitter 创始人之一）、薇奥拉·戴维斯（Viola Davis，美国女演员）、穆罕默德·尤努斯（Muhammad Yunus，孟加拉国经济学家）、巴斯特·波西（Buster Posey，美国著名棒球手）、阿曼达·赫瑟（Amanda Hesser，《纽约时报》美食专家）、卡米拉·瓦列霍（Camila Vallejo，智利的学生运动领袖）和斯蒂芬·科尔伯特（美国著名脱口秀主持人）。因为他们找到了能够表达自己人生目标的独特使命。他们之所以能够找到各自的使命，其中一些人是出于偶然，另一些人是缘于追寻“心之所向”，还有一些人则是通过精心计划。

使命，也就是实现目标的计划。拥有使命并不能保证成功，但它能够提高获得成功的概率。使命并不是永久的。对于你所在的领域、所处的竞争环境以及你与世界的关系，你的了解会不断加深，因此你的使命也可能会发生变化。使命的价值并不在于一成不变，而在于专注性。它让你清楚地意识到，方向并非多多益善，没有人能够同时朝着 100 个方向奔跑。

“虚拟现实之父”杰伦·拉尼尔指出：“对于人类的表现或者成就而言，没有证据表明量变能够引起质变。**我认为，获得成功的关键在于集中精神、使思维处于有效的专注状态，以及与众不同的、大胆的个人想象力。**”当你专注于某项任务时，思维便会沉浸其中。它会主动收集你需要的信息和经验，并灵活区分它们的轻重缓急。目的决定使命，使命决定战略，战略决定战术，战术决定任务。

那么，使命究竟是什么？你应该做些什么？从何处开始呢？虽然这些都是至关重要的问题，但你也不必为此纠结不已。答案很简单，“使命由你决定”，“随便做什么都可以”，“从任何地方开始都可以”。事实上，你无法知晓使命的最终形式，必须从某个地方开始旅程，然后在旅途中不断修正前进路线。当然，一份大致的路线图对你大有裨益。

路线图可以只是两个简简单单的重叠圆圈。一个圆圈代表世界，或更确切地说，代表世界所需要和重视的事物；另一个圆圈代表你自己，包括你能够为世界贡献的激情和技能。两个圆圈重叠的地方便是个人成长的沃土。在这片沃土上，你的使命最容易扎下根来，你将获得成功和赏识，而这些又将进一步使你蓬勃发展。比如，你可能渴望成为一名音乐家，但世界已不需要一般的音乐家，它所需要的是具有特定技能、属于特定类型的音乐家，这类音乐家能够针对特定受众创作出特定类型的音乐。对你而言，最大的挑战就是先找出世界所需的特殊领域，然后再找到它们与你的激情和技能重叠的领域。

找到重叠的部分后，你便可以决定将精力集中于何处。我的建议是，选择一

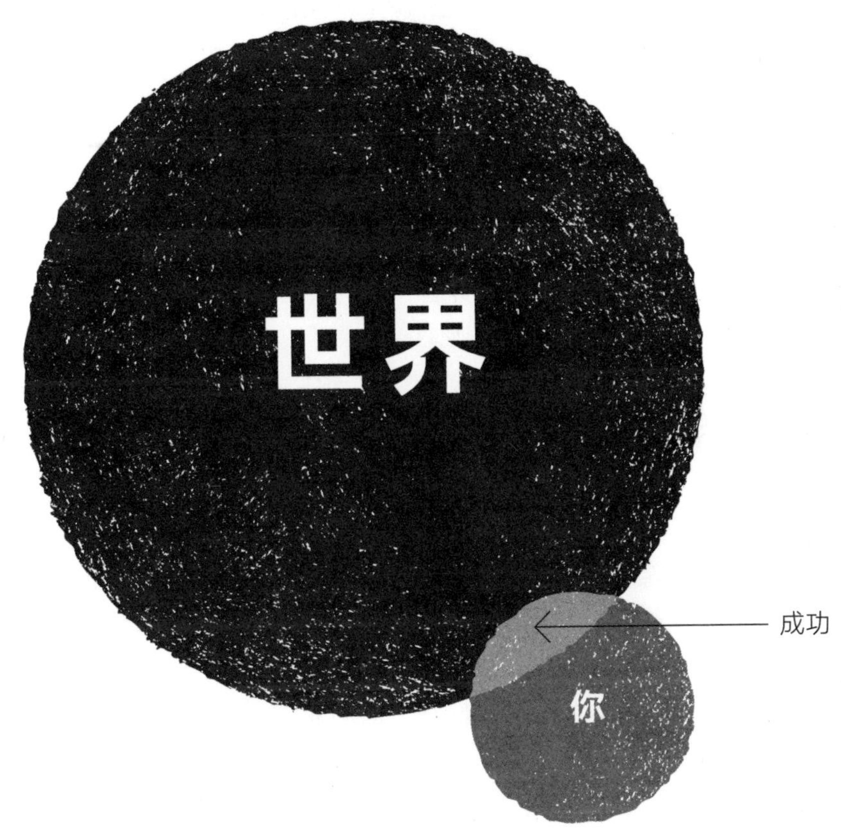


“世界之需”和“你之所爱及所长”重叠的领域，就是你成长的沃土。

个方向，然后全心全意地投入其中，不要三心二意。在如今这个碎片化的世界中，能够全心全意投入的人将获得明显优势，化平凡为不凡。

心理学家霍华德·加德纳、米哈里·希斯赞特米哈伊和威廉·戴蒙（William Damon）通过合作，发现了非凡工作表现所需的关键特征。他们合作的项目叫作“优异工作表现项目”（GoodWork Project），该项目针对来自 9 个专业领域的受访者进行了 1 200 次采访，据此提出优异工作表现所需的三个 E 是什么。加德纳指出：“第一个 E，优异工作表现意味着卓越（excellent），意味着工作成果符合相关专业或工艺的技术标准；第二个 E，优异工作表现需要个人的全身心投入（engaging），长期保持优异的工作水准是一件非常困难的事，除非这项工作对于从业者而言极具吸引力并且意义重大；第三个 E 是合乎道德（ethical），优秀从业者时常扪心自问，自己的所作所为是否足够负责。”

当从事的工作与你的使命一致时，你的进度就会加快。你能够亲眼看到所做之事的重要性。你会学得更快，并且学得更深。不断进步的状态会使你体会到其中的喜悦。同时，你还将收获长期回报，即自我实现的幸福感——通过发挥自身潜能而获得的满足感。

## 构建学习框架的 12 条有效原则

学习技能是一种元认知，即对认知的认知。它属于一种自我意识，源于思考时观察自己的所思所想。它告诉我们应该在何时、如何使用特定的策略来解决问题或应对挑战。

我们以一种可预测的顺序来学习各种技能。首先，从认知阶段（cognitive phase）开始，在这一阶段将任务智能化，并采取相应策略尽量以最低的犯错率来完成任务。然后，进入关联阶段（associative phase），在此阶段，我们不再过于担心是否会犯错，而是聚焦于将我们掌握的技能应用到特定的任务上。最终，进入了自主阶段（autonomous phase），在此阶段，我们能够随心所欲、自由发挥，我们的技能已成为习惯，成为学习新技能的基础。

威廉·爱德华兹·戴明（William Edwards Deming）是一位美国统计学家和顾问，他曾指导过日本制造商如何更好地与世界其他国家展开竞争。还记得丰田的广告语吗？“品牌靠后，品质先行”。这并非自吹自擂，丰田确实做到了这一点。美国人之所以开始购买日本汽车，而不再购买美国品牌在底特律生产制造的汽车，也正是出于这个原因。当福特汽车公司终于开始分析日系车与美系车之间的差异时，他们发现两者之间的唯一差别在零部件的容差范围上。日本人在精度和效率上投入了更多的精力。这种质量管理正是受戴明博士影响，而他自己的国家却对他的建议置之不理。

然而，戴明博士绝非一个吹毛求疵的人。他深知生命中大多数极其重要的事物都是无法衡量的。他曾说，只有通过经验才能学到深刻的知识。虽然许多人认为“经验是最好的老师”，但他认为，单凭经验本身并无多少助益。需要根据理论来解释经验，只有这样，我们才能够在系统的情境中理解学习。

理论是一种能用来解释、预测或掌握特定现象的现实模型。它提供了一个经验框架，你可以通过该框架在系统级别而非单个事件的级别上，去理解所发生的情况。理论能帮你回答“这是什么意思”这个问题。想要成为一名自学者，就必须发展出自己的学习理论，一套获取新知识的个人专属框架。尽管每个人的学习框架都是独一无二的，但你可以借鉴以下 12 条永久有效的原则来构建框架。

**1. 通过实践学习。**第一手经验能够为创造力提供最丰富的动力。如果在使用大脑思考的同时，动用感官、手以及整个身体，便能学得更好更快。你当然可以阅读有关跳舞的文章来学习跳舞，但没有什么能比实际去跳舞进步更快。

**2. 寻找有价值的工作。**千里之行，始于足下。你需要确保所迈出的第一步以及后续的步伐中，都能给你提供有价值的新内容，使你不断通往想要抵达的目标。尽量不要妥协，因为勉强自己做不想做的事情实在太难了。

**3. 培养习惯。**当大脑对常规程序的处理从前额皮质转至基底核时，就形成了习惯。如此一来，你便可以利用极少的意识去执行熟悉的任务，从而腾出精力专注于新的挑战。一致性和重复性会不断训练你的神经网络，将经验转化为自动技能。当然，习惯有时也会带来负面效果。

**4. 专注于你的目标。**想要进入激发创造力的心流状态，需要 8 个条件，其中 5 个都与集中注意力有关。你必须做到为自己规划出清晰的目标，专注于手头上的任务，沉浸其中，忘却时间的流逝，抵达忘我的境界。你会发现，通过不断练习，便能够培养出随时准备集中注意力的能力。

**5. 有策略地学习。**你可以去学习任何知识，但不可能无所不知。针对你学习的领域，有选择性地阅读，带有目的性地去赏识优秀的想法。记下那些你希望出自你自己的想法，如此一来，便能够站在巨人的肩膀上。优步餐厅老板里德·赫龙（Reed Hearon）说："如果你针对某个主题阅读两本由知识渊博之人所写的书，那么对于该主题，你所掌握的知识就已经超过了全世界 95% 的人。"

**6. 培养你的记忆力。**记忆犹如一座花园。如果疏于照看，那么你所掌握的知识将会因为缺乏营养而枯萎，或是因为缺乏光照而凋零。虽然现在能够在网络上轻松搜寻到一般的知识，但你必须熟练掌握与你的技艺或领域相关的所有知识。这是通过神经可塑性来实现的，神经可塑性是指大脑在新想法与旧想法之间建立联系的能力。教育家斯蒂芬妮·马歇尔曾说："神经细胞总是牵一发而动全身。"另外，你还需要通过遗忘来不断淘汰过时的知识。

**7. 提高敏感性。**艺术家与非艺术家之间最大的不同，在于对结果进行细微区分的能力。在你掌握了学科的基础知识，并进行到学习的关联阶段时，就会拥有这种能力。但是，这种能力并非自然而然就能拥有。你需要有意识地锻炼，去不断识别伟大作品与优秀作品之间的细微差别。

**8. 扩展你的边界。**想要实现个人成长，就必须不断超越自己的能力范围。当有人说自己在某个领域拥有 15 年的经验时，或许他实际上只有 1 年的经验，而剩下 14 年都在做重复的事情。技艺精湛的从业者，都是那些不断扩展到新领域并甘愿冒失败风险的人。当亚历山大·贝尔（Alexander Bell）试图发明电话时，他与一位电力专家约瑟夫·亨利（Joseph Henry）教授进行了交谈。贝尔告诉亨利自己不具备使电话构想成为现实的电学知识。教授回答说："那就去学。"

**9. 自定义你的元技能。**出于本书的目的，我重点介绍了目前教育模式中缺少的 5 种能力。但是，想要拥有学习的元技能，你必须按照个人情况以及学科要求制定出一份个性化的清单。例如，佛罗里达农工大学的杰拉尔德·格罗（Gerald Grow）博士为新闻专业的学生提供了一份清单，其中包括 6 项元技能：清晰、同情心、奉献、情境、创造力和中心意识。如果想获得成功，你需要拥有哪些元技能呢?

**10. 满足你的愿望。**画家罗伯特·奥弗比（Robert Overby）是我的导师，我曾经问他创意成功的秘诀是什么。他回答说："要有强烈的愿望。"遭遇失败、睡眠不足、缺少资金甚至失去朋友，都无法浇灭这种强烈的愿望。当内心深处的愿望如此强烈时，无论你遇到什么挫折，都永远不会想要放弃，而成功也终将垂青于你。心怀强烈的愿望一点也不辛苦。它是使你不断前进的愿景，而你所要做的，就是使它永葆活力。

**11. 吓吓自己。**勇气与无所畏惧是不同的。勇气是一种尽管心里恐惧但依然选择勇往直前的能力。当你选择直面自己的恐惧时，常常会发现，它们都是不堪一击的纸老虎。在消除这些恐惧之后，你的能力将得到大幅度提升。因此，每天的待办事项清单中都应该包括一条："吓吓自己"。

**12. 实践。**实践，不断地实践。只有经过不断地刻意练习，才能取得效果。训练技能意味着你必须有意识地反复实施同一个动作，直至它成为肌肉记忆的一部分。只有这样，你才能获得更高水平的创造力和区分细微差别的能力。米开朗琪罗去世后不久，人们在他的工作室里发现了一张纸条，上面有他给助手留下的便条："作画，安东尼奥，作画，安东尼奥，作画，不要浪费时间。"只有实践，才能创造奇迹。

虽然上面的原则看似要求很高，但你可以针对自己的需要，花上几年时间来不断磨炼相应的技巧。就整个职业生涯而言，这并不算长。你一旦开始掌握其中的要领，就会发现技能水平在快速提升。

## 攀桥，努力掌握通用知识

我们可以将职业学习想象成一座架构在许多桥墩上的桥。每个桥墩都代表着一条职业道路，底部是特定的技能，而顶部则是更加通用的技能。每个桥墩的底部，都是该职业领域的工艺知识（craft knowledge），即职业道路上必须掌握的入门知识。接下来，你将学习学科知识（disciplinary knowledge），这是成为一名合格的专业人士所必须掌握的专业技能。再上一级便是领域知识（domain knowledge），要求你对该职业领域的实践环境有广泛深入的了解。最上一级则是通用知识（whiversal knowledge）。

达到通用知识级别，意味着能够在所有职业领域之间建立起联系，包括各领域所涵盖的学科知识和工艺知识。通用知识不受领域的约束，也就是说此类知识适用于你想学习的任何技能。没有通往通用知识的捷径。想要掌握通用知识，唯一方法就是自下而上逐级攀登。但是，一旦达到这一级别，从一个领域过渡到另一个新领域就会变得非常轻松。而在新领域中，你可以借鉴以往大量的经验，自上而下地研究该领域所涵盖的学科知识和工艺知识。下面，我会用几个故事来阐明这一点。

一位年轻的会计师足足考了 5 次，才终于通过注册会计师考试（CPA）。虽然她的工艺知识较为有限，但也足以让她进入一家好公司。在累积了几年工作经验之后，她对与联邦所得税和州所得税相关的法律和流程有了深刻的理解，并能够熟练使用 QuickBooks 等财务管理软件。随着信心不断增强、领域知识不断提升，她开始对税务会计业务有了新的构想。于是，她接管了一家小公司。她通过加强阅读和参加研讨会、研习班、学术会议等方式，对尖端技术有了一定的了解。随后，她利用新的财务管理流程和尖端技术对这家小公司进行了改造。此后不久，她决定出售公司，并进一步提升自己的能力。由于掌握了通用知识，使她直接在一家蒸蒸日上的电子公司拿到了首席执行官的职位。如今，再次回首当年的注册会计师考试时，她不禁莞尔。

中学时，一个男孩非常擅长玩《吉他英雄》（*Guitar Hero*）游戏。他借来一把破旧的 Stratocaster 吉他，通过模仿在唱片中听到的旋律，针对连复段以及和弦进行模进练习。几年后，他在一家酒吧驻场乐队中担任乐手，从而接触了各种类型的音乐，很快就极大地拓展了自己能够演奏的曲目。如今，一首新的曲子，他只需听上一两次，便能完整地演奏出来。他还学会了如何将不同的音乐想法结合起来、如何形成自己的想法，甚至如何从头开始创作一整首歌曲。他如今所在的乐队开始表演并录制他的原创音乐，在此期间，他还学习相关的商业运作模式。同时，他又开始学习其他乐器，包括钢琴、贝斯和鼓，甚至自主学习了乐理知识。掌握了这些之后，他开始为其他团体创作或改编音乐。随后，他开始在作曲家的道路上节节攀升，为电影、商业广告和知名艺术家创作音乐。而在他工作室的墙上，还展示着当年他玩《吉他英雄》的控制器。

一位不善社交的科幻影视迷十分热衷于阅读各类技术性文章。他以解数学题为乐，认为大学同学都是一帮傻瓜，但他似乎总找不到工作。最终，一家软件公

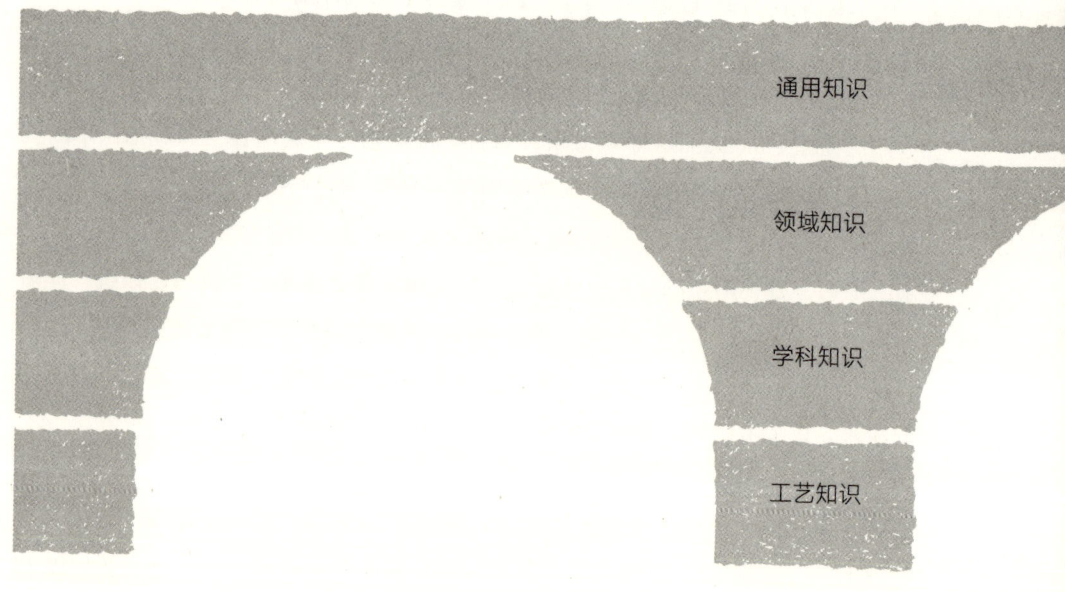

司聘用他为软件测试工程师。这并不是他的理想工作，他总认为自己比团队中其他数百名程序员要技高一筹。随着工作不断深入，他开始逐渐意识到，世界上除他以外还有不少聪明人，而且聪明的方式各有不同。随后，公司让他管理一个小型的开发团队，该团队致力于为移动设备开发一款应用程序。然而，项目进行得并不顺利。团队成员不仅对他粗鲁无礼的言行举止十分不满，还对他人际交往能力的匮乏感到万般沮丧。他花了数年的时间努力解决这个问题，努力提升自己的沟通技巧、团队影响力，并掌握营销理论知识。最终，他带领团队成功地开发了一个语言翻译应用程序。该应用程序成为同步翻译的标准系统，为世界各地的商业、文化和人们的各种想法的共享打开了数百万个新渠道。

这样的桥梁模型之所以有用，是因为对于任何领域的领导者而言，它强调了

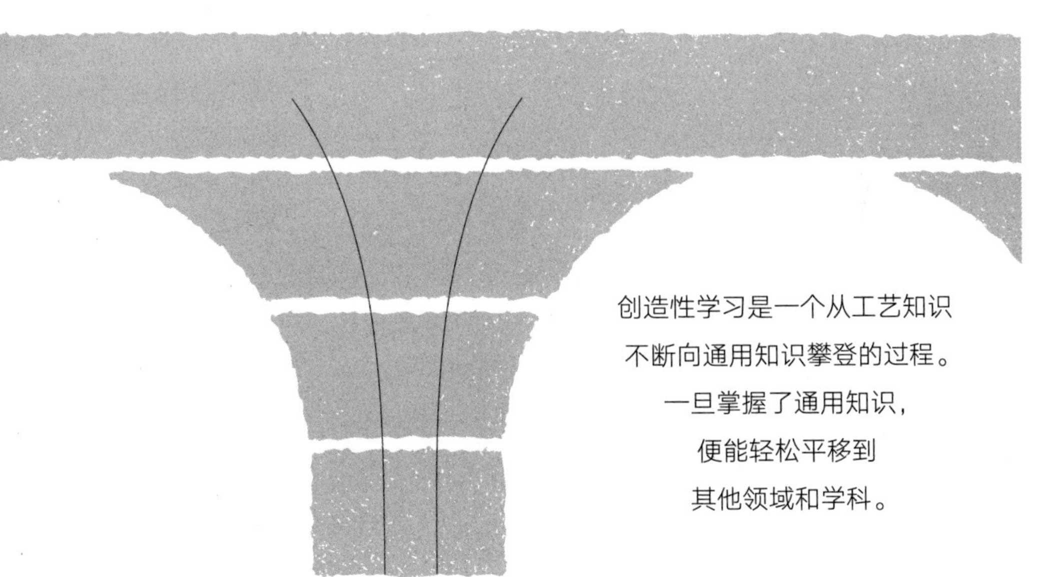

一点：如果他们自身具备过硬的专业技能和学科知识，那么就能够更好地带领团队走向成功。我总是对那些自称“概念者”的求职者表示怀疑。关于什么的概念？以什么为基础？谁又将实现这些概念？如果没有知识、经验和技能的支撑，概念便失去了价值。那些真正有想法的人，都是在桥底接受了千锤百炼的人，在此过程中，他们不断测验、完善并证实了自己的想法。

然而，桥的顶部才是演化进程得以实现的地方。在桥的顶部，各个领域得以相互结合，各学科之间实现想法共享，各领域的专业词汇得以互通，从而给艺术、科学、商业和教育等领域带来无限活力。生物学家爱德华·威尔逊（Edward O. Wilson）① 用“consilience”（知识大融通）一词来形容这种现象。从字面意义上看，它意味着来自不同领域的知识得以融会贯通。

通往顶部的路不是由梯子而是由格架搭成的。格架由人和机会构成，它们提供了多种学习、发展和贡献的途径。没有预定的路线，没有向导的带领，没有捷径。你将自行选择自己的路。

## 打开与外界沟通的渠道

你可以选择做一个单打独斗的天才。但是，处于由同类人组成的格架之中的天才，会比一个选择单打独斗的天才强大得多。因为无论是从物理、化学还是社会层面，对于任何类型的格架而言，零件之间的联系决定了集体力量，从而进一步决定了零件的价值。

① 进化生物学先驱，有“社会生物学之父”“当代达尔文”之称。他在自己的代表著作《人类存在的意义》中，从个体选择和群体选择的角度，解释了人性本身包含的自私和利他共生的特点。这本书的中文简体字版已由湛庐策划，浙江人民出版社 2018 年出版。——编者注

在社交网络中，桥接（bridging）和连结（bonding）之间存在本质的差别。以政治学家罗伯特·帕特南（Robert Putnam）的看法来说，“桥接”指的是与志趣相投的人交朋友，即与拥有不同观点和技能、但拥有相似道德观和目标的人交朋友。而“连结”指的是与思维方式一致的人交朋友，即与来自同一政党、同一宗教、同一国籍、同一年龄段或同一种族的人交朋友。“桥接”和“连结”这两种人际关系都是获得成功和幸福的必要条件。但是，桥接能够带来更高的回报，也能更有力地推动社会不断前进。通常社会桥接和职业桥接是并行的。

社会桥接发挥了人际纽带较弱的优势，社会学家马克·格兰诺维特（Mark Granovetter）将其称为“弱联系”（weak ties）。他发现，相较于团体内部的强联系，团体之间的弱联系有时候能发挥更大的作用。如果你要寻找新的信息或见解，就需要超越团体的局限，因为团体是一个封闭的系统，与团体中的个体行为模式较为相似，无法给你太多启示。比如，谷歌的员工虽然非常多元化，但由于他们长期待在位于硅谷的谷歌总部 Googleplex，阅读相同的书籍、在相同的公司餐厅吃饭、共同攻克那些令人着迷的难题，因此，他们的行为模式同样会趋于一致。当记者问谷歌的首席执行官拉里·佩奇（Larry Page），哪个公司是谷歌的最大威胁时，他回答说：“是谷歌自己。”

如果想避免团体成员闭塞视听，必须打开与外界沟通的渠道，与自身以外的团体联系，去结交与自己志同道合的人，而不仅仅是思维方式一致的人。领英和 Facebook 之类的社交网络就是基于该理念构建的。这些社交网络促进了人们与团体外界人士之间的弱联系。弗里茨·海格（Fritz Haeg）基于该理念在洛杉矶创办了日落校舍（Sundown Schoolhouse），使许多电影制片人、技术人员和其他专业人员能够在此自由分享他们的知识；布鲁克林的秘密科学俱乐部（Secret Science Club）同样也是基于该理念创办的，那里欢迎各行各业的人交流，而演讲者将收获“啤酒和掌声”。

有一个流行的说法称，“如果我能在纽约获得成功，那么任何地方都不在话下”，这句话出自弗兰克·西纳特拉（Frank Sinatra）的一首歌。但事实正好相反：即便你在别处难以获得成功，也极有可能在纽约获得成功。纽约大量的人口能够为人们在专业领域获得成功提供必要的社交网络和商业网络。当你所在的领域高度专业化，或者自己的专业技能极为稀缺时，尤为如此。你当然可以选择在内布拉斯加州（Nebraska）演音乐剧，但在纽约的舞台上，你将学得更快。

此外，研究表明，社交网络能够提升人们的幸福感。幸福似乎具有感染力。当一个人感到愉悦时，他的朋友感到愉悦的概率就会提升 25%。随着时间的推移，处于社交网络中心的人会比处于边缘的人收获更多幸福感。这并不奇怪，因为相较于极少社交的人，处于社交网络中的人分享知识的频率更高。当你不断向别人分享你所掌握的知识时，不仅能够在此过程中不断补充新的知识，还能够从他人分享的知识中受益。不懂得分享知识的人也无法从别人那里获取新的知识。托马斯·杰斐逊曾说：“从我这里获得思想的人，增长了教益而无损于我，就像借用我的蜡烛点亮自己蜡烛的人，照亮了自己而无损于我。”如果当时有社交媒体的话，杰斐逊可能会在家发帖子。

团队内部的“强联系”同样能够发挥强大的作用。当你试图完成一项创造性任务，而该任务又需要高水平技能和高度协作时，尤其如此。对于宝马迷你车型和菲亚特 500 的设计师弗兰克·斯蒂芬森（Frank Stephenson）而言，令他最为自豪的作品是迈凯伦 MP4 赛车。由于设计团队的紧密合作，使他们得以打造出一款风格极为统一的车身造型。斯蒂芬森说：“很多时候，当团队在设计一辆车时，有人设计前面，有人设计侧面，有人设计后面，而他们似乎都对彼此的设计十分不满。”

有一次，我在徒步旅行时看到一个旅行者的 T 恤衫上写着：“小动物开辟新道路。”这句话似乎也对创新做了恰当的比喻。世界上大多数的突破性成功，都是由小型企业或者小型团队所取得的。它们能够紧密合作，共同致力于改变世界。苹果公司是一家拥有数千名设计人员的大公司，但是，苹果公司的关键产品都是出自一个紧密合作的小型团队。在一个不大的工作区域里，该团队的成员们采用强大的科技工具展开亲密无间的合作。我们并不是拥有才能，而是发挥才能。虽然我们可以自认为拥有才能，但是，除非我们能够在合作时发挥这些才能，否则就等于没有。只有在社交网络中，我们才能更好地追求卓越。

## 独处，不要一直保持“在线”

想要激发创造力，无论是独处还是在团体内，都需要专心致志。保持注意力意味着必须耗费一定精力，才能够做到专注于一项任务、一整条思路或者另一个人所说的话。面对一项艰巨任务时，大多数人都能维持几秒钟或者几分钟的注意力，但是，长时间保持注意力是相当困难的。思维会不自觉地走神，找机会逃跑。我们几乎可以感觉到大脑似乎如坐针毡。

缺乏注意力并非新问题，但是似乎在工业时代变得越来越严重。随着生活节奏加快，我们能维持的注意力长度越来越短。如今，甚至出现了一种被称为“持续性局部注意力”的情况，这意味着我们的意识变得支离破碎，而这些碎片化的意识几乎毫无作用。我们希望这些碎片化的“局部注意力”能够以某种方式重新连接到一起，就像网络上的数据包那样，但事实上它们无法重连。我们所拥有的，只是局部思想、局部经验以及局部理解。

这是“永远在线”文化带来的陷阱。从本质上来说，移动设备是我们逃避长时间注意力的不二之选。同时，它还为我们避免与陌生人、邻居和同事展开交谈提供了现成的借口，因此，此类交谈拓宽我们思路的可能性也就与我们失之交臂了。如果一直保持在线状态，那么我们的创造力就会停滞不前。**创造力需要持续的专注力，这是一种能够在某个问题上坚持足够长时间，以寻求深层次的非多项选择答案的能力。** Instagram 是一个照片分享程序，当你对照片应用具有艺术性的各种滤镜时，可能觉得自己充满了创造力，但是这仅仅是一种多项选择的艺术性。真正的艺术性存在于这款应用的商业模型设计中。用户仅仅是该模型的部件而已。

这不是在使机器人变得更加人性化，而是使人类变得更加机器人化。《纽约时报》的一篇文章称，加利福尼亚州伍德赛德高中（Woodside High School）的一个 14 岁女孩，每月大概发送接收 2.7 万条信息。文章里提到，“她的手指以极快的速度敲击屏幕”，一次最多可以同时与 7 个人交流。她说：“我可以在与一个人通话时，发信息给另外一个人。”

刚开始，当看到有人居然能锻炼出如此不可思议的技能时，我们可能会赞叹不已。可是一旦深入思考，就能看出这并不是一种技能，而是上瘾的表现。每天忙于发短信，她不太可能有时间去认真完成课堂作业或者家庭作业，至于安静自省的时间就更不用提了。事实上，她很可能在独处的时候觉得不自在。《精神疾病诊断和统计手册》（*The Diagnostic and Statistical Manual of Mental Disorders*）中甚至有专门的新术语来描述这种症状：互联网使用障碍。

麻省理工学院心理学教授雪莉·特克尔（Sherry Turkle）[①] 说：“当人们独处时，即便只有一小会儿，也会感到烦躁不安，会伸手去拿电子设备。而电子设备带来的这种联系并不是一味良药，反而更像是一种病症。”她说，我们认为持

---

① 雪莉·特克尔被誉为网络文化领域的“玛格丽特·米德”，其代表著作《群体性孤独》的中文简体字版已由湛庐策划，浙江人民出版社 2014 年出版。——编者注

续的交流能够减少我们的孤独感，但事实恰恰相反，“无法忍受独处的人，往往有更强烈的孤独感”。心理学家将其中一些症状归结为“错失恐惧症”（fear of missing out，FOMO）。受该症状困扰的人通常在使用 Facebook、Twitter、Foursquare 或 Instagram 等社交平台时，内心极易产生焦虑、患得患失和烦躁不安等情绪。

有些人将这种情况归咎于信息过载。技术专家克莱·舍基（Clay Shirky）则认为并非如此：“这不是由于信息过载，而是由于信息没有经过过滤。”技术已经打破了社会规范中的传统界限，但我们还不知道应在何处建立新的界限。我们仍处于社交媒体的起步阶段，在此阶段，一切既刺激又诱人。然而，创造力和自我指导式学习要求我们定期屏蔽掉“永远在线”的文化，只有这样，我们才能将注意力持续集中在思考问题上。

毕加索说：“不独处，就无法完成伟大的作品。”达·芬奇也持相同观点。众所周知，他是一个极其热衷于社交的人，不仅衣着时髦、与皇室交往密切，还经常参加或者组织一些纸醉金迷的社交活动。但他也常常会彻底消失，一连消失好几星期，以求在不受打扰的情况下追寻某些问题的答案。斯蒂夫·沃兹尼亚克（Steve Wozniak）是苹果公司第一代个人电脑的设计师，他曾说：“我遇到的大多数发明家和工程师都和我差不多，大部分时间都花在思考问题上。他们像是艺术家。事实上，最顶尖的发明家和工程师就是艺术家。而艺术家通常在独处时才能创作出卓越的作品。”

你无法关掉整个世界。但是，你可以在工作时屏蔽，抽出时间来安静完成自己的工作，如此一来，当你再次融入世界时，就可以向他人展示一些深刻而纯粹的作品或想法。独自工作并不意味着孤单，甚至不需要真正一个人独处，但这确实意味着你必须集中注意力，聆听自己的声音，并且聆听他人给出的与目标相关的见解。只有掌握了这项技能，你才能激发创造力，踏上自我发现的漫长旅程。

## 通往自我实现之路

想要实现自我，没有既定的一条路。你无法从 MapQuest 网络地图上打印出路线，也无法按照 GPS 设备的导航前进。没有相关的应用程序。苹果智能语音助手 Siri 也无法给你答案。唯一真正重要的声音，是在机会来临时告诉你把握机会，遇到陷阱时告诉你避开陷阱，在事情还不成熟时告诉你静观其变的细小声音，它是你的内心之声。通往自我实现之路，从来没有笔直的康庄大道，就好比自然界中不存在直线一样，只有弯曲的、断掉的、粗略的或者不确定的线。通过学习来提升技能，意味着你必须走一条长远的路，而非捷径。正如杰伦·拉尼尔所说："并没有简单的公式让我们去实现自我，自我实现之路是一次探寻、一道谜题、一场心怀信仰的冒险。"

但这并不意味着我们没有资源、毫无头绪。远足者可能不知道未来会遇到何种天气、何种地形，但是可以制订一个整体的计划，再准备一个备用计划，将必须用到的装备打包好，并掌握足够的生存技能。前进的每一步，无论正确与否，都是暂时性的、可以纠正的，都是通往自我实现之路的垫脚石。

我们曾经以为读完中学之后的 4 年大学，就算完成了高等教育。你花上 4 年时间，通过相应考试，然后就完成了！学校给你发张文凭，然后将你送入职场。然而，未来的教育将不再如此，它不再是一份有年限的计划，而是一场持续终身的旅途。据估计，到 2025 年，60 岁以上的美国人将增加 70%。这意味着改变工作会变得司空见惯，我们需要培养终身学习的习惯。

脑科学家发现，尽管年长者和年轻人的思维方式不同，但两者各具优势、不相上下。年轻人在记忆信息和快速检索信息上表现更佳，而年长者则在解决问题和解读信息方面表现更好。年长者虽然思维缺乏灵活性，但能用日积月累的智慧来弥补。这对于两者而言都是个好消息，因为如此一来，年轻人和年长者便能相互取长补短，合作无间。

如今，新生的主力军被人们称作“流动世代”（Generation Flux），在他们身上就能明显看到个人从事多种职业的发展趋势。流动世代以心理特征对人群进行划分，特指那些懂得当今的制胜之道不在于速度而在于适应能力的人，主要由年轻人构成。他们乐意拥抱不稳定性，乐于接受新的职业、新的商业模式和不断变化的观念。罗伯特·萨菲安（Robert Safian）指出，绝大多数机构，无论是教育机构、公司，还是政治机构，都不是为了适应“流动”而设的，“如今的时代，最重要的技能是不断掌握新的技能，但很少有传统职业策略对我们做这方面的训练”。然而，流动世代并不畏惧。

机器人时代似乎是为流动世代量身定制的。杰里米·格雷克（Jeremy Gleick）是加州大学洛杉矶分校一名大二的学生，他主修神经心理学和工程学。最近，当他的朋友出去参加聚会时，他会留在宿舍完成“1 000 小时自学计划”并做好记录。他一直在利用互联网上的资源自学各类科目，从炼金术到祖鲁语，从锻炼左脑到锻炼右脑，只要他感兴趣，都会一探究竟。但格雷克绝对不是书呆子，也并非不善社交。他只是好奇心极其旺盛而已。他所做的记录表格上显示，他花了 17 个小时研究艺术史、9 个小时研究美国内战、14 个小时研究武器装备。每天晚上，他还会将 1 个小时的时间轮流花在玩杂耍、吹制玻璃、弹班卓琴或者曼陀铃上。

这样的学习其实是对天性的解放。它不属于课程大纲，无法拿到证书，没有毕业之日。但当你追寻心之所向，并不断挖掘出自己的潜能时，会获得巨大的满足感。像这样学习，意味着你无视那些告诉你应该带着功利性、按既定方式去学习的人。正如尼古拉斯·汉弗莱所说，一旦独一无二的你发挥出全部的雄心壮志，你将通过学习、创造力、表达、影响力和爱，成为那种不仅渴望成为自己而且渴望成为更好更强的自己的人。你将成为自身故事的化身，而你的故事又将成为实现自我的地图。

去往想要抵达之处，能给我们带来最大的幸福感。注意力塑造了我们，而我们又塑造了世界。那些能够创造出最佳、最美、最富于爱和想象力的作品的人，正是一直坚信自己能够做到的疯狂之人。正如约翰·马克斯韦尔（John Maxwell）在《赢者的心态》（*The Difference Maker*）中所说："'不可能'只是无名之辈的荒诞话。因为他们发现，比起探索自己所拥有的力量来改变世界，还是继续生活在已经拥有的世界中更轻松。'不可能'并非事实，绝非定论，而是妄言。'不可能'只是潜在的，暂时的。一切皆有可能。"

当你找到欢乐区并停留其中时，便踏上了自我实现的旅程。感觉、观察、想象、制造、学习，这 5 项技能将成为你定义自己最得心应手之事的工具。人类在 5 万年前走出了非洲山洞，如今正踏上飞向繁星的旅途，而你也是其中一员。

我们不仅仅是人类，同样是人类的未来。我们不仅仅是由原子构成的事物，还是精神、愿景和才华的化身。感受生命的鲜活、观察未知的可能、在宇宙中留下属于我们的印记，都能让我们满心愉悦。

后面这张图是用我的双手所绘的。

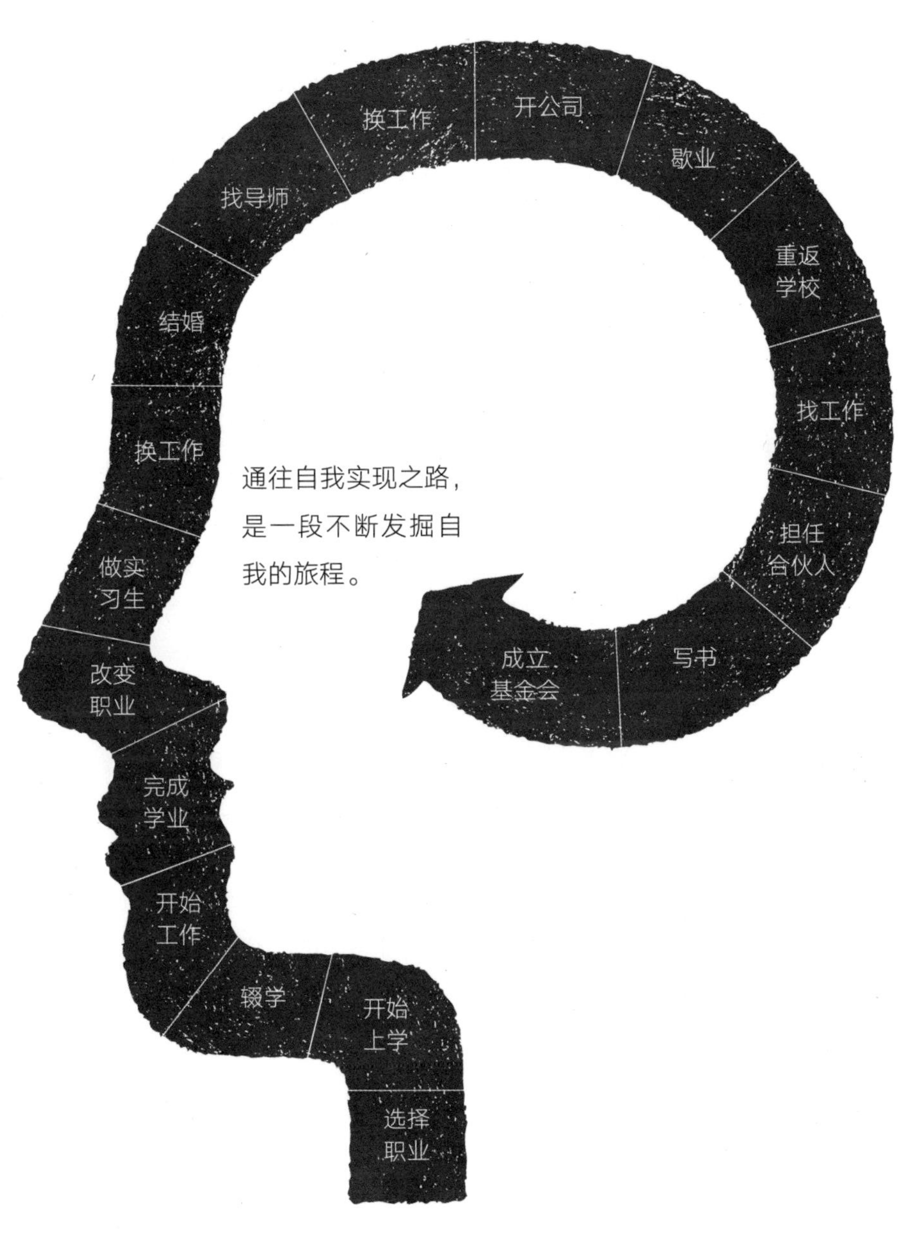
通往自我实现之路，
是一段不断发掘自
我的旅程。
选择职业
开始上学
辍学
开始工作
完成学业
改变职业
做实习生
换工作
结婚
找导师
换工作
开公司
歇业
重返学校
找工作
担任合伙人
写书
成立基金会

## METASKILLS 行动清单

1. 元技能 5：学习，即自主学习新技能的能力。学习是 5 大元技能中最关键的一种，它相当于“拇指”，可以与其他 4 项元技能结合起来使用。
2. 大多数人都认为难学习的科目往往需要更高的智商，然而更有可能的是，不断面对难以解决的问题将提高智商。
3. 学习就是不断探索更多你感兴趣的内容。
4. 积极情绪有助于集中注意力，继而带动学习。
5. 当人心情愉快时，通常会更有创造力，而愉悦感和创造力之间是相互促进的。
6. 练习 × 激情 = 技能。勤于练习并充满激情，不仅会让你学习速度猛增，还会让你体验到非同一般的愉悦感，而精通也只是时间问题了。
7. 当从事的工作与你的使命一致时，你会学得更快，学得更深，并且通过发挥自身潜能而获得满足感。
8. 尽管每个人的学习框架都是独一无二的，但你可以借鉴 12 条永久有效的原则来构建框架。
9. 创造性学习是一个从工艺知识不断向通用知识攀登的过程。一旦掌握了通用知识，便能轻松平移到其他领域和学科。

METASKILLS

结 语

# 我们不仅仅是“智人”，还是“创造人”

本书主要是为已经在职场中的专业人士写的。因为对于部分专业人士而言，他们所受的教育并不足以使他们应对机器人时代的严峻考验。那么，接下来的几代人呢？这些高阶技能难道不应当融入他们所接受的教育中，甚至被视为基础能力吗？2000 年以后出生的所有人，都将面临与如今截然不同的世界，他们自然应该接受截然不同的教育。当传统学校教育成本急剧上升，导致学生和家长开始质疑其成本效益比时，就意味着变革势在必行。而如今，我们已经处于能够利用颠覆性创新引发全面变革的关键时刻。

在商业领域，当产品变得过于精美，导致价格过于昂贵时，稍微普通的商品和服务就会以低廉的价格迅速颠覆市场。人们之所以购买普通商品和服务，并不是因为它们更好，而是因为它们更可取、更实惠。例如，人们会选择在亚马逊上购物、乘坐 Zipcar 去市区、用 Skype 开视频会议以及在 iPad 上制作电影等。随着时间的流逝，此类颠覆性的产品也会逐渐变得更加精美、更加昂贵，而下一轮普通商品和服务是否又会以同样的方式颠覆市场？我们没有理由将教育排除在这种改进模式之外。

1729 年，乔纳森·斯威夫特（Jonathan Swift）撰写了一篇极具讽刺性的文章《一个小小的建议》（*A Modest Proposal*）。他在文中提出，解决爱尔兰贫困和人口过剩问题的方法，就是让爱尔兰人“吃”他们的孩子。讽刺得好！但是，如今我们几乎在做类似的事，区别仅在于我们是将孩子送入教育工厂口中，使他们成为批量生产的牺牲品。

因此，我谨在此提出一个小小的相反建议，作为本书的结尾。该建议具体分为 7 个步骤。

## 1. 关闭教育工厂

我建议关闭教育工厂，以教育花园取而代之。教育花园也应该像那些最美丽的花园一样，将有机成分和人造成分结合在一起，通过精心设计使其达到既美观又实用的双重目标，同时，尽可能广泛地面向公众开放。

在工业时代即将走到头的时候，学校改革者却还在加倍采用工厂模式，坚持采用标准化的课程、测试和人力资源观念。他们正在忙于培养学生掌握标准化的工作技能，然而，此类工作很可能在几年之后就不复存在了。而且，这些工作几乎无法给人带来满足感、成就感或者愉悦感。如果我们的目的是磨灭孩子的天性、挫败他们的热情，并阻止他们追寻自己生命的意义，那么采用如今的教育体系实在是再合适不过了。

斯蒂芬妮·马歇尔指出，“如何教会约翰尼和苏茜读写和数数”是如今教育改革所奉行的准则。她说：“为什么我们不会因为约翰尼和苏茜无法做别的事而感到困扰？比如他们为什么无法思考，不能放慢脚步、坐着不动，无法想象、创造或者不会玩耍？我们为什么不为他们不能跳舞、画画或者不能编造故事而感到苦恼？为什么不为他们无法应对挫折和冲突而感到担心？”

马歇尔说，每个学习者都拥有一系列独一无二而又充满活力的学习潜力，这种潜力深不可测。然而，我们却只在乎孩子会读哪所大学。一项研究称，1972年，高收入家庭的教育支出是低收入家庭的5倍；到了2007年，由于高收入家庭的教育支出增加了一倍，而低收入家庭的教育支出增幅很小，导致这一差距已扩大到9:1。该研究总结称，由于竞争日益白热化，如今高收入家庭的育儿模式已然属于“密集耕作”。

珍妮弗·摩西（Jennifer Moses）在其文章《顶尖大学的军备竞赛》（*The Escalating Arms Race for Top Colleges*）中写道：“我家有一对17岁的龙凤胎，在过去的一年中，我和我丈夫为他俩接受美国高中毕业生学术能力水平考试（SAT）和美国大学入学考试（ACT）辅导花了重金。如果因为我们没花这份钱，导致其他花钱接受辅导的孩子有机会超过我们家孩子，而我们家孩子就因为差这一点没被录取，那该怎么办？简直不敢想象！”这种对优秀教育资源稀缺性的普遍认知，只会强化教育体系的工厂模式。只不过，如今的教育工厂已经伪装成了度假胜地。轻松的课程安排、类似于校外设施的攀岩墙和餐饮设施、由著名建筑师设计的漂亮建筑、大型运动场馆以及几位名人教授，实际上所有这些都只增加了教育成本，而并没有提升教育质量。同时，越来越多的学生负担不起学费，而在那些有能力负担学费的学生中，也有许多人将背负沉重的债务，以至于他们毕业之后不得不为了还债而放弃梦想。豪华奢侈的学习体验自然永远有市场。但是，如果我们想要为应付机器人时代的挑战做好准备，那么就需要费用合适且具有灵活性的替代方案。

在教育花园中，所有人都能进来学习。此处提供各种各样的学习选择。新的概念不断出现并接受测试。特殊的会员资格和付费活动可供有能力负担的人使用，但最基本的入园券则保持在最低价格，使无力负担高额费用的人同样拥有学习机会。在教育花园中，重复将被想象力取代，简单化思维将被整体性思维取代，被动学习将被手脑并用的主动学习取代，不健康的竞争将被快乐协作取代。

相较于教育工厂，教育花园不仅更能振奋人心，而且维护成本也低得多，尤其是当工厂中存在太多花里胡哨的无用之物时。

## 2. 科目改革

法国著名作家阿纳托尔·法朗士（Anatole France）曾说："让我们的教学充满思想吧。迄今为止，它只塞满了事实。"能够为思想提供动力的事实是有用的，但问题是，有用事实的数量在不断增长。而学校为了将这些事实教授给学生，正在不断降低教学深度。事实看起来就像飞驰的列车窗外一闪而过的小镇，而课程则是行李箱上的旅行纪念贴纸——"罗马，那不是我们吃冰激凌的地方吗？"

语言、历史、化学、地理、公民与政府、生物、代数等科目，无一不充斥着事实信息，使人觉得学校足以通过这些科目就能给学生提供全面的教育。实际上，学校在教授这些科目时，细节太多而深度又不够。这种快速填鸭式教学策略，使学生除了一纸文凭之外，几乎别无所获。弗兰·勒博维茨（Fran Lebowitz）说："我敢向你保证，在现实生活中，没有代数这样的东西。"当然，现实生活需要与各种科目相关的知识（包括代数），但我们绝不会用学习此类科目的方式来应用这些知识。而等到真正需要时你会发现，95% 的事实知识早已消失在记忆的迷雾中。

除了语言和数学基础知识之外，如今学校教授的科目都是错的。正确的科目，即对于 21 世纪而言至关重要的科目，是元技能。如今的学生应该去学习社会智能、系统逻辑、创造性思维，知道如何制造、如何学习。而学生们现在学习的社会学、三角学、物理学、艺术、心理学以及其他各种科目，都应该成为从元技能向下拓展的科目，旨在使学生针对高阶科目中的特定学科进行深入探索。在中学教育阶段，针对此类向下拓展科目的安排应尽量具有灵活性，使学生能够遵循个人兴趣进行学习，而不是统一学习同样的科目。

**通过 5 项元技能来打造灵活的学习途径，将使教育变得更具战略性。**如此一来，学生将自行负责自己的学习，探索自己感兴趣的领域并不断发掘自我。新兴技术也将拥有用武之地，例如，学生们不仅能利用网络在线百科全书获取大量事实知识，还能通过培生（Pearson）等社交学习工具进行交互式协作学习。学生不用再将大量时间浪费在短期记忆上，因此便有时间对自己感兴趣的领域进行长期探索，这将使他们对所学之物拥有更深入的理解。

教育家谢尔顿·罗斯布莱特（Sheldon Rothblatt）在针对 19 世纪剑桥大学的研究中指出，剑桥大学教师认为进行“实用研究”是一种倒退，因此他们采用了相应的策略使古典研究始终处于主导地位。与古希腊人不同的是，他们认为，大学不应该开设任何拥有实际用途或可能对商业有益的学科。当然，这就将科学技术和工业艺术也排除在外了。他们认为，可以作为观察者研究这些领域，但不能亲自参与其中，亲自动手是不可取的。

将教育重新聚焦于元技能，意味着要改变教育经验，意味着必须在学术学习（即通过分析来学习）与生成学习（即通过原有认知与新获得的信息相结合来学习）之间取得平衡。换言之，这种学习方式将重新整合左右脑。令人高兴的是，剑桥大学不再只专注于左脑。他们越来越清晰地认识到，学生同样需要情感技能、认知智力技能、美学艺术技能、体力劳动技能和个人社交技能。

改变传统教育的模式绝非易事。哈佛大学前校长德里克·博克（Derek Bok）①

① 美国当代杰出教育家，其新著作《哈佛的变革》中文简体字版已由湛庐策划，浙江教育出版社 2021 年出版。——编者注

曾将课程改革的困难程度比喻为迁移墓地。难虽难，但是从传统教育无法触及的边缘、缝隙或底部开始，就有可能做到。

## 3. 翻转课堂

萨尔曼·可汗（Salman Khan）[①] 可能一不小心引发了一场革命。在尝试教表妹一些数学知识时，他意外开创了自有教科书以来最伟大的教育理念。

刚开始，他只是辅导小表妹纳迪娅数学，并取得了不错的效果。但是当他不得不离家时，只能通过在线视频继续辅导她。于是，他暗自思考了一个奇怪的问题："如何打造一个比堂兄本人更优秀的自动化堂兄？"

答案是可汗学院。该网站成立于 2009 年，如今提供了数千个免费的教学视频（每个视频长度大约在 10 分钟以内）。视频的涵盖范围相当广泛，从数学到历史、从科学到英语等不一而足，所有人都能够免费观看。他的教学视频朴实无华，但平均每个视频的观看量达到了 2 万次，多数观看者为高中生和初中生，他们以此作为课堂教学的补充。

为什么可汗学院会如此受欢迎呢？虽然它是免费的，但是从什么时候开始，免费教育也能激发起人们如此巨大的学习热情了？可汗的成功有四个很好的理由，无一不暗示着教育的未来：

- 可汗本人是一位极富魅力的讲授者。他不仅对自己讲授的知识有着深

① 2012 年入选美国《时代周刊》"100 位最具影响力人物"，其代表作《翻转课堂的可汗学院》的中文简体字版已由湛庐策划，浙江人民出版社 2014 年出版。——编者注

入的理解，还能用热情来感染学生。同时，他还吸引了其他知识渊博的讲授者参与到可汗学院中。

- 人们全天候都可以访问这些视频，而不局限于白天时间。因此，学生可以根据自己的日程安排或在精力允许的情况下学习。
- 人们可以按照自己的节奏学习，根据需要重复多次观看全部课程或者部分课程。
- 教师在教学上遇到难点时，可以指导学生观看可汗学院上的相关视频，帮助他们更好地理解，甚至可以围绕视频来设计课程。

第四点理由触发了一种被称为“翻转课堂”的现象。通过翻转课堂，学生晚上在家可以通过视频“听讲”，而白天在学校，老师就可以利用课堂时间来针对“家庭作业”答疑解惑。在传统模式中，课堂授课浪费了师生之间的合作时间。学生只能静静地坐在座位上做笔记，在教师单人讲课的模式中努力保持清醒状态，跟上教学进度。而在翻转课堂中，教师可以利用教学时间来进行个人指导、共同学习，甚至可以带领学生在教室周围活动身体。而已经通过视频掌握了相关知识点的学生还可以充当助教，通过帮助其他同学来获得另一层次的经验，从而也就不会因为在课堂上感到无聊而走神了。

然而，翻转课堂至今还未成为标准教育模式，因为正如德里克·博克所说，迁移墓地并非易事。但是，这种模式已经在缝隙（未能跟上学校学习进度的学生）、底部（无法负担学费的自学者）以及边缘（大胆创新的学校）越来越受欢迎。

初看之下，这种模式似乎是机器人曲线所导致的，即用视频教学来取代教师的职能。实际上，对于教师而言，这是一个机会，他们不用再充当“讲台上的圣贤”，而开始成为有血有肉的导师和教练。这是通过教育激发灵感的关键所在。

| 传统学校 | 新型学校 |
| --- | --- |
| 工厂模式 | 人性化模式 |
| 机械化 | 创造性 |
| 讲座 | 研习班 |
| 传授 | 辅导 |
| 基于事实 | 基于想法 |
| 标准化 | 个性化 |
| 家庭作业 | 项目 |
| 教科书 | 超级教师 |
| 竞争式 | 协作式 |
| 单人讲课 | 互动对话 |
| 捆绑式课程 | 非捆绑式课程 |
| 简单化 | 整体论 |
| 被动学习 | 动态学习 |
| 分析式 | 生成式 |
| 左脑 | 全脑 |
| 记忆 | 制造 |
| 以义务为动力 | 以激情为动力 |
| 必修学分 | 选修学分 |
| 科目 | 元技能 |

可汗等具有超凡魅力的讲授者还有机会成为“超级教师”，也就是成为能够通过视频，以生动深刻的方式讲授知识内容的著名教育者。例如，肯尼思·克拉克（Kenneth Clark，英国著名艺术史家）、卡尔·萨根（Carl Sagan，美国著名天文学家）、詹姆斯·伯克（英国科学史研究者）、戴维·阿滕伯勒（David Attenborough，英国自然博物学家）、伊莎贝拉·罗塞利尼（Isabella Rossellini，著名演员、作家）和尼尔·德格拉斯·泰森（Neil deGrasse Tyson，美国天文学家）等人均在此列。

将来，我们可能会看到超级教师拥有自己的专属课程、个人助教，甚至课程推广活动。他们可能会向各种教育机构出售教学视频，甚至向完成整套课程模块的学生提供证书。一位传统大学教授在校内任职的同时，可能还可以从视频以及在线课程中获得收入。而知名的超级教师本身就能给传统教学机构带来巨大的名人效应。

翻转课堂还有一个优势，在于通过提供数以万计的在线学习模块，使学生能够遵循自己独特的兴趣不断提升元技能。一位教师无法掌握数千种专业技能，但完全可以成为个性化教学的指导者、协助者和专家。

## 4. 停止说话，开始制造

哈佛法学院于 1870 年引入了“案例教学法”（case method），旨在培养学生的推理能力，同时将法律实践提升到工艺知识的水平以上。然而遗憾的是，对于律师的日常工作来说，这种被广泛复制的教学法却鲜有涉及。比如，关于合同的课程，极少会给学生提供亲自起草合同的机会。乔治·华盛顿大学的一位应届毕业生说：“法学院教会我们的唯一一件事就是如何从法学院毕业。”

我有一位朋友是斯坦福大学的写作教授，他曾吐露对自己的工作非常不满意，因为他的学生根本不会写作。他们唯一能做的就是争论作家和后现代哲学家的可取之处，他们甚至无法理解合理造句需要遵循哪些原则。

这是学术教育的后遗症。一门学科通常只涉及关于“事实的知识”或者“知识的知识”。它并不能教会学生如何创造知识，学生只能通过亲身实践、动手操作来创造知识。传统教育错误地认为是知识激发了创造力。然而，事实恰恰相反：**是创造力，即尝试事物的过程点燃了知识**。

对于认为学术教育更具优越性的观点，让·皮亚杰（Jean Piaget）的“认知发展阶段理论”（stage theory）也起了推波助澜的作用。该理论认为，“感知运动智能”仅在从出生到 2 岁的儿童中间最为重要，随着年龄的增长，感知运动的认知方式将逐渐被其他更高级的认知方式所取代。因此，教育工作者的工作就是使儿童尽快摆脱对直觉和感知的依赖，鼓励他们成为擅长分析和解释的人。罗杰·马丁说，如今在商学院里，人们不仅不重视创造力，甚至认为创造力既无用又可笑，“分析式思维不仅具有逻辑上的优越性，甚至具有道德上的优越性”。

美国国会甚至是以通过一项法案的方式，才打破了学术至上的思想对美国高等教育的严格控制。虽然在 1862 年，美国第 15 任总统詹姆斯·布坎南（James Buchanan）否决了《赠地学院法案》（*Land Grant College Act*），但随后他的继任者亚伯拉罕·林肯签署了该法案。这一法案支持将农业和机械技能纳入正规的教育体系，这在当时无异于是“异端邪说”。一份教育期刊公开指出：“这些学校是一群乡巴佬和脏兮兮的机械工学习如何挖土豆、撒肥、维修蒸汽机的地方。”而这些令人瞧不起的教育场所最后到底怎样了？它们成了麻省理工学院、康奈尔大学和加州大学等知名学府。

在特里顿学院（Triton College）校园一间无窗的教室里，有 16 名 11～15 岁的女孩，正在一起利用各种泡沫板、玻璃纤维、金属和 PVC 管来设计和制作猫咪喂食器、糖果分配器和音乐盒。安蒂根妮·沙里斯（Antigone Sharris）是这个“只招女孩”计划的发起人，她将其称为“小装置营”（Gadget Camp）。她说:“如果不让儿童学习科学中亲自动手实践的部分，那我们整个国家的未来都将岌岌可危。不能再给孩子提供更多书本了，是时候该给他们提供工具了。”

纽黑文青年与家庭服务公司（New Haven Youth and Family Services）坐落在加利福尼亚州的维斯塔（Vista）。该公司的一名治疗师多琳·奎茵（Doreen Quinn）承担了一项吃力不讨好的工作——在西班牙裔社区向一些问题少年提供帮助，其中许多人患有严重的情绪问题、学习障碍，或者英语能力欠佳。奎因发现，想让他们听懂她的意思实在过于困难。正当她打算放弃时，她突然想到，男孩通常亲自动手才能学得更好。

奎茵匆匆赶往劳氏公司（Lowe’s），购买了一些木头、胶水、钉子、油漆和简单的手工工具。她将这些工具通通放在一个建造鸟舍的计划书旁边。这些男孩刚开始不知所措，但很快便沉迷在建造鸟舍中。突然之间，他们不仅能够集中注意力、相互合作，还能够提出细节性的问题。奎茵与他们之间自然而然开始了对话，从而为开展心理治疗提供了契机。不仅如此，建造鸟舍或其他任何活动，使孩子们的其他技能，比如阅读（计划和说明）、数学（测量和几何）、经济学（预算和购买）以及人际交往技巧（合作和协作）等，也都得到了锻炼。

奎茵的成功促使纽黑文为有学习障碍的孩子们建立了一所免学费的公立特许学校，即北郡贸易技术高中。该校如今面积已有约 2 600 平方米，建了许多教室和工作室，还增加了汽车技术、烹饪艺术、体育和酒店管理等专业，试图打造成一所社区大学。

虽然大多数人都认为，这些孩子将来最多就是读个职业学校而已，但奎茵发现，许多孩子成功考进了传统大学。因为除了接受实际技术培训之外，他们还学习了包括数学和英语在内的核心学术类科目。在该校的课程设计中，包含一项每天在全校范围内进行的30分钟“静默阅读”活动。同时，学生们还必须针对自己所学的知识，就如何解决某个特定的问题写下“反思”。奎茵称这种教育为“后门”。

但是，如果这种“后门”才是真正的“前门”呢？如果在机器人时代，项目式学习（project-based learning）本身就优于学科式学习（subject-based learning）呢？

技术创新者雷·库兹韦尔认为事实正是如此。他说：“最佳学习方法就是自己动手做项目。”项目式学习，也称“问题导向式学习”（problem-based learning），如今已成为热门话题。2009年是“欧洲创造和革新之年”，为顺利推广创新理念，欧洲各国开展的一系列会议上，也对项目式学习进行了激动人心的讨论。中国如今也在开展教育改革，倡导问题导向式学习的教学方式。

以问题和项目为基础的学习方式是一个动态过程，能够将学生与他们的情感、感知以及他们如何看待生命所拥有的可能性重新建立起联系。这种学习方式不仅要求学生内化知识，还要求他们外化知识，利用知识创造新事物。创造需要勇气，而勇气能塑造人的性格，并培养勤奋、正直、自制、诚实和坚持不懈等美德，而我们的教育文化却通过让学生做简单的多项选择题，不断侵蚀这些美德。

一位大学辅导员曾经经常冲我们喊：“少说话，多设计！”他知道，如果你的目标是制造事物，那么除了动手去做，别无他法。

## 5. 调动学习内驱力

针对“为什么约翰尼和苏西不能安静坐下来听讲”的问题，肯·罗宾逊提供了一个有趣的假设。他注意到，注意缺陷与多动障碍（attention-deficit hyperactivity disorder，ADHD）的频发和标准化测试的普及似乎保持同步，该症状最早出现在学校教育最严格的地方，如美国东部。他认为，从某种程度而言，ADHD 是一种“假性疾病”。当然，这并不是说没有真正的 ADHD 患者，而是说对于大多数被诊断为患有 ADHD 的儿童来讲，引发症状的根本原因并不是他们患有某种神经系统疾病，而是由于学校教育方式不当所造成的。

罗宾逊将“审美体验”和“麻醉体验”进行了对比。审美体验是指当你的感知达到顶峰，当你沉浸在当下的瞬间，当你充满活力，当你对所学知识感到兴奋并与之产生共鸣时的体验。而麻醉体验则是一种使你的感知变得迟钝和麻木的体验。他认为，我们通过哌甲酯之类的中枢神经兴奋药物或者其他干预手段让孩子集中注意力听讲，无异于是在麻醉他们的内心。他说：“我们不应该让他们的心陷入沉睡之中，而应该唤醒他们的内驱力，使他们能够不断挖掘自己的内心。”

在美国《新闻周刊》（*Newsweek*）的一期封面故事《创造力危机》（*The Creativity Crisis*）中，作者写到，如今创造力水平的下降，部分是由于孩子将太多时间花在看电视、玩电子游戏上，而很少花时间在创造性的活动上。这种观点也未尝不对。但在我看来，考虑到学校的创造力水平，电子游戏反而是孩子用来缓解无聊繁重的学业压力的一种手段。如果能在玩电子游戏与设计电子游戏之间做出选择，我相信大多数学生都会选择后者。那么，为什么课堂上不能开展一个创作电子游戏的项目呢？让孩子们切实面对各种挑战，如概念设计、游戏理论、策划、分镜设计、动态图形、声音设计、编程、文案和团队合作等。

心理治疗师阿娜特·巴尼埃尔（Anat Baniel）认为："对于人们来说，不断发展自己的感官世界非常重要。"当孩子以屏蔽知觉的方式来学习"外界"事物时，意味着不得不将自己从学习中剥离出去。这将导致孩子永远也无法发展出对美学的真正理解。想要欣赏任何形式的艺术或者精湛的技艺，必须能够"重温"或者"再现"创作过程。如果你从未参加过一项运动，那么就很难体会到这项运动对体力和智力的超高要求。如果你从未参加过演奏，那么就很难欣赏声音复杂精妙的层次感或者音乐的创作传统。如果你从未写过故事，那么将很难欣赏别人故事中的节奏、象征和结构。

**采用手脑并用的方式，能够使人从浅层学习迈向深度学习。**在一堂传统课程中，教师可能会要求学生记忆一些常用词组或历史事件。然而，一般3～6天之后，大多数学生只能回忆出10%，其余90%的内容都忘光了。相比之下，由于手脑并用的学习方式能够极大地提升学生的学习深度、情感参与程度和个人兴趣水平，因此使他们对所学知识也会记得更加牢靠。

浅层学习是对理性动机的简化使用，此类理性动机包括记忆、外在奖励、客观真理、公式、观察、理由、怀疑态度和专业知识等。而深度学习则在理性动机的基础上，增加了如想象力、内在奖励、体验性真理、美学、直觉、激情和好奇心等情感动机。当你将理性动机和情感动机结合在一起时，就能够达到一种问题和创造性活动不断激增的"自燃状态"。相比之下，传统学习显得实在枯燥乏味。

虽然学生从7～8岁开始，就对能够实现和无法实现的目标有了初步的概念，但是2010年一项盖洛普民意调查表明，在10～18岁的学生中，只有42%的人表示自己正在积极追求目标，而只有35%的人认为自己能够找到方法跨越障碍并实现目标。这并不是说大多数学生停止了学习的脚步，而是意味着他们知道，即便继续学习也无法实现自己的梦想。如果教育的目标在于提升学生的自信心，那么这 35% 是一个相当可悲的比例。

某个五年级的班级在使用可汗学院的视频作为课程资料，美国全国广播公司（NBC）的一位记者打算就此事撰写一篇报道。在采访时，她发现一名学生正在做三角学的题目，于是她在该学生旁边坐下问道：“你是在做五年级的数学题吗？”小女孩神秘兮兮地低声说：“不是，我在做六年级的题。”就提升学习兴趣而言，没有什么比“认为自己最独特”更加有效的了。

创造性项目能够给人带来独特感，即认为自己很重要的感觉。创造性项目使你能够有机会找到自己的激情、愉悦感以及个人能量来源。当你知道自己的名字将与创造性作品联系在一起时，思想会被知识牢牢吸引住，你会想要把握住可能带来更好结果的每一点信息。无论该项目是建造鸟舍、设计电子游戏、解决三角学问题、撰写博客文章、制作手推车，还是给观众带来微笑。

## 6. 超越学位

如果外在奖励能够帮助你专注于重要的事情，那也无可厚非。但是，如果考试成绩、评分、学分、排名或学位等，其本身就成了学习的最终目的，那就无异于要将宝贵的精力浪费在虚无的目标上。真正的进步无法用金牌奖章来衡量。

有意思的是，随着大学学位的市场价值逐渐提高，学生并不是唯一试图利用教育系统获益的人。部分教育者同样如此，他们开始试图教授更少的知识内容并收取更高昂的费用，因为他们知道，市场重视的是教育凭证而非教育本身。尽管大多数教育者不会刻意减少传授的知识，但仍然受到微妙的市场压力所影响，减少了上课的时间。大学生平均每天花在教育类活动上的时间仅约 2 小时。1/3 的学生每星期学习时间少于 5 个小时，但他们的平均成绩还都达到了 B。我仍然记得几年前令我震惊的一幕，当时我的一位朋友在西北大学（Northwestern University）拿到了 MBA 学位，我向他表示祝贺，他回答说："没什么大不了的。交钱了都能拿。"

这是工业时代给教育带来的持续性影响。获得良好的考试成绩意味着取得了进步；听完讲座意味着获得了理解；完成一门课程意味着达到了熟练程度；获得学位意味着精通了专业知识。同时，还出现了作弊成风的现象。

还记得戴明博士吗？他的提高零部件精度的方法提高了日本汽车的质量。他说："取消评分制度将大大改善教育体系。如果一个人的工作成绩必须接受排名的话，那么没有人会喜欢自己的工作。"如果你在全班排第一，意味着你并没有获得有效的学习。因为根据心流原理，任何在班级里名列前茅的学生，实际上并未接受到与自身技能水平旗鼓相当的挑战。最佳学习区域实际上处于中间，即需要应对的任务对于自身水平而言，既不太困难也不太容易。

似乎从采用 K12 基础教育系统以及标准化教科书起，教育就开始缓慢地滑向统一规范。孩子们知道答案在书的最后，所有的重要内容都已经在书上，而人生的最高目标就是"正确"。教育心理学家唐纳德·特里芬格（Donald Treffinger）将这种现象称为"对正确答案的执迷"。害怕犯错误的学生会极力不让自己陷于"龙潭虎穴"之中，因为他们无法忍受失败。然而，真正进步与否取决于你是否精通了某个领域的知识或技能，而非正确性高低。当你精通某个科目、某项技能时，会感到自己信心倍增。这种感觉本身就是进步的衡量标准。

那么，究竟何种方式能使学生走向精通呢？答案似乎是学徒制。在人类的大部分历史中，儿童都是在很小的时候就开始从经验丰富的师傅那里学习技能。那时候，做学徒就等于上学。时至今日，对于大多数学科领域而言，想要获得最高超、最精湛的技能，捷径仍是在大师身边做学徒。没有专业的指导和持续的专注，就无法精通。单凭每天几堂 50 分钟的短课凑在一起，是无法使人技艺精通的。

位于加拿大不列颠哥伦比亚省（British Columbia）的奎斯特大学（Quest University）针对这一问题，直接进行了教学方式的改革。通常，大学会在一学期 16 个星期内安排多个科目的课程，但奎斯特大学不再采用这种模式，而改用分段学习制。针对任何一门课程，学生必须完成连续 4 个星期的学习，才能进到下一门课程。这意味着在课程期间，学生每天都必须与同一位指导老师待在一起。如此一来，他们得以专注于一门课程，而非三心二意地同时学习多门课程；他们可以进行深入的钻研，而非填鸭式的学习；他们也得以收获技能、知识和经验，而不是仅仅积累了一些学分而已。

奎斯特大学的校长戴维·赫尔方（David Helfand）是一位传统教育家，他开始认识到教育系统中存在的漏洞。有一天，他在哥伦比亚大学上课时问学生，为什么他们不好奇，为什么不提更多问题？学生们给出了 3 种答案：

- 要学的东西太多了，反正一切答案都在谷歌上。
- 这是在上研讨课，提问题会让人觉得我听不懂。
- 我花钱是来拿学位的，而不是来受教育的。

我并不是在建议取消学位，或是取消考试和教科书。我只是建议，通过给学生提供一种真实的愉悦感，使他们认识到精通知识或者技能比获得奖章更加重要。

## 7. 塑造未来

如今，我们发现人类深陷两种范式之间：线性的简单化过去和螺旋式的多价值未来。旧世界以知识和物质资料为轴心，而新世界将以创造力和社会责任为轴心。为了跨越两者之间的鸿沟，需要培养出新一代的思想家和创造者，需要他们来重构问题并设计出精妙卓越的解决方案。我们需要敢于冒险、乐于冒险的自我导向式学习者，还需要能够认识到“塑造心灵意味着塑造世界”的教师、导师和领导者，他们将为学习者提供所需的工具，使后者能够不断重塑自己的思想，以应对未来的挑战。

工业时代冰冷的理性让我们无法接触到自己最人性化的部分。理性使我们相信，如果无法对某事物进行计数、称重、测量或者记忆，那么该事物就是无关紧要的。这不仅使我们的生命体验变得狭隘，同时还剥夺了感觉、观察、想象、制造和学习的空间。

“认知复演论”（cognitive recapitulation）认为，儿童通过追溯人类进化的步骤来学习。在蹒跚学步时，我们与猴子极其相似，对攀爬、紧抱和接触等行为充满了兴趣。到了 6 岁，我们达到了阿法南方古猿“露西”（Lucy）的同等认知技能水平。7 岁时，我们大约处于早期直立人的认知水平。8 岁时，我们已经超越了晚期直立人的认知水平，并朝着智人的认知水平不断发展。

21 世纪，我们似乎正朝着新的进化阶段迈进。人类的“第四个大脑”，即我们在技术领域所构建的共享型外部大脑，正在重新平衡负载，从而使我们的左右脑能够互相合作、平衡发展。如今，重新将艺术与科学、综合与分析、想象与逻辑联系起来似乎是有可能的，甚至是有必要的。通过利用工业时代的收获，并在其中注入深植于我们基因中的人性，我们便可以重新发挥人性之光，创造出无数令人惊叹的技术奇迹。而在着手解决曾经被我们视为不可能解决的问题时（如可持续性、贫困、战争、不公正和无知，等等），我们也能够以更轻松的步伐获得更长足的进步。只要我们愿意，机器人时代将不仅仅是工业时代的延续。

教育系统应该如何重新认识这一事实，即人类的双手不仅仅是人性的隐喻，更是人性的起源呢？“手”作为控制杆、发射台、工具的使用者、世界的塑造者，我们应该如何来开发它？

我们的祖先刻在骨头、石头和象牙上的美丽动物，在法国南部—比利牛斯大区、多尔多涅省（Dordogne）以及西班牙、澳大利亚和非洲等地的洞穴中创作的画作，无一不是人类深厚文明的遗迹，而这种文明至今已足足持续了两万年。这些画作不仅是他们的艺术，还是他们的历史、宗教和科学。他们不仅尽其所能地去理解世界、赋予生活以意义，同时还将他们周围令人心醉的美表达了出来。大脑和手之间的紧密联系就写在人类的基因之中。这是无可辩驳的证据，证明我们不仅仅是“智人”，还是“创造人”。

我制造，故我在。墙上的手印如是说。

# 致 谢

在撰写本书的过程中，许多人花费他们宝贵的时间向我提供了技术方面的支持，在此，我向他们表示衷心的感谢。感谢人类学家卡罗琳·布鲁墨博士，她以其对人类进化、心理学和文化的深刻理解，向我提出了宝贵的意见，确保了本书论点的准确性。感谢保罗·潘加罗（Paul Pangaro）和休·杜伯利（Hugh Dubberly）博士，他们从控制论[①]的角度，慷慨地与我分享了他们对人类思维和学习方式的见解。感谢吉恩·贝林杰的耐心和支持，他帮助我塑造对系统思维的陈述方式。最后，感谢我的日常技术指导专家安迪·瓦因亚德（Andy Vineyard），他向我详细地解释了管道工作原理。

在此，我向 Peachpit 出版社的制作团队致以诚挚的感谢，其中包括南希·奥尔德里奇–鲁恩泽尔（Nancy Aldrich-Ruenzel）、迈克尔·诺兰（Michael Nolan）和萨拉·简·托德（Sara Jane Todd）。本书是我们十年来合作的第四本书，这无疑是我们之间良好工作关系的铁证。

我还要向 Liquid Agency 的团队致以诚挚的谢意，他们以出色的创造力给予了本书极大的支持和鼓励。特别要提及的是阿尔弗雷多·穆奇诺（Alfredo

① 研究生命体、机器和组织内部或彼此之间的控制与通信的科学，现代社会的许多新概念和技术几乎皆与控制论有着密切的关系。——编者注

Muccino）、斯科特·加德纳（Scott Gardner）、丹尼斯·哈恩（Dennis Hahn）、玛丽亚·里奇（Mariah Rich）、比尔·扎比特（Bill Zabit）和马克·肖（Mark Shaw）。同时，还要感谢凭借出色的设计技巧而使本书得以成型的设计师们，其中包括贝丽尔·王（Beryl Wang）、莉萨·林（Lisa Lin）、詹姆森·斯彭斯（Jameson Spence）、迈尔斯·瑞安（Miles Ryan）、凯利·楠本（Kelly Kusumoto）和赛亚·纳尔逊（Cya Nelson）。

我很庆幸自己拥有一个核心人脉圈，其中包括：作家阿林娜·惠勒（Alina Wheeler），她坚持不懈地向我发送她认为可能对我有帮助的文章和想法的链接；作者马丁·林德斯特伦（Martin Lindstrom），他向我大方地分享了各种商业机密；老友保罗·波利托（Paul Polito），正是他向我介绍了北郡贸易技术高中，感谢他能够耐心阅读本书的初稿；另一位老友戈登·莫滕森（Gordon Mortensen），他对设计的见解眼光独到、首屈一指；加里·皮蒂（Gary Peattie），他不仅是我重要的亲戚，还是一位资深书籍出版商；还有我聪慧的弟弟彼得·诺伊迈尔（Peter Neumeier），他给我提出了诸多宝贵的意见。

最后，我还要向我的妻子艾琳致以最深情的感谢。她的鼓励是我撰写本书的动力，她的见解使每一页文字都充满了魅力。

# 未来，属于终身学习者

我这辈子遇到的聪明人（来自各行各业的聪明人）没有不每天阅读的——没有，一个都没有。巴菲特读书之多，我读书之多，可能会让你感到吃惊。孩子们都笑话我。他们觉得我是一本长了两条腿的书。

——查理·芒格

互联网改变了信息连接的方式；指数型技术在迅速颠覆着现有的商业世界；人工智能已经开始抢占人类的工作岗位……

未来，到底需要什么样的人才？

改变命运唯一的策略是你要变成终身学习者。未来世界将不再需要单一的技能型人才，而是需要具备完善的知识结构、极强逻辑思考力和高感知力的复合型人才。优秀的人往往通过阅读建立足够强大的抽象思维能力，获得异于众人的思考和整合能力。未来，将属于终身学习者！而阅读必定和终身学习形影不离。

很多人读书，追求的是干货，寻求的是立刻行之有效的解决方案。其实这是一种留在舒适区的阅读方法。在这个充满不确定性的年代，答案不会简单地出现在书里，因为生活根本就没有标准确切的答案，你也不能期望过去的经验能解决未来的问题。

而真正的阅读，应该在书中与智者同行思考，借他们的视角看到世界的多元性，提出比答案更重要的好问题，在不确定的时代中领先起跑。

## 湛庐阅读 App：与最聪明的人共同进化

有人常常把成本支出的焦点放在书价上，把读完一本书当作阅读的终结。其实不然。

---

时间是读者付出的最大阅读成本

怎么读是读者面临的最大阅读障碍

“读书破万卷”不仅仅在“万”，更重要的是在“破”！

---

现在，我们构建了全新的“湛庐阅读”App。它将成为你“破万卷”的新居所。在这里：

- 不用考虑读什么，你可以便捷找到纸书、电子书、有声书和各种声音产品；
- 你可以学会怎么读，你将发现集泛读、通读、精读于一体的阅读解决方案；
- 你会与作者、译者、专家、推荐人和阅读教练相遇，他们是优质思想的发源地；
- 你会与优秀的读者和终身学习者为伍，他们对阅读和学习有着持久的热情和源源不绝的内驱力。

从单一到复合，从知道到精通，从理解到创造，湛庐希望建立一个“与最聪明的人共同进化”的社区，成为人类先进思想交汇的聚集地，与你共同迎接未来。

与此同时，我们希望能够重新定义你的学习场景，让你随时随地收获有内容、有价值的思想，通过阅读实现终身学习。这是我们的使命和价值。

**图书在版编目（CIP）数据**

像品牌大师一样思考 / (美) 马蒂·诺伊迈尔 (Marty Neumeier) 著 ; 徐烨华译. -- 杭州 : 浙江教育出版社, 2021.12

书名原文: Metaskills

ISBN 978-7-5722-2733-2

Ⅰ. ①像… Ⅱ. ①马… ②徐… Ⅲ. ①职业选择 Ⅳ. ①C913.2

中国版本图书馆CIP数据核字(2021)第241275号

浙江省版权局
著作权合同登记号
图字:11-2021-098号

**上架指导：畅销书 / 职场**



**像品牌大师一样思考**

XIANG PINPAI DASHI YIYANG SIKAO

[美] 马蒂·诺伊迈尔（Marty Neumeier） 著

徐烨华　译

---

**责任编辑：** 高露露

**美术编辑：** 韩　波

**封面设计：** ablackcover.com

**责任校对：** 王晨儿

**责任印务：** 沈久凌

**出版发行：** 浙江教育出版社（杭州市天目山路 40 号　电话：0571-85170300-80928）

**印　　刷：** 石家庄继文印刷有限公司

**开　　本：** 710mm ×965mm 1/16　　**插　　页：** 7

**印　　张：** 20　　**字　　数：** 289 千字

**版　　次：** 2021 年 12 月第 1 版　　**印　　次：** 2021 年 12 月第 1 次印刷

**书　　号：** ISBN 978-7-5722-2733-2　　**定　　价：** 109.90 元

---

如发现印装质量问题，影响阅读，请致电 010-56676359 联系调换。